統計學實驗

(第四版)

主 編 黃應繪
副主編 蘇繼偉、李 紅、吳東晟

財經錢線

第四版前言

统计学是搜集、处理、分析数据的科学。20世纪以来,随着电子计算机技术的不断提高,统计学的理论和应用也获得迅速而长足的发展。统计学作为经济及管理类专业的基础课程,已经形成了理论教学与实验教学相结合的完整的教学体系。

全书由 Excel 和 SPSS 简介、基于 Excel 的统计学实验和基于 SPSS 的统计学实验三大部分组成。第一部分 Excel 和 SPSS 简介包含 Excel 简介和 SPSS 简介两方面内容;第二部分基于 Excel 的统计学实验包含统计数据的搜集与整理、统计图表、统计数据的描述、长期趋势和季节变动测定、相关分析、回归分析、综合实验等7个实验项目;第三部分基于 SPSS 的统计学实验包括绘制统计图、描述性统计分析、简单相关与线性回归分析、总体均值的区间估计等统计学实验。

《统计学实验(第四版)》是在《统计学实验(第三版)》的基础上进行修改充实完成的。主要从以下几方面做了修改完善:第一,所有需要用到"数据分析"功能的内容,增加了在 Excel 2007、Excel 2010 和 Excel 2013 中的操作介绍;第二,除少数情况外,所有年度数据更新到2017年,所有月度数据更新到2018年;第三,增加或修改了第二部分(基于 Excel 的统计学实验)的各个实验后的思考题;第四,修改了第二部分实验一(统计数据的搜集与整理)中的调查方案;第五,修改了第二部分实验二(统计图表)中的利用 Excel 绘

制統計表的內容。

　　黃應繪撰寫了第二部分(基於 Excel 的統計學實驗)中的實驗一、實驗三、實驗七,蘇繼偉撰寫了第一部分(Excel 和 SPSS 簡介)中的 Excel 簡介和第二部分(基於 Excel 的統計學實驗)中的實驗二,李紅撰寫了第一部分(Excel 和 SPSS 簡介)中的 SPSS 簡介和第三部分(基於 SPSS 的統計學實驗),吳東晟撰寫了第二部分(基於 Excel 的統計學實驗)中的實驗四、實驗五、實驗六,最后由黃應繪負責將全書內容修改完善、總纂。第四版的修改完善主要由黃應繪完成。

　　本書的出版得到了重慶工商大學經濟管理實驗教學中心、重慶工商大學經濟管理實驗教學學術委員會全體成員、重慶工商大學數學與統計學院等多方面的大力支持與幫助,在此一并表示衷心的感謝!

　　盡管我們做了不少修改,但書中難免仍會有缺憾。對於書中的不足,懇請各位讀者朋友提出寶貴意見。

黃應繪

前 言

統計學是20世紀迅速發展的學科,是爲各學科中各種類型數據的搜集、處理、分析提供方法的科學。隨着人類社會各種體系的日益龐大、復雜以及計算機的廣泛使用,統計學越來越重要。

隨着高等教育的發展,培養學生分析問題與解決實際問題的能力,是高校統計學教學改革的重點。其中一個重要內容就是增加實驗課程及實驗時間,相應的,教材改革也應順應這種需求。

本書是專爲經濟類、管理類本科學生的實驗課程"統計學實驗"編寫的實驗教材,也可作爲"統計學"課程課內實驗的配套教材使用。全書由Excel和SPSS簡介、基於Excel的統計學實驗和基於SPSS的統計學實驗三大部分組成。第一部分Excel和SPSS簡介,包含Excel簡介和SPSS簡介兩方面內容;第二部分基於Excel的統計學實驗包含統計數據的搜集與整理、統計圖表、統計數據的描述、長期趨勢和季節變動測定、相關分析、回歸分析、綜合實驗7個實驗項目;第三部分基於SPSS的統計學實驗,包含繪制統計圖、描述性統計分析、簡單相關與綫性回歸分析、總體均值的區間估計等統計學實驗。

黄應繪撰寫了第二部分(基於Excel的統計學實驗)中的實驗一、實驗三、實驗七;蘇繼偉撰寫了第一部分(Excel和SPSS簡介)中的Excel簡介和第二部分(基於Excel的統計學實驗)中的實驗二;李紅撰寫了第一部分(Excel和SPSS簡介)中的SPSS簡介和第三部分(基於SPSS的統計學實驗);吳東晟撰寫了第二部分(基於Excel的統計學實驗)中的實驗四、實驗五、實驗六。最后由黄應繪負責全書內容修改完善、總纂。

受時間和水平所限,本書難免有不足之處,歡迎讀者朋友指正、探討。

黄應繪

目錄

第一部分　Excel 和 SPSS 簡介

一、Excel 簡介 ………………………………………………………… (2)
　(一) Excel 中的基本概念 ………………………………………… (2)
　(二) Excel 的主要操作方法和步驟 ……………………………… (3)
　(三) 加載"數據分析"工具 ……………………………………… (5)
　(四) Excel 主要統計函數簡介 …………………………………… (10)
二、SPSS 簡介 ………………………………………………………… (15)
　(一) SPSS 的兩個基本窗口 ……………………………………… (16)
　(二) SPSS 數據文件的建立 ……………………………………… (18)

第二部分　基於 Excel 的統計學實驗

實驗一　統計數據的搜集與整理 ………………………………… (26)

　一、實驗目的及要求 ………………………………………………… (26)
　二、統計數據的搜集 ………………………………………………… (26)
　　(一) 間接數據的搜集 …………………………………………… (26)
　　(二) 直接數據的搜集 …………………………………………… (31)
　三、統計數據的整理 ………………………………………………… (40)
　　(一) 數據的預處理 ……………………………………………… (40)
　　(二) 數據的整理 ………………………………………………… (48)
　四、綜合實例 ………………………………………………………… (53)
　五、思考題 …………………………………………………………… (57)

實驗二　統計圖表 ………………………………………………… (60)

　一、實驗目的及要求 ………………………………………………… (60)

二、利用 Excel 繪製統計表 ··· (60)

  (一)統計表及其構成要素 ··· (60)

  (二)利用 Excel 繪製統計表 ··· (61)

三、利用 Excel 繪製統計圖 ··· (67)

  (一)直方圖(折線圖、頻數分布曲線)的繪制 ························· (67)

  (二)條形圖(柱形圖)的繪制 ··· (71)

  (三)綫圖的繪制 ·· (78)

四、思考題 ··· (81)

實驗三 統計數據的描述 ·· (82)

一、實驗目的及要求 ·· (82)

二、實驗內容 ··· (82)

  (一)運用函數法進行描述統計 ··· (82)

  (二)運用"描述統計"工具進行描述統計 ······························ (84)

三、綜合實例 ··· (85)

四、思考題 ··· (91)

實驗四 長期趨勢和季節變動測定 ··· (94)

一、實驗目的及要求 ·· (94)

二、長期趨勢測定 ·· (94)

  (一)實驗方法 ·· (94)

  (二)實驗內容 ·· (94)

三、季節變動測定 ·· (98)

  (一)實驗方法 ·· (99)

  (二)實驗內容 ·· (99)

四、思考題 ··· (101)

實驗五 相關分析 ·· (103)

一、實驗目的及要求 ·· (103)

二、實驗內容 ··· (103)

  (一)繪制散點圖 ·· (103)

  (二)運用常規方法計算相關系數 ·· (107)

  (三)運用函數法計算相關系數 ··· (108)

  (四)運用數據分析工具計算相關系數 ·································· (109)

（五）相關系數的顯著性檢驗 ……………………………………………（111）

　三、思考題 ………………………………………………………………………（111）

實驗六　回歸分析 ……………………………………………………………（112）

　一、實驗目的及要求 ……………………………………………………………（112）

　二、實驗內容 ……………………………………………………………………（112）

　　（一）用常規方法建立一元綫性回歸方程 …………………………………（112）

　　（二）用"添加綫性趨勢綫"建立一元綫性回歸方程 ………………………（113）

　　（三）利用統計函數建立一元綫性回歸方程 ………………………………（116）

　　（四）運用數據分析工具進行回歸分析 ……………………………………（119）

　三、思考題 ………………………………………………………………………（122）

實驗七　綜合實驗 ……………………………………………………………（123）

　一、實驗目的及要求 ……………………………………………………………（123）

　二、實驗簡介 ……………………………………………………………………（123）

　三、實驗過程 ……………………………………………………………………（124）

　　（一）變量的選擇 ……………………………………………………………（124）

　　（二）數據搜集及初步處理 …………………………………………………（125）

　　（三）數據整理和描述 ………………………………………………………（145）

　　（四）相關和回歸分析 ………………………………………………………（159）

　四、思考題 ………………………………………………………………………（166）

第三部分　基於 SPSS 的統計學實驗

　一、繪製統計圖 …………………………………………………………………（168）

　　（一）條形圖的繪製 …………………………………………………………（168）

　　（二）直方圖的繪製 …………………………………………………………（172）

　　（三）綫圖的繪製 ……………………………………………………………（175）

　　（四）餅圖的繪製 ……………………………………………………………（178）

　二、描述性統計分析 ……………………………………………………………（181）

　　（一）基本描述統計 …………………………………………………………（181）

　　（二）頻數分析 ………………………………………………………………（188）

　三、簡單相關分析與綫性回歸分析 ……………………………………………（195）

  (一)簡單相關分析 …………………………………………………（195）
  (二)綫性回歸分析 …………………………………………………（198）
  (三)綜合實例 ………………………………………………………（200）
 四、總體均值的區間估計 ………………………………………………（204）

附錄 ……………………………………………………………………………（207）

 調查問卷一 ………………………………………………………………（207）
 調查問卷二 ………………………………………………………………（208）
 附表1 ………………………………………………………………………（211）
 附表2 ………………………………………………………………………（212）

第一部分

Excel 和 SPSS 簡介

一、Excel 簡介

Excel 是一款集表格處理、數據管理、統計制圖功能於一體的辦公軟件，此外還具有豐富的統計分析功能。借助於 Excel，幾乎可以完成「統計學」課程的所有實驗內容。

（一）Excel 中的基本概念

進入具體的操作性學習之前，這裡先說明幾個基本的概念。理解這幾個概念是進一步學習的基礎。

1. 文件

用術語說，文件就是存儲在磁盤上的信息實體。不同類型的文件，需要不同的應用程序才能打開它，比如有人從別的電腦上複製了一個用 Excel 創建的工作簿文件到自己的電腦上，可是無論如何也打不開它，後來才明白是因為自己的電腦上沒有安裝 Excel 應用程序。

所以，要順利地進行後面的學習，請在你的電腦上安裝 Excel。

2. 工作簿、工作表、單元格

工作簿是一種由 Excel 創建的文件，是 Excel 存儲和管理數據的基本工作形式，它由多個工作表組成。工作表則是工作簿的組成部分，是 Excel 存儲和管理數據的基本單元，它由多個單元格組成，操作和使用 Excel，絕大部分工作是在工作表中進行的。可以這樣形象地理解：工作簿是一個筆記本，而工作表是這個筆記本裡的每頁紙。單元格是 Excel 存儲和管理數據的最小單元，一張工作表最多可由 $65,536 \times 256$ 個單元格組成。

3. 數據清單

數據清單是 Excel 中管理統計臺帳的一種快捷、便利的方式。數據清單將數據逐條地以縱向而非橫向的方式組織在工作表中，並同時提供對數據的錄入、瀏覽、查詢等基本功能。

4. Excel 的保護功能

Excel 的保護功能有兩個不同的層次：一是防止沒有授權的用戶查看 Excel 中的統計數據；二是防止用戶隨意修改 Excel 中的統計數據。其中，第二層次包括工作簿保護、工作表保護和單元格保護。Excel 的保護功能是通過設置密碼來實現的。

5. 公式

Excel 實現派生新數據的有效工具是公式，公式是 Excel 中功能強大且極具特色的工具之一。Excel 的公式是由算術運算符、單元格地址引用、數值和函數等組成的式子。其中，算術運算符包括：+（加）、-（減）、*（乘）、/（除）、%（百分數）、^（乘方）。

6. 公式中的函數

函數是公式的重要組成部分，通過使用函數能夠完成許多複雜的計算工作。函數是具有特定計算功能的程序段，應用時通過「函數名（參數）」的方式進行函數調用，以完成特定的計算任務。

7. 數組計算方式

數組計算方式將工作表中的一批單元格區域看成一個整體，且這個整體有統一的計

算公式。

(二)Excel 的主要操作方法和步驟

1. 主要操作方法

要完成任何一項 Excel 操作一般都可以找到三種操作方法:鼠標操作、菜單操作和鍵盤命令操作。例如,想要將 A1 單元格的數據複製到 A2 單元格去,有如下幾種操作方法:

(1)鼠標操作法:先用鼠標選中 A1 單元格,然後緩慢移動鼠標到 A1 單元格的右下角,當鼠標的形狀變為黑色實心「十」字形之後(以後稱之為「填充柄」),拖動鼠標到 A2 單元格,然後放開鼠標,則 A1 的數據就複製到 A2 單元格了。

(2)菜單操作法:先用鼠標選中 A1 單元格,選擇「編輯」菜單中的「複製」命令,然後用鼠標選中 A2 單元格,再選擇「編輯」菜單中的「粘貼」命令,數據就複製到 A2 單元格了。

(3)鍵盤命令操作法:直接用鼠標選中 A2 單元格,從鍵盤輸入「= A1」命令,則複製即告完成。

以上是 Excel 中很典型的三種操作方法。在實際使用過程中,應根據實際情況,盡量選擇三種方法中最簡潔的操作方法,以提高操作速度。

2. 主要操作步驟

(1)數據的輸入輸出操作。可以通過手動、公式生成、複製三種方法輸入數據。

①手動輸入數據。建立一個新的 Excel 文件之後,便可進行數據的輸入操作。在 Excel 中以單元格為單位進行數據的輸入操作。一般用上下左右光標鍵,Tab 鍵或用鼠標選中某一單元格,然後輸入數據。

Excel 中的數據按類型不同通常可分為四類:數值型、字符型、日期型和邏輯型。Excel 根據輸入數據的格式自動判斷數據屬於什麼類型。如日期型的數據輸入格式為「月／日／年」「月－日－年」或「時:分:秒」。要輸入邏輯型的數據,輸入「true」(真)或「false」(假)即可。若數據由數字與小數點構成,Excel 自動將其識別為數字型,Excel 允許在數值型數據前加入貨幣符號,Excel 將其視為貨幣數值型,Excel 也允許數值型數據用科學計數法表示,如 2×10^9 在 Excel 中可表示為 2E + 9。除了以上三種格式以外的輸入數據,Excel 將其視為字符型處理。

②公式生成數據。Excel 中的數據也可由公式直接生成。例如:在當前工作表中 A1 和 B1 單元格中已輸入了數值數據,欲將 A1 與 B1 單元格的數據相加的結果放入 C1 單元格中,可按如下步驟操作:用鼠標選定 C1 單元格,然後輸入公式「= A1 + B1」或輸入「= SUM(A1:B1)」,回車之後即可完成操作。C1 單元格此時實際上存放的是一個數學公式「A1 + B1」,因此 C1 單元格的數值將隨著 A1、B1 單元格的數值的改變而變化。Excel 提供了完整的算術運算符,如 +(加)、-(減)、*(乘)、/(除)、%(百分比)、^(指數)和豐富的函數,如 SUM(求和)、CORREL(求相關係數)、STDEV(求標準差)等,供用戶對數據執行各種形式的計算操作。在 Excel 幫助文件中可以查到各類算術運算符和函數的完整使用說明。

③複製生成數據。Excel 中的數據也可由複製生成。實際上,在生成的數據具有相同的規律性的時候,大部分的數據可以由複製生成。可以在不同單元格之間複製數據,也可

以在不同工作表或不同工作簿之間複製數據,可以一次複製一個數據,也可同時複製一批數據,為數據輸入帶來了極大的方便。普通單元格的複製結果與公式單元格的複製結果相差較大,下面分別予以說明:

普通單元格指的是非公式的單元格。普通單元格的複製,一般可以按如下步驟進行:

第一步,拖動鼠標選定待複製的區域,選定之後該區域變為黑色。Excel 可以進行整行、整列或整個表格的選定操作。例如,如果要選定表格的第一列,可直接用鼠標單擊列標「A」,如果要選定表格的第一行,可直接用鼠標單擊行標「1」,如果要選定整個表格,可直接點擊全選按鈕,如圖 1-1-1 所示。

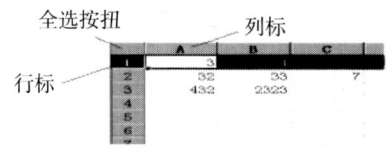

圖 1-1-1 Excel 的全選圖示

第二步,選定完區域之後,用鼠標右擊該區域,選擇「複製」,將區域內容複製到粘貼版之中,可以發現該區域已被虛線包圍。

第三步,用鼠標右擊目標區域,選擇「粘貼」,則單元格區域的複製即告完成。

公式單元格的複製,一般可分為兩種:一種是值複製,一種是公式複製。值複製指的是只複製公式的計算結果到目標區域,公式複製指的是僅複製公式本身到目標區域。下面對它們的操作步驟分別予以說明:

值複製的具體操作是:

第一步,拖動鼠標選定待複製區域。

第二步,用鼠標右擊選定區域,選擇「複製」選項。

第三步,用鼠標右擊目標區域,再單擊「選擇性粘貼」子菜單。出現複製選項,選定「數值」選項,然後用鼠標單擊「確定」按鈕,則公式的值複製即告完成。

公式複製的具體操作是:

公式複製是 Excel 數據成批計算的重要操作方法,要熟練掌握公式複製的操作,首先要區分好兩個概念:單元格的相對引用與絕對引用。

Excel 的公式一般都會引用到別的單元格的數值,如果你希望當公式複製到別的區域時,公式引用單元格不會隨之相對變動,那麼你必須在公式中使用單元格的絕對引用;如果你希望當公式複製到別的區域時,公式引用單元格也會隨之相對變動,那麼必須在公式中使用單元格的相對引用。在公式中如果直接輸入單元格的地址,那麼默認的是相對引用單元格,如果在單元格的地址之前加入「$」符號那麼意味著絕對引用單元格。例如,在當前工作表中 A1 和 B1 單元格中已輸入了數值數據,用鼠標選定 C1 單元格,然後輸入公式「= A1 + B1」,此公式引用的便是兩個相對的單元格 A1、B1,也就是說,如果將該公式複製到 C2 的單元格,公式所引用的單元格的地址將隨著發生變化,公式將變為「= A2 + B2」,如果將該公式複製到 F100 的單元格,那麼公式將變為「= D100 + E100」。這就是相對引用

的結果,公式的內容隨著公式的位置變化而相對變化。如果在 C1 單元格輸入的是「＝＄A＄1＋＄B＄1」那麼此公式引用的便是絕對的單元格,不論將公式複製到何處,公式的內容都不會發生變化。當然,絕對引用和相對引用亦可在同一公式之中混合交叉使用,例如,如果在 C1 單元中輸入的是公式「＝A＄1＋B＄1」,就意味著,公式的內容不會隨著公式的垂直移動而變動,而是隨著公式的水準移動而變動,如果將該公式複製到 F100 單元格,那麼公式將變為「＝D＄1＋E＄1」。可以作這樣的歸納:公式中「＄」符號後面的單元格坐標不會隨著公式的移動而變動,而不帶「＄」符號後面的單元格坐標會隨著公式的移動而變動。在實際使用中,如果能把單元格的相對引用與絕對引用靈活應用到 Excel 的公式之中,將為數據批量運算帶來極大的方便。

(2) 數據的移動操作。數據的移動操作可按如下步驟進行:拖動鼠標選定待移動區域;用鼠標右擊選定區域,選擇「剪切」選項;用鼠標右擊目標區域,選擇「粘貼」,則單元格區域的移動即告完成。

與數據的複製操作不同,公式單元格的移動操作不存在值移動或公式移動的區別,也不存在絕對引用和相對引用的區別,移動操作將把公式單元格的公式內容原原本本地移動到目標區域,不作任何改動。

(3) 數據的刪除操作。數據的刪除操作可按如下步驟進行:拖動鼠標選定待刪除區域;用鼠標右擊選定區域,選擇「刪除」,即可刪除單元格區域的內容。

如果不小心刪除了不該刪除的區域,可以通過「編輯」菜單的「撤消」命令來恢復被刪除的內容。「撤消」操作是 Excel 中較常用到的操作,如果不小心實施了錯誤的操作,那麼可以通過「撤消」操作使工作表恢復原樣。

(4) 與其他軟件交換數據的方法。在 Excel 中可以打開其他類型的數據文件,如 FOXPRO 系列的 DBF 數據庫文件、文本文件、lotus1－2－3 的數據文件等。

具體操作方法為:在「文件」菜單中選擇「打開」子菜單;在「打開文件」對話框中選擇所要打開的文件的類型及其所在的目錄;用鼠標雙擊該文件名,並按 Excel 提示步驟操作即可打開該文件。

Excel 文件同樣也可存為其他類型的數據文件,具體操作方法為:編輯好文件後,在「文件」菜單中選擇「另存為」子菜單;在「另存為」對話框中選擇所要打開文件的類型及其所在的目錄;輸入文件名之後,用鼠標單擊「保存」按鈕即可。

(三) 加載「數據分析」工具

絕大部分的統計分析功能都需要 Excel 的「分析工具庫」宏來加以實現,在 Office 的典型安裝模式下,該工具並未自動安裝。

在初次使用「數據分析」功能時,需要先加載。

1. 在 Excel 2003 中加載「數據分析」的方法為:

第一步,從「工具」菜單中選擇「加載宏」(見圖 1－1－2)。

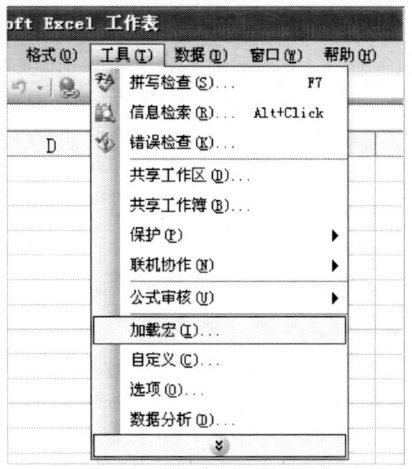

圖1-1-2 選擇「加載宏」

第二步，選擇「分析工具庫」選項，然後點擊「確定」，即可啓動(見圖1-1-3)。

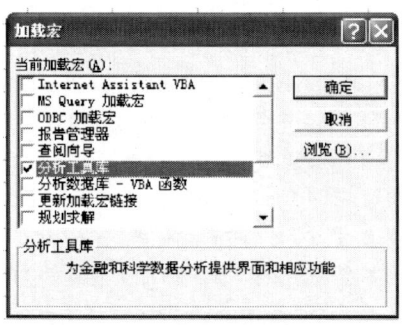

圖1-1-3 加載「分析工具庫」

如果以前未安裝該工具庫，系統會自動提示插入安裝盤，運行「安裝」程序來加載「分析工具庫」。

此後，可以從「工具」菜單下選擇「數據分析」菜單，調用相應的統計分析功能來完成所需的操作。

2. 在Excel 2007中加載「數據分析」的方法為：

第一步，單擊「Office」按鈕(見圖1-1-4)。

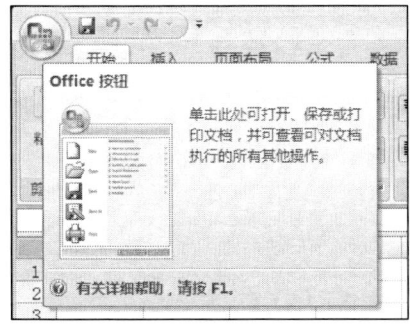

圖1－1－4　單擊「Office」按鈕

第二步,單擊「Excel 選項」(見圖1－1－5)。

圖1－1－5　選擇「Excel 選項」

第三步,選擇「加載項」中的「Excel 加載項」,點擊「轉到」(見圖 1－1－6)。

圖 1－1－6　選擇「加載項」中的「Excel 加載項」

第四步,選擇「分析工具庫」選項,然後點擊「確定」,即可啓動(見圖 1－1－7)。

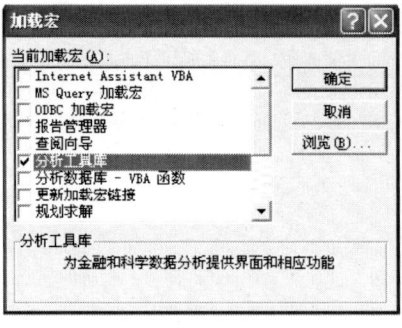

圖 1－1－7　加載「分析工具庫」

如果以前未安裝該工具庫,系統會自動提示插入安裝盤,運行「安裝」程序來加載「分析工具庫」。

此後,可以從「數據」菜單下選擇「數據分析」菜單,調用相應的統計分析功能來完成所需的操作。

3. 在 Excel 2010、Excel 2013 中加載「數據分析」的方法為:
第一步,從「文件」菜單中選擇「選項」(見圖 1－1－8)。

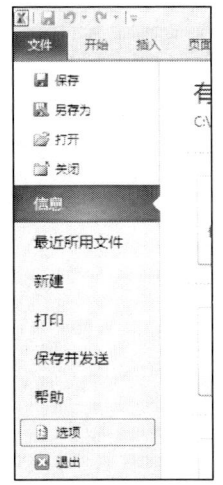

圖 1－1－8　選擇「選項」

第二步，選擇「加載項」中的「Excel 加載項」，點擊「轉到」(見圖 1－1－9)。

圖 1－1－9　選擇「加載項」中的「Excel 加載項」

第三步,選擇「分析工具庫」選項,然後點擊「確定」,即可啓動(見圖1-1-10)。

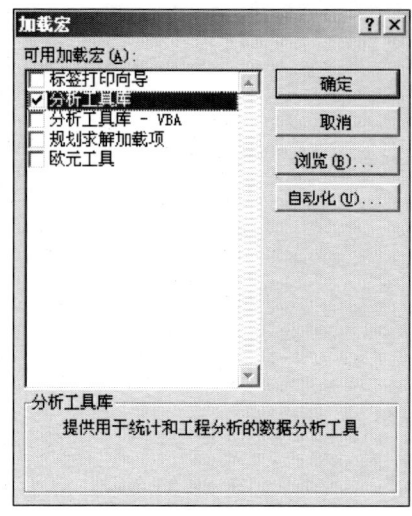

圖1-1-10　加載「分析工具庫」

如果以前未安裝該工具庫,系統會自動提示插入安裝盤,運行「安裝」程序來加載「分析工具庫」。

此後,可以從「數據」菜單下選擇「數據分析」菜單,調用相應的統計分析功能來完成所需的操作。

(四) Excel 主要統計函數簡介

Excel 中主要有11種函數,它們是數據庫函數(13條)、日期與時間函數(20條)、外部函數(2條)、工程函數(39條)、財務函數(52條)、信息函數(9條)、邏輯運算符(6條)、查找和引用函數(17條)、數學和三角函數(60條)、統計函數(80條)、文本和數據函數(28條)。

Excel 中有80條統計函數,具體包括:

AVEDEV · AVERAGE · AVERAGEA · BETADIST · BETAINV · BINOMDIST · CHIDIST · CHIINV · CHITEST · CONFIDENCE · CORREL · COUNT · COUNTA · COUNTBLANK · COUNTIF · COVAR · CRITBINOM · DEVSQ · EXPONDIST · FDIST · FINV · FISHER · FISHERINV · FORECAST · FREQUENCY · FTEST · GAMMADIST · GAMMAINV · GAMMALN · GEOMEAN · GROWTH · HARMEAN · HYPGEOMDIST · INTERCEPT · KURT · LARGE · LINEST · LOGEST · LOGINV · LOGNORMDIST · MAX · MAXA · MEDIAN · MIN · MINA · MODE · NEGBINOMDIST · NORMDIST · NORMSINV · NORMSDIST · NORMSINV · PEARSON · PERCENTILE · PERCENTRANK · PERMUT · POISSON · PROB · QUARTILE · RANK · RSQ · SKEW · SLOPE · SMALL · STANDARDIZE · STDEV · STDEVA · STDEVP · STDEVPA · STEYX · TDIST · TINV · TREND · TRIMMEAN · TTEST · VAR · VARA · VARP · VARPA · WEIBULL · ZTEST

其中,在「統計學實驗」課程中常用的統計函數及其用途歸納如下:

1. 進行統計整理的統計函數

（1）COUNT 函數

用途:返回數字參數的個數。它可以統計數組或單元格區域中含有數字的單元格個數。

語法:COUNT(value1,value2,...)

（2）COUNTA 函數

用途:返回參數組中非空值的數目。利用函數 COUNTA 可以計算數組或單元格區域中數據項的個數。

語法:COUNTA(value1,value2,...)

（3）COUNTBLANK 函數

用途:計算某個單元格區域中空白單元格的數目。

語法:COUNTBLANK(range)

（4）COUNTIF 函數

用途:計算區域中滿足給定條件的單元格的個數。

語法:COUNTIF(range,criteria)

（5）FREQUENCY 函數

用途:以一列垂直數組返回某個區域中數據的頻率分佈。它可以計算出在給定的值域和接收區間內,每個區間包含的數據個數。

語法:FREQUENCY(data_array,bins_array)

（6）LARGE 函數

用途:返回某一數據集中的某個最大值。可以使用 LARGE 函數查詢考試分數集中第一、第二、第三等的得分。

語法:LARGE(array,k)

（7）PERCENTILE 函數

用途:返回數值區域的 K 百分比數值點。例如確定考試排名在 80 個百分點以上的分數。

語法:PERCENTILE(array,k)

（8）PERCENTRANK 函數

用途:返回某個數值在一個數據集合中的百分比排位,可用於查看數據在數據集中所處的位置。例如計算某個分數在所有考試成績中所處的位置。

語法:PERCENTRANK(array,x,significance)

（9）RANK 函數

用途:返回一個數值在一組數值中的排位(如果數據清單已經排過序了,則數值的排位就是它當前的位置)。

語法:RANK(number,ref,order)

（10）SMALL 函數

用途:返回數據集中第 k 個最小值,從而得到數據集中特定位置上的數值。

語法：SMALL(array,k)

(11)STANDARDIZE 函數

用途：返回以 mean 為平均值，以 standard - dev 為標準偏差的分佈的正態化數值。

語法：STANDARDIZE(x,mean,standard_dev)

2. 計算平均指標的統計函數

(1)AVERAGE 函數

用途：計算所有參數的算術平均值。

語法：AVERAGE(number1,number2,…)

(2)AVERAGEA 函數

用途：計算參數清單中數值的平均值。它與 AVERAGE 函數的區別在於不僅數字，而且文本和邏輯值(如 TRUE 和 FALSE)也參與計算。

語法：AVERAGEA(value1,value2,…)

(3)GEOMEAN 函數

用途：返回正數數組或數據區域的幾何平均值。可用於計算可變複利的平均增長率。

語法：GEOMEAN(number1,number2,…)

(4)POWER 函數

用途：返回給定數字的乘冪，可用於某數開 n 次方或計算某數的 n 次方。

語法：POWER(number,power)

(5)HARMEAN 函數

用途：返回數據集合的調和平均值。調和平均值與倒數的算術平均值互為倒數。調和平均值總小於幾何平均值，而幾何平均值總小於算術平均值。

語法：HARMEAN(number1,number2,…)

(6)MEDIAN 函數

用途：返回給定數值集合的中位數(它是在一組數據中居於中間的數。換句話說，在這組數據中，有一半的數據比它大，有一半的數據比它小)。

語法：MEDIAN(number1,number2,…)

(7)MODE 函數

用途：返回在某一數組或數據區域中的眾數。

語法：MODE(number1,number2,…)

(8)TRIMMEAN 函數

用途：返回數據集的內部平均值。TRIMMEAN 函數先從數據集的頭部和尾部除去一定百分比的數據點，然後再求平均值。當希望在分析中剔除一部分數據的計算時，可以使用此函數。

語法：TRIMMEAN(array,percent)

3. 計算變異指標的統計函數

(1)AVEDEV 函數

用途：返回一組數據與其平均值的絕對偏差的平均值，該函數可以評測數據(例如學

生的某科考試成績）的離散度。

語法：AVEDEV(number1,number2,...)

（2）KURT 函數

用途：返回數據集的峰值。它反應與正態分佈相比時某一分佈的尖銳程度或平坦程度，正峰值表示相對尖銳的分佈，負峰值表示相對平坦的分佈。

語法：KURT(number1,number2,...)

（3）MAX 函數

用途：返回數據集中的最大數值。

語法：MAX(number1,number2,...)

（4）MAXA 函數

用途：返回數據集中的最大數值。它與 MAX 的區別在於文本值和邏輯值（如 TRUE 和 FALSE）作為數字參與計算。

語法：MAXA(value1,value2,...)

（5）MIN 函數

用途：返回給定參數表中的最小值。

語法：MIN(number1,number2,...)

（6）MINA 函數

用途：返回參數清單中的最小數值。它與 MIN 函數的區別在於文本值和邏輯值（如 TRUE 和 FALSE）也作為數字參與計算。

語法：MINA(value1,value2,...)

（7）QUARTILE 函數

用途：返回一組數據的四分位點。四分位數通常用於在考試成績之類的數據集中對總體進行分組，如求出一組分數中前 25% 的分數。

語法：QUARTILE(array,quart)

（8）STDEV 函數

用途：估算樣本的標準偏差。它反應了數據相對於平均值（mean）的離散程度。

語法：STDEV(number1,number2,...)

（9）STDEVA 函數

用途：計算基於給定樣本的標準偏差。它與 STDEV 函數的區別是文本值和邏輯值（TRUE 或 FALSE）也將參與計算。

語法：STDEVA(value1,value2,...)

（10）STDEVP 函數

用途：返回整個樣本總體的標準偏差。它反應了樣本總體相對於平均值（mean）的離散程度。

語法：STDEVP(number1,number2,...)

（11）STDEVPA 函數

用途：計算樣本總體的標準偏差。它與 STDEVP 函數的區別是文本值和邏輯值（TRUE

或 FALSE)參與計算。

　　語法:STDEVPA(value1,value2,...)

　　(12)VAR 函數

　　用途:估算樣本方差。

　　語法:VAR(number1,number2,...)

　　(13)VARA 函數

　　用途:用來估算給定樣本的方差。它與 VAR 函數的區別在於文本和邏輯值(TRUE 和 FALSE)也將參與計算。

　　語法:VARA(value1,value2,...)

　　(14)VARP 函數

　　用途:計算樣本總體的方差。

　　語法:VARP(number1,number2,...)

　　(15)VARPA 函數

　　用途:計算樣本總體的方差。它與 VARP 函數的區別在於文本和邏輯值(TRUE 和 FALSE)也將參與計算。

　　語法:VARPA(value1,value2,...)

　4. 進行相關分析的統計函數

　　(1)CORREL 函數

　　用途:返回單元格區域 array1 和 array2 之間的相關係數。它可以確定兩個不同事物之間的關係,例如檢測學生的物理與數學學習成績之間是否關聯。

　　語法:CORREL(array1,array2)

　　(2)COVAR 函數

　　用途:返回協方差,即每對數據點的偏差乘積的平均數。利用協方差可以研究兩個數據集合之間的關係。

　　語法:COVAR(array1,array2)

　　(3)PEARSON 函數

　　用途:返回 Pearson(皮爾生)乘積矩相關係數 r,它是一個範圍在 -1.0 到 1.0 之間(包括 -1.0 和 1.0 在內)的無量綱指數,反應了兩個數據集合之間的線性相關程度。

　　語法:PEARSON(array1,array2)

　　(4)RSQ 函數

　　用途:返回給定數據點的 Pearson 乘積矩相關係數的平方。

　　語法:RSQ(known_y's,known_x's)

　5. 進行迴歸分析的統計函數

　　(1)FORECAST 函數

　　用途:根據一條線性迴歸擬合線返回一個預測值。使用此函數可以對未來銷售額、庫存需求或消費趨勢進行預測。

　　語法:FORECAST(x,known_y's,known_x's)

（2）INTERCEPT 函數

用途：利用已知的 x 值與 y 值計算直線與 y 軸的截距。當已知自變量為零時，利用截距可以求得因變量的值。

語法：INTERCEPT(known_y's,known_x's)

（3）LINEST 函數

用途：使用最小二乘法對已知數據進行最佳直線擬合，並返回描述此直線的數組。

語法：LINEST(known_y's,known_x's,const,stats)

（4）LOGEST 函數

用途：在迴歸分析中，計算最符合觀測數據組的指數迴歸擬合曲線，並返回描述該曲線的數組。

語法：LOGEST(known_y's,known_x's,const,stats)

（5）SLOPE 函數

用途：返回經過給定數據點的線性迴歸擬合線方程的斜率（它是直線上任意兩點的垂直距離與水準距離的比值，也就是迴歸直線的變化率）。

語法：SLOPE(known_y's,known_x's)

（6）STEYX 函數

用途：返回通過線性迴歸法計算 y 預測值時所產生的標準誤差。標準誤差用來度量根據單個 x 變量計算出的 y 預測值的誤差量。

語法：STEYX(known_y's,known_x's)

（7）TREND 函數

用途：返回一條線性迴歸擬合線的一組縱坐標值（y 值）。即找到適合給定的數組 known_y's 和 known_x's 的直線（用最小二乘法），並返回指定數組 new_x's 值在直線上對應的 y 值。

語法：TREND(known_y's,known_x's,new_x's,const)

6. 進行抽樣推斷的統計函數

（1）CONFIDENCE 函數

用途：返回總體平均值的置信區間，它是樣本平均值任意一側的區域。例如，某班學生參加考試，依照給定的置信度，可以確定該次考試的最低分數和最高分數。

語法：CONFIDENCE(alpha,standard_dev,size)

（2）FTEST 函數

用途：返回 F 檢驗的結果。它返回的是當數組1和數組2的方差無明顯差異時的單尾概率，可以判斷兩個樣本的方差是否不同。例如，給出兩個班級同一學科考試成績，從而檢驗是否存在差別。

語法：FTEST(array1,array2)

二、SPSS 簡介

SPSS 是軟件「Statistical Package for the Social Sciences」英文名稱的縮寫，即「社會科

學統計軟件包」。SPSS 公司於 2000 年正式將英文全稱更改為「Statistical Product and Service Solutions」,意為「統計產品與服務解決方案」。

(一)SPSS 的兩個基本窗口

1. SPSS 的數據編輯窗口

正常啓動 SPSS for windows 後屏幕顯示如圖 1－2－1 所示。

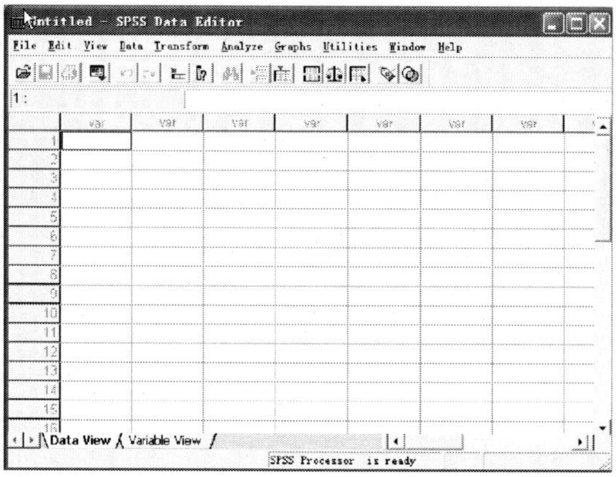

圖 1－2－1　SPSS 數據編輯窗口

　　SPSS 數據編輯窗口的標題為 SPSS Data Editor,它是 SPSS 的主程序窗口。數據編輯窗口是對分析對象——SPSS 數據文件進行錄入、修改、管理等基本操作的窗口。SPSS 數據文件均以 .sav 作為文件擴展名存儲在磁盤上。

　　數據編輯窗口包括幾個部分:窗口主菜單、工具欄、數據編輯區、系統狀態顯示區。SPSS 數據編輯窗口左下邊包括 Data View 和 Variable View 兩個視區,分別定義變量的值(即數據)和變量(名稱、類型等),我們將在後面具體說明它們的內容。

　　(1) 數據編輯窗口的窗口主菜單基本功能。

　　File:文件管理菜單,有關文件的調入、存儲、顯示和打印等。

　　Edit:編輯菜單,有關文本內容的選擇、拷貝、剪貼、尋找和替換等。

　　View:SPSS 用戶界面基本狀態設置等菜單。

　　Data:數據管理菜單,有關數據變量定義、數據格式選定、觀察對象的選擇、排序、加權、數據文件的轉換、連接、匯總等。

　　Transform:數據轉換處理菜單,有關數值的計算、重新賦值、缺失值替代等。

　　Analyze:統計分析菜單,有關一系列統計方法的應用。

　　Graphs:作圖菜單,有關統計圖的製作。

　　Utilities:用戶選項菜單,有關命令解釋、字體選擇、文件信息、定義輸出標題、窗口設計等。

　　Windows:窗口管理菜單,有關窗口的排列、選擇、顯示等。

　　Help:求助菜單,有關幫助文件的調用、查尋、顯示等。

點擊菜單選項即可激活菜單,這時彈出下拉式子菜單,用戶可根據自己的需求再點擊子菜單的選項,完成特定的功能。

(2)工具欄。以圖形按鈕組成的工具欄將常用的 SPSS 功能列示出來,用戶可以直接點擊工具欄上的某個按鈕完成其相應的功能,使得操作更加快捷和方便。當鼠標停留在工具欄按鈕上時,系統會自動提示相應按鈕的功能。

(3)數據編輯區。在數據編輯區,用戶按照電子表格的形式錄入、修改、編輯和管理待分析的數據。

(4)系統狀態顯示區。數據編輯窗口的系統狀態顯示區用來顯示系統的當前運行狀態。當系統等待用戶操作時,會出現「SPSS processor is ready」的提示信息。

數據編輯窗口的特點:① 數據編輯窗口是在系統啟動過程中自動打開的窗口,在 SPSS 運行過程中只能打開一個數據編輯窗口。②SPSS 中的各種統計分析功能都是針對該窗口中的數據進行的。③ 關閉數據編輯窗口意味著退出並關閉 SPSS 軟件系統。

2. SPSS 的輸出窗口

SPSS 輸出窗口的窗口名為 SPSS Viewer,它是顯示和管理 SPSS 統計分析結果報表及圖形的窗口,如圖 1-2-2 所示。

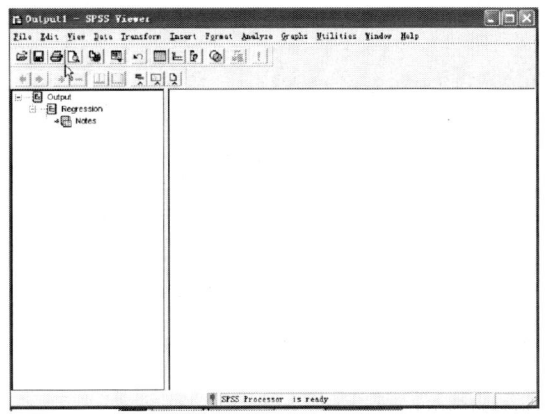

圖 1-2-2 SPSS 的輸出窗口

出現在該輸出窗口中的內容均以「.spo」作為文件擴展名存儲在磁盤上。

輸出窗口包括幾個部分:窗口主菜單、工具欄、分析結果顯示區、狀態顯示區。

輸出窗口的窗口主菜單中:一部分功能菜單,如 Statistics、Graphs、Utilities、Windows、Help 的功能與數據編輯窗口中的相同,是針對數據編輯窗口中的分析數據的;還有一部分功能菜單,如 view、Insert、Format 則是輸出窗口的專用菜單;其餘的功能菜單,如 file、Edit 則是數據編輯窗口和輸出窗口共用的。這樣設置菜單的目的是為了方便用戶操作。

需要說明的是,雖然 SPSS 中有些窗口的主菜單名有重名的情況,但是它們的子菜單功能卻是隨不同的當前窗口而不同的,其服務的對象也是不同的。因此,在使用時,用戶應注意哪個窗口是當前窗口。

輸出窗口的工具欄除保留了數據編輯窗口中的某些圖形按鈕外，還增添了自己特有的功能按鈕。

分析結果顯示區是顯示統計分析結果的地方。區域分成左右兩個部分。左邊以類似於 Windows 資源管理器的樹形結構形式，顯示已有的分析結果的索引；右邊顯示的是各個分析結果的詳細內容。左右兩邊的內容以兩個紅色的右箭頭為標記一一對應起來。用戶可以對該區域中的內容進行增、刪、改等編輯管理操作。

輸出窗口的狀態顯示區與數據編輯窗口的狀態區的區別是多了一個紅色的「！」標記。該標記表示當前的輸出窗口為主輸出窗口。主輸出窗口就是下一次分析結果將輸出到的那個窗口。

輸出窗口的特點：① 輸出窗口是在用戶進行第一次統計分析時被系統自動打開的。② 在 SPSS 運行過程中用戶還可以創建若干個新輸出窗口。菜單選項為：File—new/open—output，用戶可以將同一批分析數據的不同分析結果指定輸出到不同的輸出窗口中，這樣就可以將不同輸出窗口中的內容以不同的文件名分別存放到磁盤上。③ 不同的輸出窗口之間可以相互自由切換，可以利用主菜單中的 window 功能菜單切換。主出窗口的狀態欄上有一個紅色的「！」標記，而其他輸出窗口的狀態欄上則沒有這個標記。如果用戶希望將以下的統計分析結果輸出到某個輸出窗口中，需要按動工具欄上的「！」圖形按鈕來指定某輸出窗口為主輸出窗口。

(二) SPSS 數據文件的建立

SPSS 數據編輯窗口中的每行為一個個案(Case)，或稱觀察單位，每一列為一個變量，每個變量都有一個名稱。可以通過點擊數據編輯窗口下方的 Variable View 來定義、編輯變量。點擊數據編輯窗口下方的 Variable View，出現變量視圖，如圖 1-2-3。

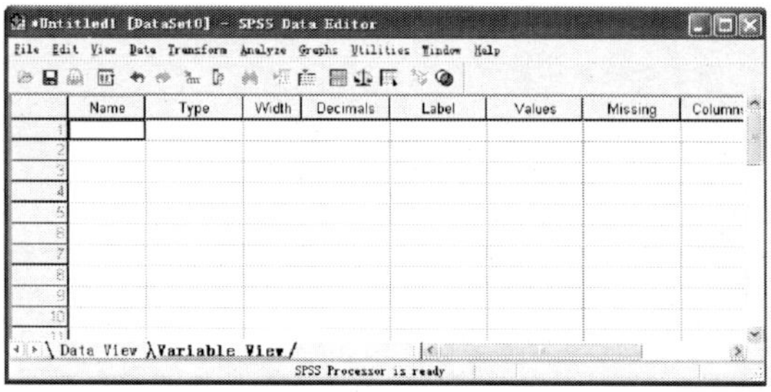

圖 1-2-3　變量視圖

變量視圖中各個欄目的意義及用法為：

1. 變量名(Name)

SPSS 中變量名的定名規則與其他軟件大同小異，具體而言，有如下規定：

(1) 變量名的第一個字符必須為字母，後面可跟任意字母、數字、句點或 #、@、$ 等符號。

(2) 變量名不能以句點結尾。

(3) 應避免最後一個字符為下劃線「_」。

（4）變量名的長度一般不超過8個字符。

（5）空格和特殊字符不能用於變量名。

（6）關鍵詞 ALL、NE、EQ、TO、LE、BY、GE、AND、NOT、WITH 等不能用作變量名。

若不定義變量名，系統將依次默認為「var00001」「var00002」等。

2. 變量類型（Type）

單擊 Type 後的按鈕，將彈出「Variable Type」對話框，如圖1-2-4所示。該對話框列出了8種可選的基本變量類型。只要單擊要定義的變量類型的標籤或標籤前面的單選項，就可以定義或修改變量的類型。

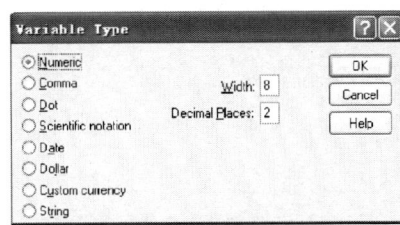

圖1-2-4　選擇變量類型

現對8種變量類型分述如下：

（1）Numeric：數值型。同時定義數值的寬度（Width），即整數部分 + 小數點 + 小數部分的位數，默認為8位；定義小數位數（Decimal Places），默認為2位。數值型也是SPSS中默認的變量類型，也就是說，在第一次定義某個變量時，SPSS會自動將該變量設置為數值型變量，而不需要打開變量類型對話框專門進行設置。

（2）Comma：加顯逗號的數值型。即整數部分每3位數加一個逗號，其餘定義方式同數值型。

（3）Dot：3位加點數值型。無論數值大小，均以整數形式顯示，每3位加一小點（但不是小數點），可定義小數位置，但都顯示為0，且小數點用逗號表示。如 1.2345 顯示為「12.345,00」（實際是12345E-4）。

（4）Scientific notation：科學記數型。同時定義數值寬度（Width）和小數位數（Decimal Places），在數據管理窗口中以指數形式顯示。如 定義數值寬度為9，小數位數為2，則345.678 顯示為 3.46E+02。

（5）Date：日期型。用戶可從系統提供的日期顯示形式中選擇自己需要的。如選擇 mm/dd/yy 形式，則1995年6月25日顯示為06/25/95。圖1-2-5是日期型變量定義對話框，框中列出了各種日期或時間格式，用戶只需要用鼠標進行選擇就行了。

（6）Dollar：貨幣型。用戶可從系統提供的日期顯示形式中選擇自己需要的，並定義數值寬度和小數位數，顯示形式為數值前有 $。圖1-2-6是貨幣型變量定義對話框，框中列出了多種固有的格式，用戶只需要用鼠標進行選擇就行了。

如果列表框中沒有滿意的數據格式，可以自己設置。設置的方法與數值型變量大致相同，即在「Width」（寬度）窗口和「Decimal」（小數位）窗口中輸入數字。但「Width」窗口中

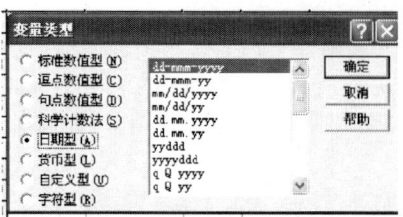

圖1-2-5　日期型變量定義對話框

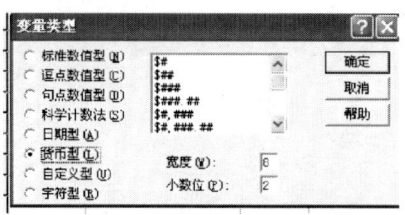

圖1-2-6　貨幣型變量定義對話框

的數字必須比「Decimal」窗口中的數字大2,否則會出錯。

（7）Custom currency:自定義型。它是數值型數據表示方式的一種。用戶可以自定義不超過5種(即CCA、CCB、CCC、CCD、CCE)的表示方式。

（8）String:字符型。用戶可定義字符長度(Characters)以便輸入字符。

3. 變量寬度(Width)

它是指變量的最大顯示寬度。一般默認的最大顯示寬度為8位。

4. 保留小數位(Decimal)

它是指變量保留的小數位數。只有數值型、貨幣型和自定義型可以定義小數位數,一般默認為2位。

5. 變量標籤(Label)

數據處理過程中,變量名越簡單越好,特別是在變量較多的情況下。此時,對每一個變量含義的解釋就顯得非常重要,需要給它們「貼上標籤」,以便識別。系統默認與變量名相同的變量標籤。若要給變量重新標記,只需在相應單元格內修改即可。在數據窗口,若變量標籤與變量名不同的話,當光標移至某變量名處,會同時顯示變量標籤。此外,輸出結果中,原變量名由變量標籤取代表示。

6. 變量值標籤(Values)

當光標移至某個變量的變量值標籤單元格時,該單元格右方會顯示一灰色按鈕,單擊該按鈕,彈出Value Labels(變量值標籤)對話框(見圖1-2-7)。對話框中,Value對應的上面的條框填入變量水準的賦值,Value對應的下面的條框填入變量值標籤。兩個條框填入內容後,單擊Add鍵後,下面大框內顯示變量值及其標籤。如定義「1 = 男,2 = 女」。若需修改或取消變量值標籤,在下面大框內選定修改對象後,直接單擊Remove鍵取消。

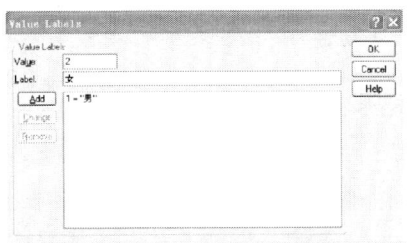

圖 1－2－7　Value Labels 對話框

7. 缺失值（Missing）

當光標移至某個變量的缺失值單元格時，該單元格右方會顯示一灰色按鈕，單擊該按鈕，彈出 Missing Values（缺失值）對話框（圖 1－2－8）。

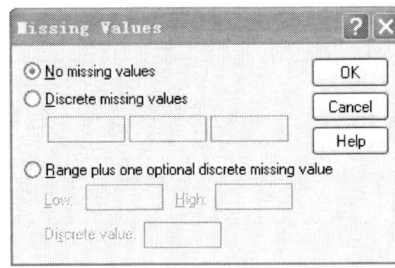

圖 1－2－8　Missing Values 對話框

（1）No missing values：缺失值用系統缺失值圓點「.」表示。
（2）Discrete missing values：此項選擇最多可定義 3 個不同數值為缺失數據。例如，在框內填入 0，則變量中凡是 0 的數據均被視為缺失數據。
（3）Range plus one discrete missing value：設定缺失數據的範圍。

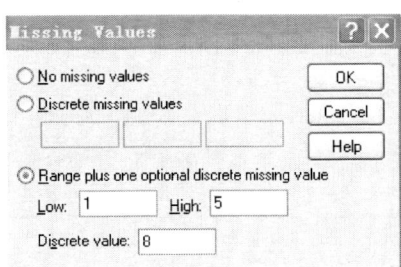

圖 1－2－9　填寫 Missing Values 對話框

如圖 1－2－9 框中的取值，表示變量中凡是 1～5 的數據及數值 8 均被視為缺失數據。

8. 數據列寬(Columns)

表示顯示數據的列寬,系統默認 8 個字符寬。

9. 對齊方式(Align)

有左、中、右三種數據對齊方式。

10. 度量類型(Measure)

按度量精度將變量分為定量變量(Scale)、等級變量(Ordinal)和定性變量(Nominal),該選項只用於統計制圖時坐標軸變量的區分以及 SPSS 決策樹模塊的變量定義。

完成變量定義後,單擊數據編輯窗口下方的 Data View,即可以像在 Excel 中一樣輸入數據。

例 1 - 1　　某班 50 名學生統計學考試成績如表 1 - 2 - 1 所示,試在 SPSS 中建立考試成績數據文件。

表 1 - 2 - 1　　　　　某班 50 名學生統計學考試成績

58	74	85	65	82	72	76	83	62	100
88	69	91	66	98	95	77	83	63	75
64	63	82	81	86	72	78	67	57	84
85	67	90	71	82	73	74	63	97	99
97	88	80	97	87	76	77	85	100	93

解:建立考試成績數據文件的步驟為:

第一步,激活數據管理窗口。

第二步,點擊數據編輯窗口下方的 Variable View,出現圖 1 - 2 - 10 所示頁面。

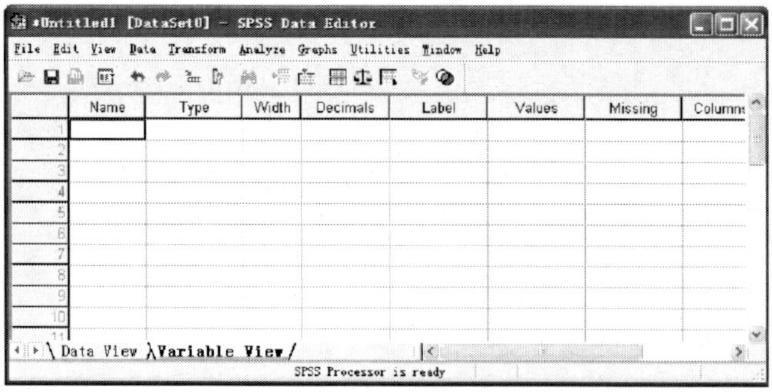

圖 1 - 2 - 10　SPSS Data Editor

第三步,在第一行中定義第一個變量。在 Name 下方輸入考試成績,單擊 Type,出現圖 1 - 2 - 11 所示頁面。

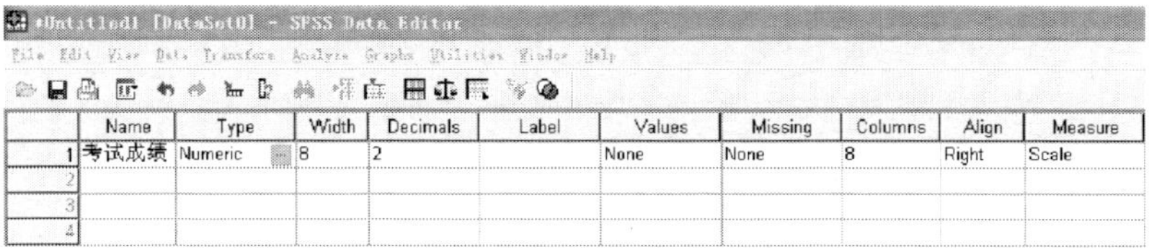

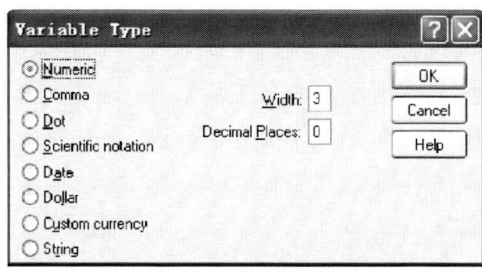

圖 1－2－11　定義變量

第四步，將寬度(Width)8改為3，小數(Decimals)位數2改為0，如圖1－2－12所示。

圖 1－2－12　改變變量的類型

第五步，單擊數據編輯窗口下方的 Data View，錄入數據，建立考試成績數據文件如圖 1－2－13 所示。

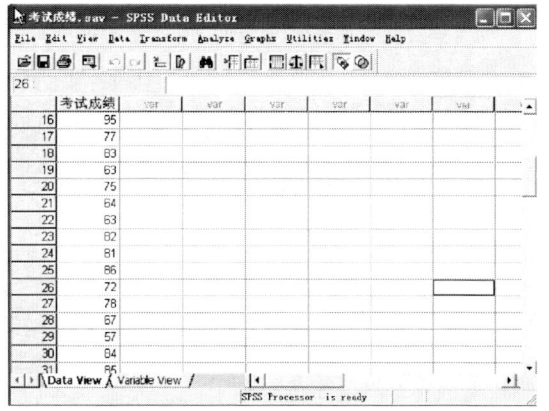

圖 1－2－13　考試成績數據文件

第六步，保存該數據文件為「考試成績.sav」。

第二部分

基於 Excel 的統計學實驗

實驗一　統計數據的搜集與整理

一、實驗目的及要求

（1）熟悉間接統計數據的搜集方法、搜集途徑，能熟練地通過網絡搜集間接數據。

（2）掌握直接數據的搜集，特別是熟悉一項調查工作的各個環節，包括制定調查方案、選取抽樣框、設計問卷表、抽取樣本、具體的調查和數據搜集過程。通過組織學生參與實際調查，使他們掌握搜集直接數據的方法。

（3）掌握對不同類型的調查資料進行整理的方法，包括數據的審核、問卷的編碼方法、問卷的數據錄入方法、對數據進行分組等。

二、統計數據的搜集

統計數據主要來源於兩種渠道：一是來源於別人調查或實驗的數據，稱為第二手數據或間接數據；二是來源於直接的調查（取得社會數據）和科學實驗（取得自然科學數據），稱為第一手數據或直接數據。

（一）間接數據的搜集

二手數據主要是公開出版的或公開報導的數據。公開出版物有《中國統計年鑒》《中國統計摘要》《中國社會統計年鑒》《中國工業經濟統計年鑒》《中國人口統計年鑒》《中國農村統計年鑒》以及各省（市、地區）的統計年鑒等。搜集二手數據還可以通過期刊、報紙、雜誌、廣播、電視等。在網絡普及的今天，可以越來越多地通過網絡搜集二手數據。在因特網上搜集二手數據通常可採用兩種方式。

一種是直接進入網站查詢數據。常用的國內網站見表2-1-1。

表2-1-1　　　　　　　　　　常用的國內網站

組織機構	網址	簡介
中華人民共和國國家統計局	http://www.stats.gov.cn/	提供全國的月度數據、季度數據、年度數據、普查數據、部門數據和國際數據等。設有專門的國家統計數據庫。
中國經濟信息網	http://www.cei.gov.cn/	提供各種經濟信息，包括綜合頻道、宏觀頻道、金融頻道、行業頻道、區域頻道等。設有統計數據庫、產業數據庫、世經數據庫等多個專題數據庫。
中國知網	http://www.cnki.net/	提供期刊、會議、報紙、碩博論文的查詢等，還可查詢各種年鑒、辭典。設有專門的中國經濟社會大數據研究平臺，包括各種統計年鑒、行業數據、國際數據、地區數據、部門產業發展數據等。
國務院發展研究中心信息網	http://www.drcnet.com.cn/www/integrated/	中國著名的專業性經濟信息服務平臺，包括六十多個文獻類數據庫、五十多個統計數據庫和其他專版產品。統計數據庫涵蓋宏觀經濟、對外貿易、工業統計、金融統計、財政稅收等多方面。

表2-1-1(續)

組織機構	網址	簡介
各地方統計局	—	提供各地方統計年鑒、統計公報等統計數據。
經濟學家論壇	http://bbs.jjxj.org/	分為經濟學一區、經濟學二區、統計數據區、數據處理區等,可獲得各種統計年鑒及相關數據。
經管之家 (原經濟論壇)	http://bbs.pinggu.org/	分為經濟學論壇、計量經濟學與統計論壇、金融投資論壇等,可獲得各種統計年鑒及相關數據。

例如,要通過國家統計局網站查詢數據,操作如下:

第一步,連接互聯網。

第二步,輸入中華人民共和國國家統計局網址 http://www.stats.gov.cn/,單擊回車鍵,頁面顯示圖2-1-1所示畫面。

圖2-1-1　國家統計局網站首頁

第三步,單擊「統計數據」欄目下的「數據查詢」,頁面顯示圖2-1-2所示畫面。

圖2-1-2　「國家數據」頁面

第四步，根據需要，選擇需要的數據類型並進入，即可查詢相關數據。

第二種是通過搜索引擎搜集二手數據。目前，最常用的搜索網站是百度。

百度於2000年1月創立於北京中關村，是全球最大的中文搜索引擎。百度每天回應來自138個國家和地區超過數億次的搜索請求。用戶可以通過百度主頁，在瞬間找到相關的搜索結果，這些結果來自於百度超過10億的中文網頁數據庫，並且，這些網頁的數量每天正以千萬級的速度在增長。百度的開始界面見圖2－1－3。

圖2－1－3　百度網開始頁面

例2－1　試查詢重慶市2018年第一季度地區生產總值的數據，至少採取兩種途徑。

解：途徑一，通過重慶統計信息網取得數據，過程如下：

第一步：進入重慶統計政府公眾信息網（見圖2－1－4）。

圖2－1－4　重慶統計政府公眾信息網開始界面

第二步：選擇「統計數據」—「數據資料」—「進度數據」(見圖2-1-5、圖2-1-6)。

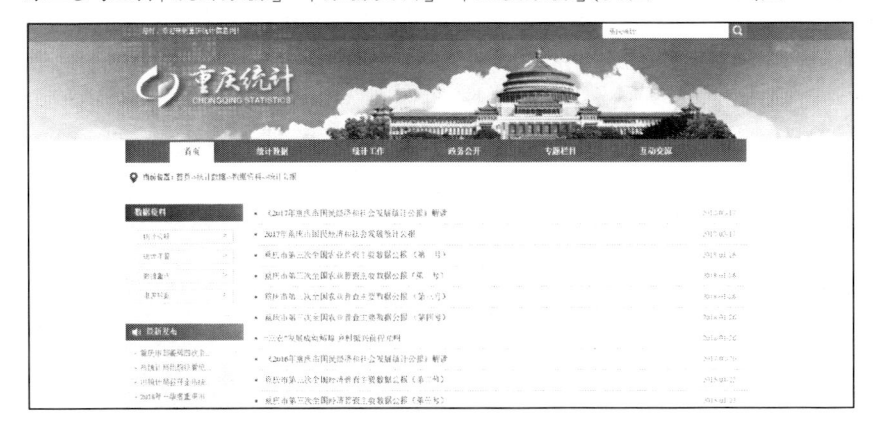

圖2-1-5 「數據資料」界面

圖2-1-6 「進度數據」界面

第三步：點擊「2018年3月綜合月度數據」，出現如圖2-1-7所示界面。

圖2-1-7 「2018年3月綜合月度數據」界面

第四步:點擊左邊的 Excel 文件,出現如圖 2－1－8 所示界面。

圖 2－1－8 「直接打開或下載」界面

第五步,選擇直接打開或下載。本書選擇下載到電腦,再打開該 Excel 文件,點擊「季度:生產總值」工作表,如圖 2－1－9 所示。

圖 2－1－9 「季度:生產總值」界面

得到重慶市 2018 年第一季度地區生產總值為 4661.12 億元。

途徑二,通過搜索網站百度網取得數據的過程如下:

進入百度網,在搜索項中輸入「重慶市 2018 年第一季度地區生產總值」,點擊「百度一下」,百度顯示出相關信息(見圖 2－1－10)。

圖 2-1-10　搜索「重慶市 2018 年第一季度地區生產總值」的結果

多條信息均顯示出重慶市 2018 年第一季度地區生產總值的數據,但有多個值,有些數據與通過第一種途徑得到的值一致,有些不一致,需要進一步驗證。

(二) 直接數據的搜集

統計數據的直接來源主要有兩個渠道:一是調查或觀察,二是實驗。統計調查是取得社會經濟數據的主要來源。它主要包括抽樣調查、普查、統計報表等調查方式。本書主要介紹通過抽樣調查取得直接數據。

1. 調查方案設計

調查方案主要包括調查目的、調查對象、調查內容、調查方式方法、數據處理與信息分析、報告形成、調查進度安排、經費預算等內容。

下面提供幾個統計調查方案供實驗者參考。

調查方案一:

住戶收支與生活狀況調查方案[①]

(1) 調查目的

為全面、準確、及時瞭解全國和各地區城鄉居民收入、消費及其他生活狀況,客觀監測居民收入分配格局和不同收入層次居民的生活質量,更好地滿足研究制定城鄉統籌政策和民生政策的需要,為國民經濟核算和居民消費價格指數權重制定提供基礎數據,依照《中華人民共和國統計法》規定,開展住戶收支與生活狀況調查(以下簡稱住戶調查)。

(2) 調查對象

住戶調查對象為中華人民共和國境內的住戶,既包括城鎮住戶,也包括農村住戶;既包括以家庭形式居住的住戶,也包括以集體形式居住的住戶。無論戶口性質和戶口登記地,中國公民均以住戶為單位,在常住地參加本調查。

---

① 此方案來源於中華人民共和國國家統計局網站(http://www.stats.gov.cn/tjsj/tjzd/gjtjzd/201701/t20170109_1451379.html),2017-07-31。

(3) 調查組織

住戶調查由兩部分組成。一是分省住戶調查,以省、自治區、直轄市(以下簡稱省)為總體進行抽樣,主要目的是準確反應全國及各省居民收支水準、結構、增長速度、收入分配格局以及政策對居民生活狀況的影響。二是分市縣住戶調查,以市、地、州、盟(以下簡稱市)及以縣、區、縣級市、旗(以下簡稱縣)為總體進行抽樣,主要目的是準確反應分市縣居民收支水準和增長速度,滿足政府對市縣管理的需要。

國家統計局統一領導住戶調查,負責制定調查方案,組織調查實施,監督調查過程,審核、處理、匯總調查數據,發布全國和分省城鄉居民收入、消費和生活狀況數據。

國家統計局各調查總隊按照本方案規定,負責組織分省住戶調查工作,牽頭並會同各省級統計局組織分市縣住戶調查。分市縣住戶調查具體實施方案必須按照《國家統計局關於加強和改進分市縣住戶調查工作的通知》和本方案的要求,由各調查總隊會同省級統計局制定後上報國家統計局審批。

各級統計調查部門應按照本方案規定,認真組織實施調查,確保調查數據質量。

(4) 調查內容

分省住戶調查內容主要包括居民現金和實物收支情況、住戶成員及勞動力從業情況、居民家庭食品和能源消費情況、住房和耐用消費品擁有情況、家庭經營和生產投資情況、社區基本情況以及其他民生狀況等。具體內容由本方案的記帳項目、問卷項目和匯總指標共同規定。

分市縣住戶調查中的可支配收入和消費支出匯總指標的名稱、分類標準、計算方法必須與本方案規定一致,其他記帳項目、問卷項目、匯總指標在不影響收支匯總指標的情況下可適當簡化,但必須與匯總指標體系的分類標準保持一致。

(5) 樣本抽選

樣本抽選包括抽樣方法設計、縣級調查網點代表性評估、調查小區抽選以及摸底調查、調查住宅抽選、調查戶落實等現場抽樣工作。

分省住戶調查的抽樣方法由國家統計局制定。樣本量按滿足以下代表性需求的標準確定:在95%的置信度下,分省居民及分省分城鄉居民人均可支配收入、消費支出以及主要收入項和消費項的抽樣誤差控制在3%以內(個別人口較少的省在5%以內)。由此匯總生成的全國居民及全國分城鄉居民人均可支配收入和消費支出抽樣誤差控制在1%以內,主要收入項和消費項的抽樣誤差控制在3%以內。國家統計局使用統一的抽樣框,以省為總體,在對縣級調查網點的代表性進行評估的基礎上,採用分層、多階段隨機抽樣方法抽選調查住宅,確定調查戶。抽中調查小區五年內保持不變。抽中住宅每年輪換一半。現場抽樣工作由各調查總隊統一組織。調查小區的變動需經國家統計局批准;調查戶的變動需經調查總隊批准,並報國家統計局備案。

國家統計局組織各調查總隊統一開展分市縣住戶調查樣本的抽選工作,即按照國家規定的抽樣框和抽樣方法,在分省住戶調查樣本的基礎上,補充抽選提高分市縣代表性的擴充樣本,共同組成分市縣住戶調查樣本。分市縣住戶調查的樣本規模由各調查總隊會同省級統計局共同確定,分市縣抽樣實施方案報國家統計局批准後執行。分市縣調查小區

的變動需經調查總隊批准；調查戶的變動需報調查總隊備案。

(6) 數據採集

數據採集包括現場調查、數據錄入和初步審核。

住戶調查採用日記帳和問卷調查相結合的方式採集基礎數據。其中，居民現金收入與支出、實物收入與支出等內容主要使用記帳方式採集。住戶成員及勞動力從業情況、住房和耐用消費品擁有情況、家庭經營和生產投資情況、社區基本情況及其他民生狀況等資料使用問卷調查方式採集。為了提高調查配合度、減輕調查負擔、增強抗干擾能力、改進調查效率，國家統計局將啓動建設住戶調查應用系統，改進抽樣方案並組織實施新週期調查網點輪換工作，在新週期住戶調查樣本中推廣使用電子化數據採集方式。

住戶調查數據採集工作，在已設立國家調查隊的縣及縣級市，由縣級國家調查隊負責；在未設立國家調查隊的縣及縣級市，由縣級統計局(地方調查隊)負責。在地級市的市轄區，分省樣本由市級國家調查隊負責，分市縣調查中的擴充樣本由市級統計局(地方調查隊)負責，但已由國家調查隊負責的，維持不變。

調查基礎數據包括樣本信息、調查戶記帳數據和問卷調查數據。由市縣調查統計機構負責對記帳數據進行編碼，採用國家統計局編製下發的數據處理程序錄入調查基礎數據。有條件的地方可使用基於網絡的數據採集平臺，包括調查戶網上記帳、單機記帳和調查員手持電子終端採集數據。市縣調查統計機構對錄入的數據進行初步審核。

(7) 數據上報

分省調查樣本的基礎數據由各調查市縣直接上報各調查總隊，經調查總隊審核，通過國家統計局內網郵箱上報國家統計局住戶調查辦公室。週六、日仍按期報送；遇到其他法定節假日，按國家統計局的相關規定上報。上報格式必須與國家統計局編製下發的數據處理程序規定的格式一致。

分市縣調查中的擴充樣本由調查市縣同時上報調查總隊和省級統計局。上報時間和方式由分市縣住戶調查實施方案規定。

有條件的地方可網上直報，多級共享。

(8) 數據處理

數據處理包括數據審核、加權、匯總和評估。

分省住戶調查樣本和國家調查縣所有樣本的基礎數據由各調查總隊直接審核，匯總後提供給省級統計局。分市縣調查中的其他擴充樣本的基礎數據由調查總隊牽頭，會同省級統計局審核。

全國、省、市、縣各級匯總結果根據分戶基礎數據，採用加權匯總方式生成。各級匯總權數由國家統計局統一制定。國家統計局根據分省調查樣本數據和相應權數匯總生成全國和分省數據。各調查總隊根據分市縣調查樣本數據和相應權數匯總生成分市縣數據。

國家統計局對分省調查結果進行審核評估，各調查總隊牽頭並會同省級統計局組織對分市縣調查結果進行審核評估。

(9) 數據發布

分省住戶調查結果數據按年度和季度發布，各地不得自行增加發布頻率。分市縣住戶

調查結果數據可適當降低發布頻率。季度主要發布居民收支數據，其餘數據按年度發布。

全國和分省數據由國家統計局發布。分市數據由調查總隊會同省級統計局發布。分縣數據的發布方式由調查總隊會同省級統計局確定。

按自上而下的順序依次發布國家、省、市、縣數據。發布分市縣居民可支配收入和消費支出時，只發布合計數及其一級分類指標。

（10）數據質量控制

住戶調查實行全過程質量控制。國家統計局建立全過程質量控制制度，規範方案設計，科學抽選樣本，認真組織培訓，嚴格流程管理，加強監督檢查。每個季度隨機抽取 6000 個調查戶進行電話回訪，對調查樣本代表性進行評估和校準，對基礎數據進行審核分析，對各地住戶調查專業工作的各個環節進行量化考核。各級調查統計部門要加強調查基礎工作，加強對調查過程各個環節的監督、檢查和驗收，及時、獨立上報數據。

（11）其他

本方案實行全國統一的統計分類標準和編碼，各級調查統計部門必須嚴格執行。

本方案自 2016 年 12 月 1 日開始執行。

本方案由國家統計局負責解釋。

註：如果該分市縣調查小區同時納入貧困監測調查的國家匯總，則調查小區和調查戶必須參照分省住戶調查的辦法進行樣本管理。

調查方案二：

農村住戶固定資產投資抽樣調查方案[①]

（1）調查目的

為了全面瞭解農村住戶固定資產的投資狀況，準確反應農戶固定資產的總量、分佈與結構，為各級政府制定農村政策提供基礎數據，依照《中華人民共和國統計法》規定，特制定本調查方案。

（2）調查對象、調查範圍

調查對象是調查村的住戶。調查網點在住戶收支與生活狀況調查網點進行，農戶投資從住戶收支調查資料中取得，農戶建房投資在住戶收支調查小區所在的村調查所有建房戶情況。

（3）固定資產價值統計標準

根據農村固定資產調查的現實情況，本方案中的農戶房屋建築物、機器設備、器具等固定資產價值統計標準為 1000 元以上，使用年限為兩年及以上。

（4）調查對象的行業類別

略。

（5）調查內容

調查內容包括：農戶固定資產原值、農戶固定資產資產投資完成情況、農戶建房情況

[①] 此方案引自中華人民共和國國家統計局網站（http://www.stats.gov.cn/tjsj/tjzd/gjtjzd/201701/t20170109_1451376.html），2017－07－31。此處節選部分內容。

以及農戶固定資產投資的資金來源、投資構成及投資方向等。
（6）調查方法
調查人員到調查村直接訪問，並從住戶收支與生活狀況調查中取得調查戶的基礎數據。
（7）填報要求
略。
（8）推算方法
略。

調查方案三：
重慶工商大學學分制改革試點調查方案
（1）調查對象
本次調查的對象分別是試行學分制的2007級本科學生、全校所有專任教師（不含雙肩挑人員）、全校所有教學管理人員（包括教務處人員、學院院長、教學副院長、學院教務辦人員、學生工作副書記或書記、2007級本科生輔導員）。
（2）調查方法
教學管理人員調查採取全面調查的方法，其餘採取抽樣調查的方法。
抽樣調查採用分層等比例不重複系統抽樣，使樣本中的學生覆蓋所有學院和所有專業，教師覆蓋所有學院及不同職稱，從而充分保證樣本的代表性。
（3）學生及教師樣本量
① 初始樣本總量
本方案對隨機性的控制指標——學生，採用男性所占比例，教師採用31～40歲教師所占比例，按照方差最大原則可取 $Ph = 0.5$，允許絕對誤差學生控制在5%範圍內，教師控制在7%範圍內，置信度取95.45%（$z = 2$）。計算得學生樣本總量為366人，抽樣比約為8.52%；教師樣本總量為161人，抽樣比約為21.05%。
② 學生樣本分配
以班為分層變量，按班級人數的8.52%分配樣本。
③ 教師樣本分配
總體上按總人數的21.05%分配樣本，但由於某些子層中總體單位數太少，按此比例分配後樣本量為0，故對這些層均給予樣本量1，這樣使得教師總樣本量增加3人，即總樣本量調整為164人。
（4）學生及教師樣本點抽取方法
① 學生樣本點抽取方法
在各班級中將學生按學號排序，計算抽樣間隔 k = 班級人數／樣本量，然後從前 k 個學生中隨機抽取1名學生，後每隔 k 個學生抽取1名，直到抽滿樣本量為止。
② 教師樣本點抽取方法
在各學院內盡量採用隨機抽樣的方法抽取教師，也可選擇具有代表性的教師進行

調查。

(5) 教學管理人員調查量

共計 147 人，其中教務處 30 人、院長 17 人、分管教學副院長 17 人、分管學生副書記或書記 17 人、教務辦 17 人、2007 級輔導員 49 人。

2. 調查問卷設計

要設計一份好的問卷，必須考慮這樣幾個問題：它是否能提供必要的信息，是否考慮到應答者的情況，是否滿足編輯、編碼和數據處理的要求。

設計一份問卷包括一系列邏輯步驟，如圖 2-1-11 所示。

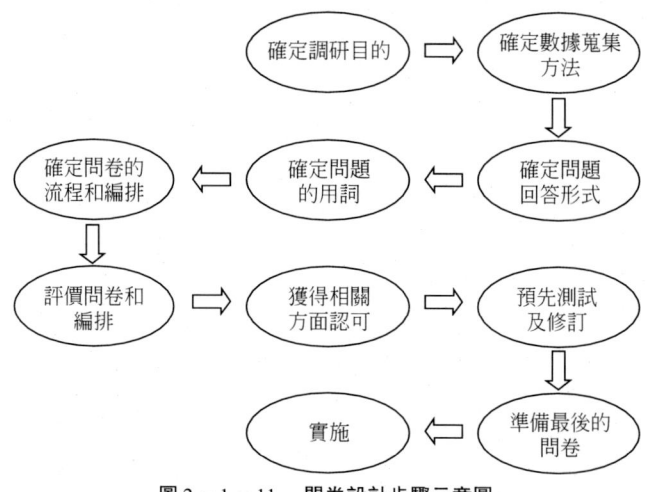

圖 2-1-11　問卷設計步驟示意圖

附錄有兩份調查問卷供實驗者參考。

3. 抽取樣本

Excel 提供了一組數據分析工具，稱為「分析工具庫」，在進行複雜的統計分析時，使用現成的數據分析工具，可以節約很多時間。只需為每一個分析工具提供必要的數據和參數，該工具就會使用適宜的統計或數學函數，在輸出表格中顯示相應的結果。要瀏覽已有的分析工具庫，可以單擊「工具」菜單中的「數據分析」命令，顯示結果如圖 2-1-12。

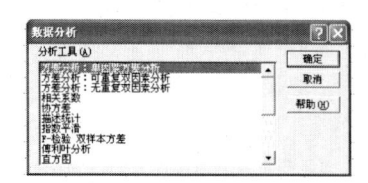

圖 2-1-12　「數據分析」頁面

在 Excel 的數據分析工具中有一個「抽樣」工具，可以簡便迅速地完成抽樣工作。其基本操作步驟為：

第一步,畫出數據表,輸入總體各單位的編號。

第二步,單擊「工具」菜單中的「數據分析」選項,再單擊「抽樣」選項,得到如下對話框(見圖 2-1-13)。

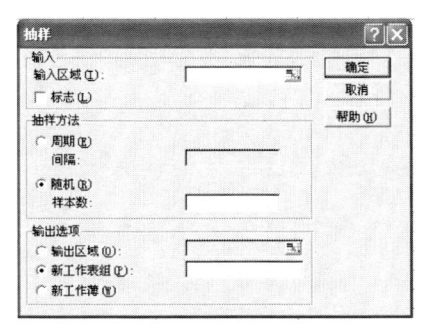

圖 2-1-13 「抽樣」工具對話框

「抽樣」對話框內各選項的含義如下:

輸入區域:在此輸入待分析數據區域的單元格範圍。一般情況下 Excel 會自動根據當前單元格確定待分析數據區域。

標誌:如果輸入區域的第一行或第一列中包含標誌項(變量名),則單擊「標誌」復選框(前面出現√號,表示已被選定);如果輸入區域沒有標誌項(變量名),則不需要選擇該復選框,Excel 將在輸出表中生成適宜的數據標誌。

週期:如果輸入區域中的數據是週期性的,可抽取每個週期中某一特定時段的數據作為樣本。通常情況下,等距抽樣(機械抽樣) 採用此種模式。

間隔:採用「週期」模式時,需將總體單位數除以樣本單位數,求得取樣的週期間隔,將答案取整填入「間隔」框中。

隨機:當採用純隨機抽樣、分類抽樣、整群抽樣和多階段抽樣時,採用此種模式。

樣本數:採用「隨機」模式時,將需要抽取的樣本單位數填入「樣本數」框中。

需要注意的是,無論是週期還是隨機模式下,採取的抽樣方法都是重複抽樣。如果要採取不重複抽樣,就需要抽中一個刪掉一個,再抽第二個。

輸出區域:在此框中可填寫輸出結果表左上角單元格地址,用於控制輸出結果的存放位置。

新工作表:單擊此選項,可在當前工作簿中插入新工作表,並由新工作表的 A1 單元格開始存放結果。如果需要給新工作表命名,則在右側編輯框中鍵入名稱。

新工作簿:單擊此選項,可創建一新工作簿,並在新工作簿的新工作表中存放計算結果。

第三步,填寫完「抽樣」對話框之後,按「確定」按鈕即可。

由於隨機抽樣時總體中的每個數據都可以被多次抽取,所以在樣本中的數據一般都會有重複現象,解決此問題有待於程序的完善。可以使用「高級篩選」功能對所得數據進行篩選。選中樣本數據列,依次執行「數據」→「篩選」→「高級篩選」。

例 2-2 利用 Excel,按照簡單隨機重複抽樣的方法從 100 人中抽取 20 人。

解:第一步,畫出數據表,輸入總體各單位的編號。

可以直接輸入 1～100 號,也可利用 Excel「編輯」中「填充」「序列」的功能輸入 1～100 號,還可以利用填充柄或函數功能輸入 1～100 號。最後結果顯示如圖 2-1-14 所示。

圖 2-1-14　輸入數據

第二步,單擊「工具」菜單(見圖 2-1-15)。

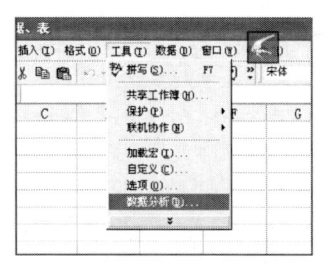

圖 2-1-15　選擇「工具」中的「數據分析」

第三步,單擊「數據分析」選項(見圖 2-1-16)。

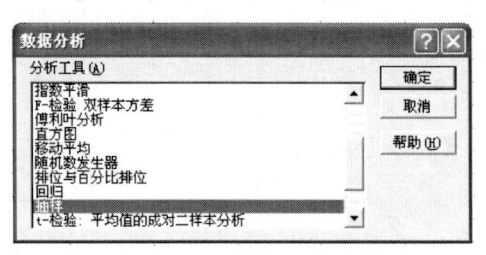

圖 2-1-16　從列表中選「抽樣」

第四步,單擊「抽樣」選項(見圖 2-1-17),在「抽樣」對話框的「輸入區域」中輸入 A1:J10,在「隨機」模式下的「樣本數」框中輸入 20,在「輸出區域」框中輸入輸出表左上角的單元格行列號(此單元格為空單元格,且其右下角為空),本例輸入 B12。

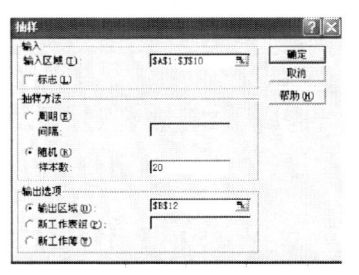

圖2－1－17　填寫「抽樣」對話框

點擊「確認」，得結果如圖2－1－18所示。也可以選擇「新工作表」或「新工作簿」作為放置抽樣結果的位置。

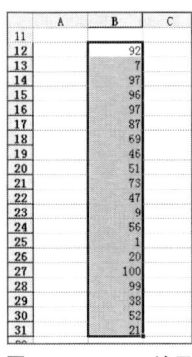

圖2－1－18　結果

可以看出，其中存在著重複數，可使用「篩選」功能對所得數據進行篩選。在樣本數據列加入標題「抽樣結果」，選中該標題及樣本數據，依次執行「數據」→「篩選」→「高級篩選」[1]，填寫高級篩選對話框，如圖2－1－19所示。

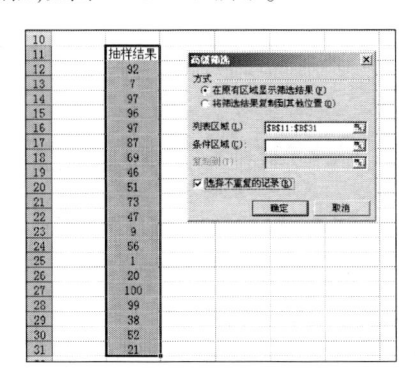

圖2－1－19　填寫「高級篩選」對話框

---

[1] 關於數據篩選的詳細介紹見「三、統計數據的整理」部分。

點擊「確定」,得到篩選後的無重複樣本,如圖2－1－20所示。

抽樣結果
92
7
97
96
87
69
46
51
73
47
9
56
1
20
100
99
38
52
21

圖2－1－20　篩選後的結果

有讀者會發現,這裡的樣本數只有19個,比要求的樣本數少。故值得注意的是,由於事先不清楚會有多少個重複數值,需要根據經驗適當調整在填寫抽樣框時輸入的樣本數,以使最終所得樣本數不少於所需數量,再去掉多餘的樣本單位即可。

如果按上述方法再操作一次,又可給出不同的20個樣本編號。

三、統計數據的整理

(一) 數據的預處理

數據的預處理是數據整理的前提,是對數據進行分類或分組之前所做的必要處理,內容包括數據的錄入、審核、篩選、排序等。

1. 數據的編碼及錄入

(1) 數據的編碼。編碼是對一個問題的不同回答進行分組和確定數字代碼的過程。封閉式問題的答案通常已經預先編碼。例如:你的性別:1. 男;2. 女。回答「男」的用編碼「1」,回答「女」的用編碼「2」。

對開放式問題的回答進行編碼則需要採用以下四個步驟,即列出答案、合併答案(一些形式上不同的答案,在本質上是一致的,可以合併)、設置編碼、輸入編碼。

例2－3[①]　有一個開放式問題:為什麼你喜歡喝那個牌子的啤酒?試對其回答進行編碼。

解:列出該問題的所有答案,如表2－1－2所示。

[①] 小卡爾・邁克丹尼爾,羅杰・蓋茲. 當代市場調研[M]. 北京:機械工業出版社,2000:280.

表 2-1-2　　　　　　　　　　　回答實例

序號	回答實例
1	因為它口味較好
2	它具有最好的味道
3	我喜歡它的口味
4	我不喜歡其他啤酒太重的口味
5	它最便宜
6	我買任何打折的啤酒,它大部分時間都打折
7	它不像其他牌子的啤酒那樣使我的胃不舒服
8	其他牌子使我頭痛,但這種不會
9	我總是選擇這個牌子
10	我已經喝了20多年了
11	它是大多數同事喝的品牌
12	我的所有朋友都喝它
13	這是我妻子在食品店中買的牌子
14	這是我妻子/丈夫最喜歡的牌子
15	我沒有想過
16	不知道
17	沒有特別的原因

對以上回答實例可合併分類及編碼如表 2-1-3 所示。

表 2-1-3　　　對表 2-1-2 中的回答的合併分類和編碼

回答類別描述	表 2-1-2 中的回答	分配的數字編碼
口味好/喜歡口味/比其他味道好	1,2,3,4	1
低/較低的價格	5,6	2
不會引起頭疼/不會引起胃不適	7,8	3
長時間喝/習慣	9,10	4
朋友喝/受朋友影響	11,12	5
妻子/丈夫喝/買	13,14	6
不知道	15,16,17	7

　　(2) 數據的錄入。數據錄入既要講求效率,又要保證質量。對於重要的數據,一般錄入兩次(最好是不同的兩個人各錄入一次)。如果同一數據兩次錄入結果不一致,則需要修改。

　　2. 數據的審核與篩選

　　數據的審核包括完整性審核和準確性審核。審核數據準確性的方法主要有邏輯檢查和計算檢查。此外,還要對數據的時效性進行審核,應盡可能使用最新的統計數據。

數據篩選包括兩方面內容：一是將某些不符合要求的數據或有明顯錯誤的數據予以剔出；二是將某些符合特定條件的數據篩選出來。數據的篩選可借助 Excel 完成。

下面我們給出一個例子，說明用 Excel 進行數據篩選的過程。

例 2-4 表 2-1-4 是重慶、四川、貴州等 10 省（市、區）某年城鎮居民家庭用於食品、衣著、居住、交通通信、文教娛樂、醫療保健等方面的人均現金消費支出的數據，試按要求做數據篩選。

表 2-1-4 人均現金消費數據

	A	B	C	D	E	F	G
1							
2	地 區	食 品	衣 著	居 住	交通通信	文教娛乐	医疗保健
3							
4	重 慶	5847.90	2056.79	1205.66	1718.73	1474.88	1050.62
5	四 川	5571.69	1483.54	1226.14	1757.52	1369.47	735.26
6	貴 州	4565.85	1209.88	1102.99	1395.28	1331.43	578.33
7	云 南	4802.26	1587.18	827.84	1905.86	1350.65	822.41
8	西 藏	5184.18	1261.29	781.12	1278.00	514.44	424.10
9	陝 西	5040.47	1673.24	1193.81	1502.44	1857.60	1100.51
10	甘 肅	4182.47	1470.26	1139.85	1289.80	1158.30	874.05
11	青 海	4260.27	1394.28	1055.15	1293.45	967.90	854.25
12	寧 夏	4483.44	1701.73	1247.14	1637.61	1441.18	978.12
13	新 疆	4537.46	1715.94	888.16	1377.67	1122.18	912.99

（1）自動篩選。如果要顯示出滿足給定條件的數據，可使用自動篩選命令。任選一數據區域的單元格，點擊「數據」欄下的「篩選」，如圖 2-1-21 所示。

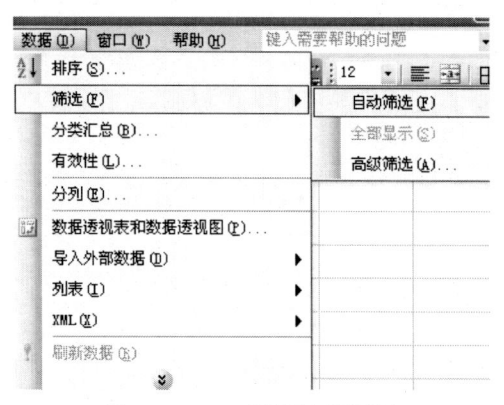

圖 2-1-21 選擇「自動篩選」

再點擊「自動篩選」，這時會在第一行出現下拉箭頭，用鼠標點擊箭頭會出現圖 2-1-22 所示頁面。

	A	B	C	D	E	F	G
1							升序排列
2	地區	食品	衣着	居住	交通通信	文教娛乐	降序排列
3							(全部)
							(前 10 个...)
							(自定义...)
4	重庆	5847.90	2056.79	1205.66	1718.73	1474.88	424.10
							578.33
5	四川	5571.69	1483.54	1226.14	1757.52	1369.47	735.26
							822.41
6	贵州	4565.85	1209.88	1102.99	1395.28	1331.43	854.25
							874.05
7	云南	4802.26	1587.18	827.84	1905.86	1350.65	912.99
							978.12
8	西藏	5184.18	1261.29	781.12	1278.00	514.44	1050.62
							1100.51
9	陕西	5040.47	1673.24	1193.81	1502.44	1857.60	(空白)
							(非空白)
10	甘肃	4182.47	1470.26	1139.85	1289.80	1158.30	874.05
11	青海	4260.27	1394.28	1055.15	1293.45	967.90	854.25
12	宁夏	4483.44	1701.73	1247.14	1637.61	1441.18	978.12
13	新疆	4537.46	1715.94	888.16	1377.67	1122.18	912.99
14							

圖 2－1－22 「自動篩選」選項

如果要篩選出人均醫療保健現金消費支出最高的前三個省(市)，可點擊醫療保健所在列的下拉箭頭中的「前10個」，在選項中輸入「3」，如圖 2－1－23 所示。

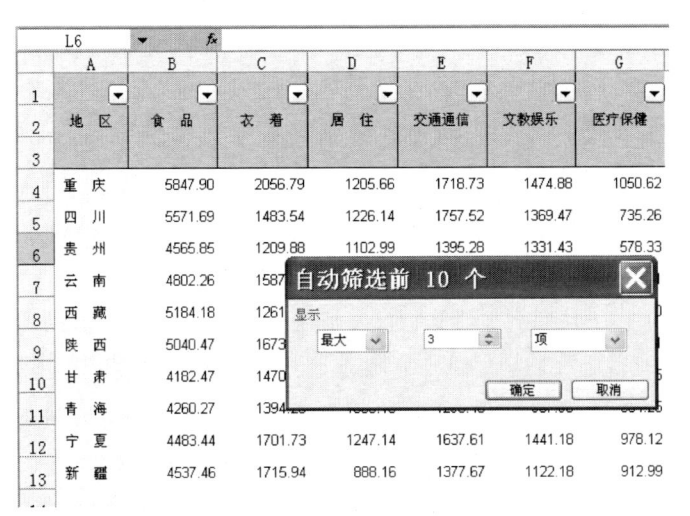

	A	B	C	D	E	F	G
1							
2	地區	食品	衣着	居住	交通通信	文教娛乐	医疗保健
4	重庆	5847.90	2056.79	1205.66	1718.73	1474.88	1050.62
5	四川	5571.69	1483.54	1226.14	1757.52	1369.47	735.26
6	贵州	4565.85	1209.88	1102.99	1395.28	1331.43	578.33
7	云南	4802.26	1587				
8	西藏	5184.18	1261	自动筛选前 10 个			
9	陕西	5040.47	1673	显示			
10	甘肃	4182.47	1470	最大 ▼ 3 ▼ 项 ▼			
11	青海	4260.27	1394	确定 取消			
12	宁夏	4483.44	1701.73	1247.14	1637.61	1441.18	978.12
13	新疆	4537.46	1715.94	888.16	1377.67	1122.18	912.99

圖 2－1－23 填寫「自動篩選」對話框

點擊「確定」，得到如圖 2－1－24 所示結果。

043

	A	B	C	D	E	F	G
1	地 区	食 品	衣 着	居 住	交通通信	文教娱乐	医疗保健
4	重 庆	5847.90	2056.79	1205.66	1718.73	1474.88	1050.62
9	陕 西	5040.47	1673.24	1193.81	1502.44	1857.60	1100.51
12	宁 夏	4483.44	1701.73	1247.14	1637.61	1441.18	978.12

圖 2－1－24　篩選結果

這表明在 10 個省(市) 中，人均醫療保健現金消費支出最高的前三個省市為重慶、陝西、寧夏。

也可以自定義自動篩選方式，頁面如圖 2－1－25。

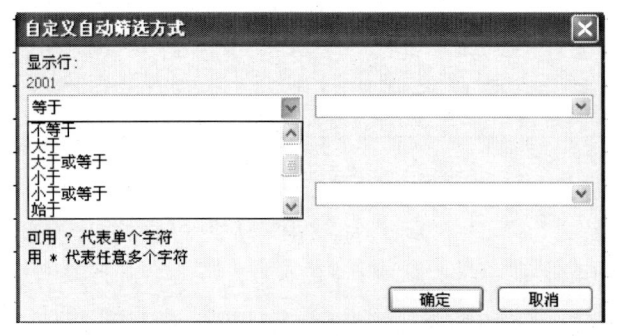

圖 2－1－25　「自定義自動篩選方式」界面

(2) 高級篩選。如果所設定的條件比較多，可以使用「高級篩選」命令。使用高級篩選時，必須建立條件區域。在條件區域中分行輸入條件標誌和條件值。輸入條件時，凡是表示「與」的條件，都輸在同一行；凡是表示「或」的條件，輸在不同行裡。例如，我們要篩選出人均衣著現金消費支出和人均交通通信現金消費支出都大於1500 元的省(市)，則建立條件區域如下(圖 2－1－26)。

	地 区	食 品	衣 着	居 住	交通通信	文教娱乐	医疗保健
16							
18			>1500		>1500		

圖 2－1－26　建立條件區域

選擇「數據」欄下的「篩選」→「高級篩選」(見圖 2－1－27、圖 2－1－28)。

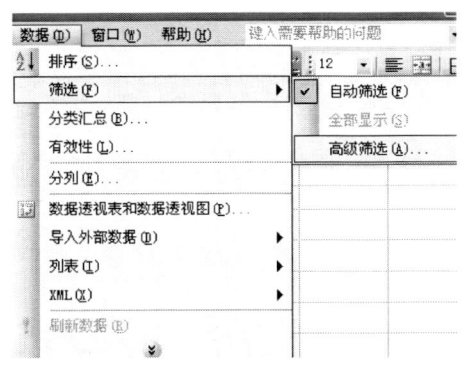

圖 2-1-27　選擇「高級篩選」

圖 2-1-28　填寫「高級篩選」對話框

填寫完高級篩選對話框,點擊「確定」,可得如下結果(見圖 2-1-29)。

圖　篩選結果

結果表明,在所有 10 個省(市)中,只有重慶、雲南、陝西和寧夏的人均衣著現金消費支出和人均交通通信現金消費支出都大於 1500 元。

3. 數據的排序

數據排序是按一定順序將數據排列,以便於研究者通過瀏覽數據發現一些明顯的特徵或趨勢。同時,排序還可以為分組提供方便。數據排序可以利用「工具」菜單的「數據分析」下的「排位與百分比排位」實現,也可以利用「數據」菜單的「排序」實現。

(1) 利用「工具」菜單的「數據分析」下的「排位與百分比排位」。「排位與百分比排位」是將原始數據按照從大到小排序。

第一步,用鼠標點擊工作表中待分析數據的任一單元格。

第二步,選擇「工具」菜單的「數據分析」子菜單,用鼠標雙擊數據分析工具中的「排位與百分比排位」選項。

第三步,填寫完「排位與百分比排位」選項,按「確定」按鈕即可。

輸出的結果可分為四列,第一列「點」是數值原來的存放位置,第二列是相應的數值,第三列是數值的排序號,第四列是數值的百分比排位,它的計算方法是:$\dfrac{\text{小於該數值的數值個數}}{\text{數值總個數}-1}$。

例2-5 對例2-4中的數據,將10個省(市)人均食品現金消費支出、人均衣著現金消費支出按照從大到小的順序排序。

解:選擇「工具」菜單的「數據分析」子菜單,選擇「排位與百分比排位」(見圖2-1-30)。

選擇「圖2-1-30 排位與百分比排位」選項

單擊「排位與百分比排位」選項,在「排位與百分比排位」對話框的「輸入區域」中輸入B1:C11,選擇「分組」方式為列,選中「標誌位於第一行」復選框,在「輸出區域」框中輸入輸出表左上角的單元格行列號(此單元格為空單元格,其右下角為空),本例輸入C14(見圖2-1-31)。

填寫「圖2-1-31 排位與百分比排位」對話框

點擊「確認」,得結果如圖2-1-32。也可以選擇「新工作表」或「新工作簿」作為放置抽樣結果的位置。

	C	D	E	F	G	H	I	J
14	点	食品	排位	百分比	点	衣著	排位	百分比
15	1	5847.90	1	100.00%	1	2056.79	1	100.00%
16	2	5571.69	2	88.80%	10	1715.94	2	88.80%
17	5	5184.18	3	77.70%	9	1701.73	3	77.70%
18	6	5040.47	4	66.60%	6	1673.24	4	66.60%
19	4	4802.26	5	55.50%	1	1587.18	5	55.50%
20	3	4565.85	6	44.40%	2	1483.54	6	44.40%
21	10	4537.46	7	33.30%	7	1470.26	7	33.30%
22	9	4483.44	8	22.20%	8	1394.28	8	22.20%
23	8	4260.27	9	11.10%	5	1261.29	9	11.10%
24	7	4182.47	10	0.00%	3	1209.88	10	0.00%

圖2-1-32 「排位與百分比排位」結果

結果表明,人均食品現金消費支出最高的是原來位於第1的重慶,最低的是原來位於第7的甘肅;人均衣著現金消費支出最高的是原來位於第1的重慶,最低的是原來位於第3的貴州。

(2) 利用「數據」菜單的「排序」。

第一步,用鼠標點擊工作表中待分析數據的任一單元格。

第二步,用鼠標單擊「數據」菜單的「排序」選項。

第三步,填寫完「排序」對話框之後,按「確定」按鈕即可。

例2-6 對例2-4中的數據,將10個省(市)按照人均居住現金消費支出從大到小

的順序排序。

解:選擇「數據」菜單的「排序」子菜單(見圖2－1－33)。

圖2-1-33 「排序」界面

在「排序」對話框的「主要關鍵詞」中輸入居住,選中「降序」復選框,在「我的數據區域」中選擇「有標題行」(見圖2－1－34)。

填寫圖2-1-34「排序」對話框

點擊「確認」,得結果如圖2-1-35。

圖2-1-35「排序」結果

結果表明,人均居住現金消費支出按照從高到低依次是寧夏、四川、重慶、陝西、甘肅、貴州、青海、新疆、雲南、西藏。

(二)數據的整理

對數據進行整理的主要方式是統計分組,並形成頻數分佈。既可以用函數FREQUENCY進行統計分組,也可借助直方圖工具進行統計分組。

1. 用COUNTIF函數整理品質分配數列或單項式分配數列

COUNTIF函數可以匯總出各組單位數,常用於品質分配數列和單項式分配數列的編製。

例2-7 某教師所授某門課程的學生來自多個專業,數據如下。試將學生按專業分組,編製品質分配數列。

表2-1-5 　　　　　　　　　學生所屬專業原始數據表

市場行銷	商務策劃管理	商務策劃管理	市場行銷	商務策劃管理	商務策劃管理
工商管理	商務策劃管理	財務管理	商務策劃管理	市場行銷	商務策劃管理
財務管理	市場行銷	財務管理	市場行銷	財務管理	商務策劃管理
商務策劃管理	旅遊管理	商務策劃管理	商務策劃管理	商務策劃管理	商務策劃管理
商務策劃管理	商務策劃管理	市場行銷	商務策劃管理	商務策劃管理	商務策劃管理
商務策劃管理	市場行銷	商務策劃管理	商務策劃管理	市場行銷	商務策劃管理
市場行銷	商務策劃管理	商務策劃管理	商務策劃管理	商務策劃管理	商務策劃管理
商務策劃管理	財務管理	市場行銷	商務策劃管理	商務策劃管理	工商管理

解:第一步,將原始數據輸入到Excel工作表中,發現學生來自市場行銷、工商管理等5個專業,故先將學生按專業分為5組。如圖2-1-36所示。

第二步,選定F4單元格,統計財務管理專業的學生數。從「插入」菜單中選擇「函數」項,或單擊按鈕「fx」,找到COUNTIF函數。按「確定」按鈕,進入COUNTIF函數對話框,填寫對話框,如圖2-1-37所示。

一個是Range框,為原始數據區域框,本例中輸入$A$1:$C$30,之所以採用相對引用的方式,是因為統計其他專業的人數時,需要複製該區域。

另一個是Criteria框,為確定哪些單元格將被計算在內的條件,其形式可以為數字、表

	A	B	C	D	E	F
1	财务管理	市场营销	财务管理			
2	工商管理	商务策划管理	财务管理			
3	商务策划管理	财务管理	市场营销		专业	人数（人）
4	商务策划管理	旅游管理	商务策划管理		财务管理	
5	商务策划管理	商务策划管理	工商管理		工商管理	
6	商务策划管理	商务策划管理	商务策划管理		商务策划管理	
7	商务策划管理	商务策划管理	商务策划管理		市场营销	
8	商务策划管理	商务策划管理	商务策划管理		旅游管理	
9	商务策划管理	商务策划管理	市场营销			
10	商务策划管理	市场营销	商务策划管理			
11	商务策划管理	市场营销	商务策划管理			
12	商务策划管理	市场营销	商务策划管理			
13	市场营销	财务管理	商务策划管理			
14	市场营销	商务策划管理	商务策划管理			
15	市场营销	商务策划管理	商务策划管理			
16	市场营销	商务策划管理	商务策划管理			

圖 2-1-36　原始數據及分組

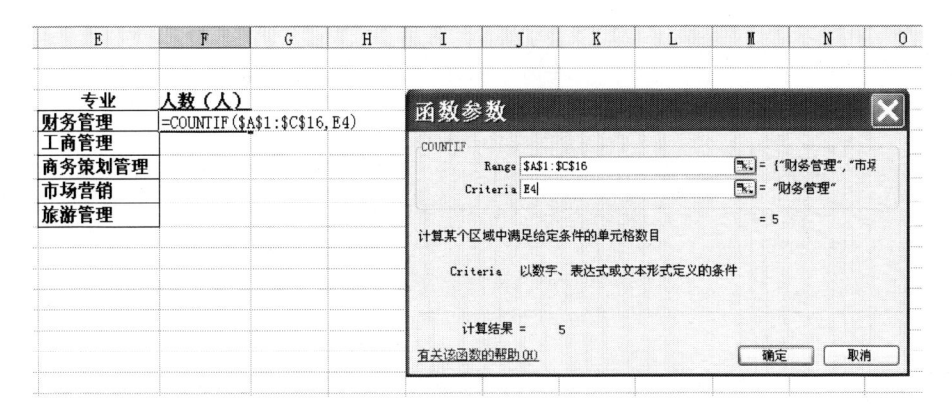

圖 2-1-37　填寫 COUNTIF 對話框

達式或文本。本例的條件是「財務管理」，輸入 E4。

第三步,按「確定」按鈕即把財務管理專業的人數統計出來(為5),寫到 F4 中,如圖 2-1-38 所示。

專業	人數(人)
財務管理	5
工商管理	
商務策划管理	
市場營銷	
旅游管理	

圖 2-1-38　統計出財務管理專業的人數

第四步,選定 F4 單元格,運用公式複製功能,統計出其他專業的學生人數。鼠標放在 F4 單元格的右下角,當出現符號「+」時,按住鼠標左鍵向下拖拽,至 F8 單元格放開鼠標即把其他專業的人數寫到相應的單元格中。再對結果進行修飾,即得到按專業分組的品質分配數列,如圖 2-1-39 所示。

專業	人數(人)
財務管理	5
工商管理	2
商務策划管理	30
市場營銷	10
旅游管理	1

圖 2-1-39　整理得到的品質分配數列

2. 用 FREQUENCY 函數整理單項式分配數列或組距分配數列

用 FREQUENCY 函數進行統計分組,要先輸入樣本數據,而且要排成一列,還要選定放置分組結果的單元格。

例 2－8 某生產車間 30 名工人的日產零件數如下(單位:個),試利用函數 FREQUENCY 以組距為 10 進行等距式分組,第一組為 100～110。

148、116、128、125、129、140、109、123、137、119

127、132、114、107、124、120、135、108、113、130

110、129、132、123、118、104、123、124、140、107

解:第一步,將 30 個數據以一列的形式輸入到 Excel 工作表中,本例輸入到 A1 至 A30,並選定 C2 至 C6 單元格作為放置分組結果的區域。如圖 2－1－40 所示。

第二步,從「插入」菜單中選擇「函數」項,或單擊「常用」工具欄右起第 8 個按鈕 fx,找到 FREQUENCY 函數,如圖 2－1－41 所示。

第三步,按「確定」按鈕,進入 FREQUENCY 函數對話框,如圖 2－1－42 所示。

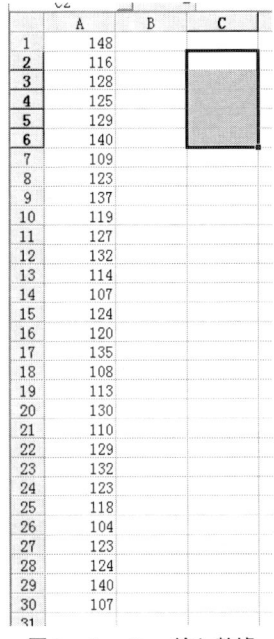

圖 2－1－40　輸入數據

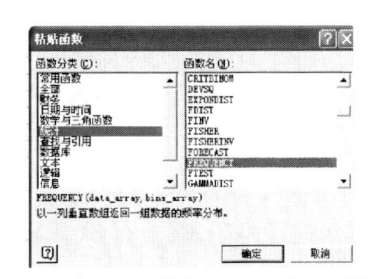

圖 2－1－41　選擇 FREQUENCY 函數

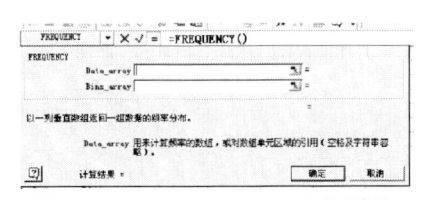

圖 2－1－42　FREQUENCY 函數對話框

第四步,填寫對話框。

一個是 Data_array 框,為原始數據區域框,本例中輸入 A1:A30(見圖 2－1－43)。

另一個是 Bins_array 框,可在框中輸入所分的組。FREQUENCY 要求按組距的上限分組,輸入的數據為比每組的上限少 1 的數據,不接受非數值字符的分組(如「××以

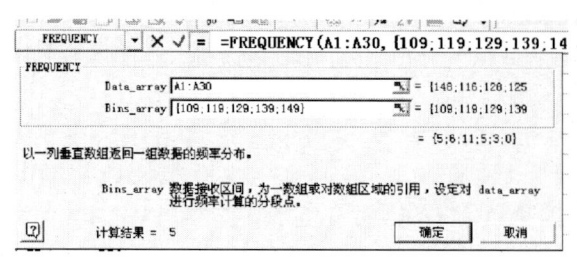

圖 2－1－43　填寫 FREQUENCY 函數對話框

下」「×× 以上」等）。由於分組結果要給出一組頻數，故必須以數組公式的形式輸入，即在輸入數據的兩端加大括號「{ }」，各數據之間用分號隔開。本例輸入 {109；119；129；139；149}。

　　第五步，按 Shift＋Ctrl＋Enter 組合鍵，即將各組頻數（5，6，11，5，3）記入指定的 C2 至 C6 單元格內，結果見圖 2－1－44。

圖 2－1－44　加入頻數

　　第六步，對結果做修飾，加入分組標誌及其值，再加入頻數的具體名稱，可得最後的分組，見圖 2－1－45。

	A	B	C
1	148	日产零件数（件）	工人數（人）
2	116	100～110	5
3	128	110～120	6
4	125	120～130	11
5	129	130～140	5
6	140	140～150	3
7	100		

圖 2－1－45　分組結果

3. 用直方圖工具整理組距式分配數列

Excel 的數據分析工具中的直方圖工具，可以進行統計分組，還可以計算頻數和頻率，繪製直方圖、折線圖等。其操作步驟為：

第一步，用鼠標點擊表中待分析數據的任一單元格。

第二步，在 Excel 2003 中選擇「工具」菜單的「數據分析」子菜單；在 Excel 2007、Excel 2010、Excel 2013 中選擇「數據」菜單的「數據分析」子菜單。用鼠標雙擊「直方圖」選項。

第三步，出現「直方圖」對話框，對話框內與統計分組有關的主要選項的含義如下：

（1）輸入區域：在此輸入待分析數據區域的單元格範圍。

（2）接收區域（可選）：在此輸入接收區域的單元格範圍，該區域應包含一組可選的用來計算頻數的邊界值，這些值按升序排列。只要存在的話，Excel 將統計在各個相臨邊界值之間的數據出現的次數（包含較大邊界值，而不包含較小邊界值）。如果省略此處的接收區域，Excel 將在數據組的最小值和最大值之間創建一組平滑分佈的接收區間。

（3）標誌：如果輸入區域的第一行或第一列中包含標誌項（變量名），則單擊「標誌」復選框（前面出現 √ 號，表示已被選定）；如果輸入區域沒有標誌項（變量名），則不需要選擇該復選框，Excel 將在輸出表中生成適宜的數據標誌。

（4）輸出區域：在此框中可填寫輸出結果表左上角單元格地址，用於控制輸出結果的存放位置。如果輸出表將覆蓋已有的區域，Excel 會自動確定輸出區域的大小並顯示信息。

此外，還有柏拉圖、累積百分比、圖表輸出等選項。通常，只是進行統計分組的話，可以不選它們。

第四步，填寫完對話框後，按「確定」按鈕。只選基本選項時的結果包括兩列數據，第一列是數值的區間範圍，第二列是數值分佈的頻數。

四、綜合實例

例 2－9　查找重慶市各區縣2016年城鎮常住居民人均可支配收入的數據，並利用直方圖工具進行統計分組。

解：可以通過多種方式查詢數據，本書以通過重慶統計信息網查詢數據進行介紹，取得數據的過程如下：

進入重慶統計政府公眾信息網（見圖 2－1－46）。

圖 2-1-46　重慶統計信息網首頁

選擇「統計數據」下的「數據資料」(見圖 2-1-47)。

圖 2-1-47　「數據資料」頁面

選擇「統計年鑒」(見圖 2-1-48)。

圖 2-1-48　「統計年鑒」頁面

選擇「重慶統計年鑑(2017年)」(見圖2－1－49)。

圖2－1－49　「重慶統計年鑑(2017年)」頁面

點擊「二十區縣」(見圖2－1－50)。

圖2－1－50　「二十區縣」頁面

點擊「20－14各區縣居民收支情況(2016年)」,得各區縣城鎮常住居民人均可支配收入(見圖2－1－51)。

圖2－1－51　各區縣城鎮常住居民人均可支配收入

把數據下載到 Excel 表中，進行統計分組（見圖2－1－52）。

圖2－1－52　輸入的數據及分組

在 Excel 2003 中選擇「工具」菜單的「數據分析」子菜單；在 Excel 2007、Excel 2010、Excel 2013 中選擇「數據」菜單的「數據分析」子菜單。用鼠標雙擊「直方圖」選項，填寫「直方圖」對話框（見圖2－1－53）。

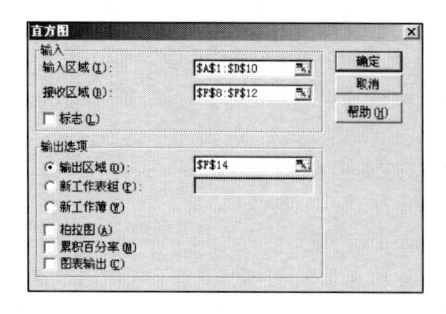

圖2－1－53　填寫「直方圖」對話框

點擊「確定」，得到結果如圖2－1－54 所示。

	A	B	C	D	E	F	G
1	31248	33546	30955	29295		城鎮常住居民人均可支配收入（元）	
2	27164	32978	28318	23611		20000-23000	
3	30897	29915	29623	23634		23000-26000	
4	34263	30495	26262	25483		26000-29000	
5	32057	29505	28990	21380		29000-32000	
6	33681	30903	22974	27527		32000-35000	
7	32921	28899	26268	27483			
8	33431	26301	29202	22473		22999	
9	32983	29483	29703	24482		25999	
10	32758	32510				28999	
11						31999	
12						35000	
13							
14						接收	頻率
15						22999	3
16						25999	4
17						28999	9
18						31999	12
19						35000	10
20						其他	0

圖 2－1－54　點擊「確定」後的界面

對結果作調整，得到最後的分組，如圖 2－1－55 所示。

城鎮常住居民人均可支配收入（元）	区县个数（个）
20000-23000	3
23000-26000	4
26000-29000	9
29000-32000	12
32000-35000	10

圖 2－1－55　最終結果

以上結果表明，2016 年重慶市各區縣城鎮常住居民人均可支配收入整體呈鐘型分佈，有 3 個區縣的城鎮常住居民人均可支配收入在 23,000 元以下，10 個區縣的城鎮常住居民人均可支配收入在 32,000 元以上。

五、思考題

（1）利用網絡搜集 2014—2017 年重慶市按三次產業劃分的從業人員數和 2014—2017 年重慶市城鎮非私營單位職工平均工資的數據，以表格形式顯示結果。

（2）利用網絡搜集中國 2017 年城鎮居民人均可支配收入、農村居民人均可支配收入的數據；分別搜集中國 2018 年第一季度、第二季度國內生產總值的數據；分別搜集中國 2018 年 8 月、9 月商品房銷售面積的數據，以表格形式顯示結果。

（3）以 3～4 人為小組，設計一份與自身學習、生活密切相關的調查方案（含問卷），用 Excel 抽取樣本，進行調查。參考調查題目為：

① ××學院畢業生就業情況調查　　② ××校本科生借閱圖書狀況調查

③ ××學院學生考研情況調查　　　④ ××逃課現象調查

⑤ ××眼鏡消費情況調查　　　　　⑥ ××手機使用情況調查

⑦ ××談戀愛情況調查　　　　　　⑧ ××電腦使用情況調查

⑨ ××兼職狀況調查　　　　　　　⑩ ××睡眠狀況調查

(4)某教師要瞭解研究生課程「社會科學研究方法」的教學情況，對學生進行了調查，其中4個問題為：

a. 如果採取如下教學方式，你最贊同的是(　　)
① 以一個課題為基礎，貫穿所有內容
② 以小組為單位進行討論，各組再上臺介紹討論過程及結果
③ 維持本學期的教學方式
④ 其他(請填寫)_____

b. 你認為本課程的最佳學時為(　　)
①16學時　　②32學時　　③40學時　　④48學時　　⑤其他_____

c. 你本科所學的專業屬於(　　)
① 經濟學　　② 管理學　　③ 工學　　④ 理學　　⑤ 其他

d. 你的性別為(　　)
① 男　　　② 女

得到的調查的原始數據見表2-1-6。

表2-1-6　　　　　　　　調查的原始數據

問卷號	問題a	問題b	問題c	問題d	問卷號	問題a	問題b	問題c	問題d
1	2	2	1	1	17	1	2	1	1
2	1	2	2	1	18	1	2	1	1
3	3	2	4	2	19	3	2	4	1
4	3	2	1	2	20	1	1	2	1
5	3	2	2	2	21	2	3	1	2
6	1	3	1	1	22	1	5	1	2
7	3	2	4	1	23	2	2	1	1
8	1	2	2	1	24	1	3	1	1
9	1	2	2	1	25	1	1	1	2
10	1	4	1	1	26	2	2	1	2
11	3	2	1	1	27	4	3	1	1
12	1	4	4	1	28	1	2	1	2
13	1	2	1	1	29	2	4	4	1
14	3	4	1	1	30	1	2	1	1
15	1	2	1	1	31	1	2	1	2
16	1	4	1	1					

要求：① 將學生按本科所學專業進行分組，編製分配數列，計算出頻率。② 篩選出認為本課程的最佳學時為32學時的女學生。③ 從所有學生中隨機抽取3位，並指出其相應回答。

(5)美國交通部採集了每1000個駕駛執照發生死亡事故的車禍次數(設為變量y)和

有駕駛執照的司機中21歲以下者所占比例(設為變量 x)的數據,樣本由42個城市組成,在一年間採集的數據如下。

表2-1-7　　　　　　　　　　　　數據表

21歲以下者所占比例(%) x	每千個駕駛執照中發生車禍次數 y	21歲以下者所占比例(%) x	每千個駕駛執照中發生車禍次數 y	21歲以下者所占比例(%) x	每千個駕駛執照中發生車禍次數 y	21歲以下者所占比例(%) x	每千個駕駛執照中發生車禍次數 y
13	2.962	16	2.801	8	2.190	18	3.614
12	0.708	12	1.405	16	3.623	10	1.926
8	0.885	9	1.433	15	2.623	14	1.643
12	1.652	10	0.039	9	0.835	16	2.943
11	2.091	9	0.338	8	0.820	12	1.913
17	2.627	11	1.849	14	2.890	15	2.814
18	3.830	12	2.246	8	1.267	13	2.634
8	0.368	14	2.885	15	3.224	9	0.926
13	1.142	14	2.352	10	1.014	17	3.256
8	0.645	11	1.294	10	0.493		
9	1.082	17	4.100	14	1.443		

要求:利用「直方圖」工具,對這42個城市按照有駕駛執照的司機中21歲以下者所占比例進行分組(第一組為8%～11%),編製等距式分配數列。

(6)某商場某天彩電銷售統計數據如表2-1-8所示。

表2-1-8　　　　　　　　　彩電銷售統計表

彩電銷售單號	生產商	客戶類型	數量(臺)	單價(元)	總價(元)	銷售員
0001	海爾	單位	10	3999	39,990	王
0002	海信	個人	1	4999	4999	李
0003	海信	單位	6	5999	35,994	李
0004	海爾	單位	4	3999	15,996	李
0005	海信	個人	1	3999	3999	李
0006	海信	個人	2	4999	9998	王
0007	海爾	單位	8	3999	31,992	趙
0008	海信	個人	1	4999	4999	趙
0009	海爾	單位	3	3999	11,997	趙
0010	海信	單位	6	5999	35,994	王
0011	海爾	個人	1	3999	3999	王

表2-1-8(續)

彩電銷售單號	生產商	客戶類型	數量(臺)	單價(元)	總價(元)	銷售員
0012	海信	個人	2	3999	7998	王
0013	海信	單位	5	4999	24,995	孫
0014	海信	單位	7	3999	27,993	孫
0015	海爾	個人	1	4999	4999	孫
0016	海信	個人	1	3999	3999	李
0017	海信	單位	5	4999	24,995	王
0018	海爾	個人	1	3999	3999	趙
0019	海爾	單位	9	4999	44,991	李
0020	海信	個人	1	3999	3999	趙
0021	海爾	單位	12	4999	59,988	王
0022	海信	個人	1	3999	3999	孫
0023	海爾	單位	5	4999	24,995	孫
0024	海爾	單位	7	5999	41,993	王
0025	海信	個人	1	3999	3999	趙
0026	海信	個人	2	3999	7998	李

要求：①篩選出海爾彩電的銷售單。②篩選出單位購買的數量在6臺及以上的海信彩電的銷售單。

實驗二　統計圖表

一、實驗目的及要求

（1）熟練利用 word、Excel 的統計製表功能，準確地反應統計總體的數量特徵及其數量。

（2）熟練利用 Excel 的統計制圖功能，生動、具體地反應統計總體的數量特徵及其數量關係。

（3）掌握各種統計圖、表的性能，並能準確地根據不同對象的特點加以應用。

二、利用 Excel 繪製統計表

（一）統計表及其構成要素

統計表就是把統計數據按一定的順序排列在表格上。統計表是表現統計數據最常用的形式。它的主要優點是：能有條理、有系統地排列統計數據，使人們在閱讀統計數據時一

目了然;能合理地、科學地組織統計數據,便於核對、對比和計算。

統計表由總標題、橫行標題、縱行標題、指標數值四部分構成。另外,統計表在表的下方還增列補充數據、註解、數據來源、填表單位、填表人員以及填表日期等。

(二) 利用 Excel 繪製統計表

1. 添加統計表標題

用鼠標單擊某一單元格,然後將鼠標向右拖動至合適的單元格;用鼠標單擊格式工具欄中的「合併及居中」;輸入統計表的標題。

例 2-10　要在 Excel 中繪製建築業企業法人單位工程結算收入和利潤總額統計表,試添加其標題。

解:第一步,用鼠標單擊任一單元格,本例單擊「E4」單元格,然後將鼠標向右拖動至「J4」單元格。

第二步,用鼠標單擊格式工具欄中的「合併及居中」。

第三步,輸入統計表的標題「建築業企業法人單位工程結算收入和利潤總額統計表」,見圖 2-2-1。

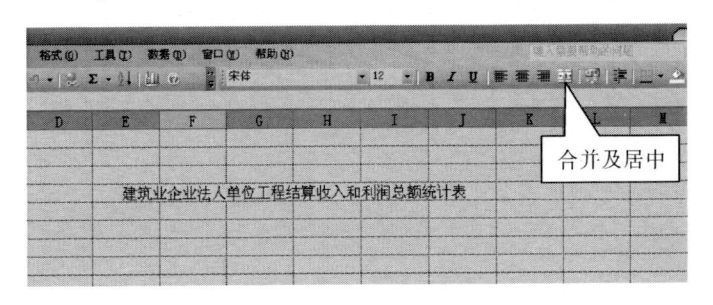

圖 2-2-1　輸入統計表標題

2. 繪製表格中的斜線表頭

(1) 簡單斜線表頭的繪製

第一步,用鼠標選定需要畫斜線的單元格,再單擊鼠標右鍵,出現下拉菜單,選擇「設置單元格格式」。

第二步,選擇「邊框」,選定左斜線,確定線條的樣式並按「確定」按鈕。在「邊框」中,可以實現對統計表線條的美觀處理,如:去掉表格左右兩端的封口線,表格上下線加粗,去掉不必要的線條等。

第三步,借助 ALT 鍵、ENTER 鍵和空格鍵,輸入表頭文字。

例 2-11　在例 2-10 的基礎上,繪製表格左上角的斜線,並寫入文字。

解:第一步,選定需要畫斜線的單元格,再單擊鼠標右鍵,出現下拉菜單,選擇「設置單元格格式」,見圖 2-2-2。

圖2－2－2　選擇「設置單元格格式」

第二步,選擇「邊框」,選定左斜線,確定線條的樣式,見圖2－2－3。

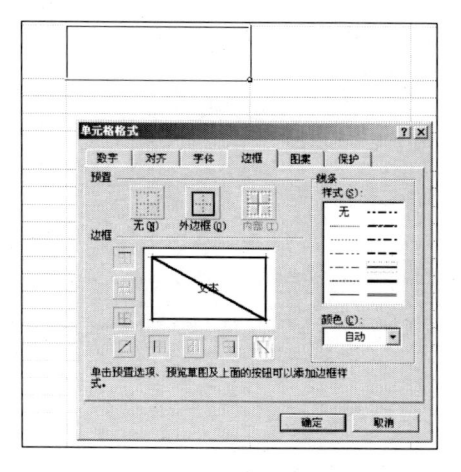

圖2－2－3　選擇「左斜線」

第三步,按「確定」按鈕,即在選定單元格裡劃上了斜線,見圖2－2－4。

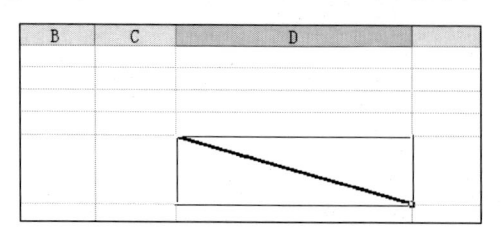

圖2－2－4　未輸入文字的斜線表頭

第四步，輸入表頭文字。本例需要在上方輸入「指標名稱」，下方輸入「按行業分類」。在斜線單元格中輸入「指標名稱按行業分類」，見圖2－2－5。

圖2－2－5　在斜線表頭中輸入初步的文字

第五步，雙擊該單元格，將鼠標光標放在指標名稱和按行業分類中間，同時按下ALT和ENTER鍵，文字變成了兩行，指標名稱和按行業分類分別占一行。將光標放到指標名稱的最左邊，按空格鍵，把指標名稱推到右側合適的位置，斜線表頭製作完成了，見圖2－2－6。

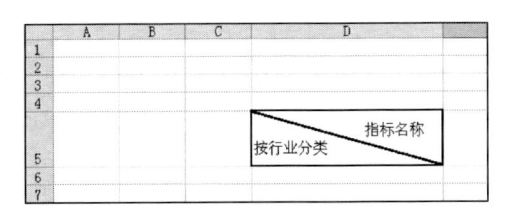

圖2－2－6　繪製完成的斜線表頭

（2）複雜斜線表頭的繪製

本書以雙斜線表頭的繪製為例進行講解。

第一步，在Excel 2003中選擇「插入」→「圖片」→「自選圖形」→「\」；在Excel 2007、Excel 2010、Excel 2013中選擇「插入」→「形狀」→「\」。

第二步，選擇適當位置，在選定的單元格內部畫兩條左斜線，見圖2－2－7。

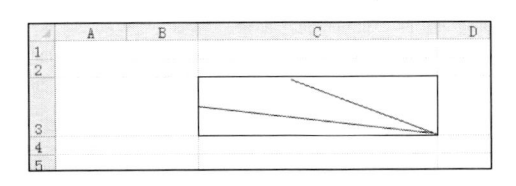

圖2－2－7　未輸入文字的雙斜線表頭

第三步，運用「文本框」功能輸入表頭文字，見圖2－2－8。

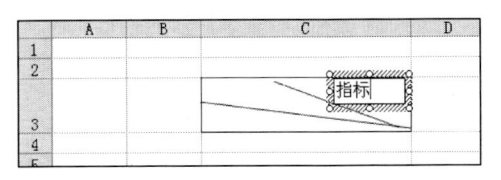

圖2－2－8　在文本框中輸入文字

第四步,通過設置文本框的格式,去除文本框的邊框,並適當調整文字位置。運用同樣的方法將文字輸入其他兩個空表頭,見圖2－2－9。

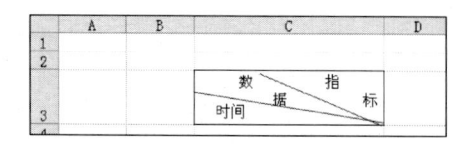

圖2－2－9　繪製完成的雙斜線表頭

3. 添加統計表的數據信息

(1) 添加統計表的主詞及賓詞

選定需要添加主詞或賓詞的單元格,在單元格中輸入內容。

(2) 添加統計表中的數據

選定所需輸入數據的單元格區域;單擊鼠標右鍵,選擇「設置單元格格式」,彈出「單元格式」對話框;選定「數字」欄,然後選擇「數值」型,設置「小數位數」為「2」,再按「確定」鍵。輸入的數據自動保留小數點以後的兩位數字(見圖2－2－10)。

圖2－2－10　設置數據格式

信息輸入完畢後,單擊工具欄中的「格式」菜單,選擇「自動套用格式」命令(見圖2－2－11)。

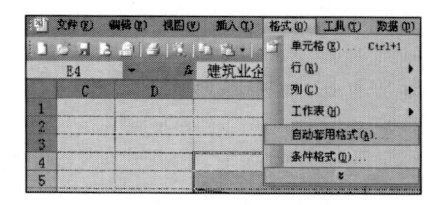

圖2－2－11　選擇「自動套用格式」

彈出「自動套用格式」對話框,在其中的格式中選擇「古典1」式或自己需要的格式(見圖2－2－12)。

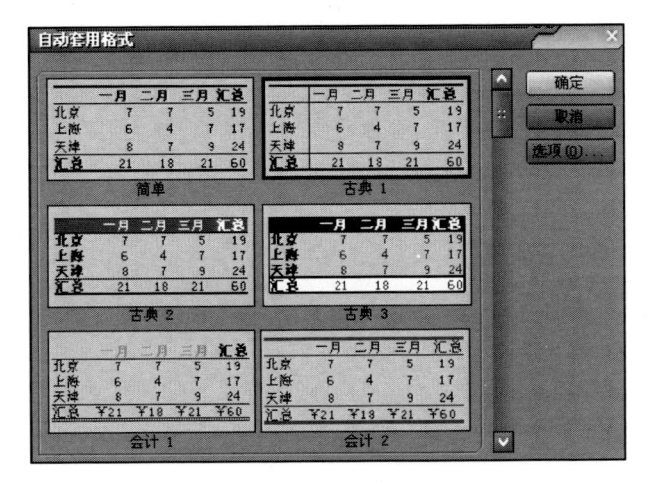

圖 2-2-12　設定自動套用格式

最後,按「確定」按鈕,即可得到繪製好的統計表(見圖 2-2-13)。

圖 2-2-13　繪製好的統計表

4. 添加統計指標的校驗關係的方法及步驟

在統計表中,各行列數據之間會存在一定數量上的邏輯關係,為了確保統計表中數據的準確性,在統計表中預設一定的校驗碼是非常必要的。

例如:在圖 2-2-13 的統計表中,各個建築業的工程結算收入應等於其合計數,這樣一旦數據的邏輯校驗關係出現錯誤,就會及時提示。校驗步驟為:

第一步,選定要檢驗的單元格 F7:F10。

第二步,選擇「數據」菜單中的「有效性」命令,彈出「數據有效性」窗口。

第三步,選擇「設置」欄,在「允許」下拉框中選擇「整數」,在「數據」下拉框中選擇「等於」,在「最大值」框中輸入「=F11」,表示 F7 至 F10 的數值應為整數且示 F7 至 F10 的合計應等於 F11 的數值(見圖 2-2-14)。

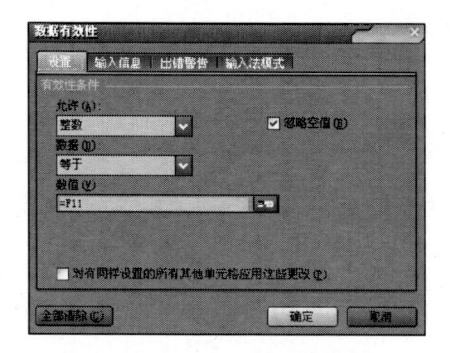

圖2－2－14　填寫「設置」對話框

第四步，選擇「出錯警告」欄，在「出錯信息」框中輸入錯誤提示信息（見圖2－2－15）。

圖2－2－15　填寫「出錯信息」對話框

當輸入的數據合計數不等於前四項合計數時，就會出現出錯警告（見圖2－2－16）。

圖2－2－16　出錯示意圖

三、利用 Excel 繪製統計圖

統計圖就是以散點、直線、折線、曲線、面積、形狀、圖形等具體的形象來表示統計數據的形式。應用統計圖來顯示統計數據，具有生動、形象、具體等優勢，可以在最短的時間內給人留下深刻、清晰的印象。統計圖可以描述總體的內部構成及其變化情況，顯示社會經濟現象之間的對比關係、發展趨勢，分析不同現象之間的相互依存關係等。

品質分配數列和單項式分配數列常用單式條形圖或餅圖顯示，組距式分配數列用直方圖顯示，時間數列的數據則用線圖顯示。如果要同時反應兩個或兩個以上總體的內部結構，則需要用復式條形圖或環形圖顯示。Excel 繪製直方圖需要利用「工具」菜單下的「數據分析」下的「直方圖」功能，而條形圖、餅圖、線圖利用圖表功能即可，繪製方法、步驟基本一致。故本書主要介紹直方圖(折線圖、頻數分佈曲線)、條形圖(柱形圖)、線圖的繪製。

(一) 直方圖(折線圖、頻數分佈曲線) 的繪製

直方圖是用矩形的高度和寬度來表示次數分配的圖，它只能反應數值型數據的分佈形態。在平面直角坐標中，用橫軸表示數據分組，縱軸表示頻數或頻率，各組與相應的頻數或頻率就形成了一個矩形，即直方圖。在直方圖中，我們實際上是用矩形的面積來表示各組的頻數分佈。圖 2－2－17 是一個典型的直方圖。

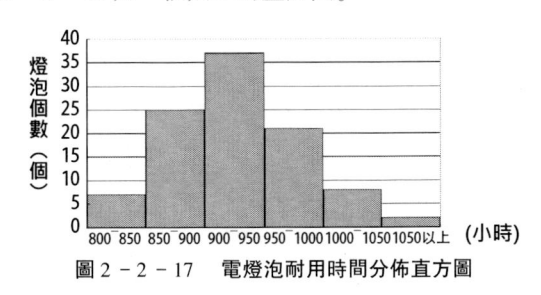

圖 2－2－17　電燈泡耐用時間分佈直方圖

折線圖也稱頻數多邊圖形，它是在直方圖的基礎上，把直方圖頂部的中點(即組中值) 用直線連接起來，再把原來的直方圖抹掉就是折線圖。值得注意的是，折線圖的兩個終點要與橫軸相交，具體做法是將第一個矩形的頂部中點通過豎邊中點(即該組頻數一半的位置) 連接到橫軸，最後一個矩形的頂部中點通過豎邊中點連接到橫軸。在圖 2－2－17 的基礎上繪製的折線圖如圖 2－2－18 所示。

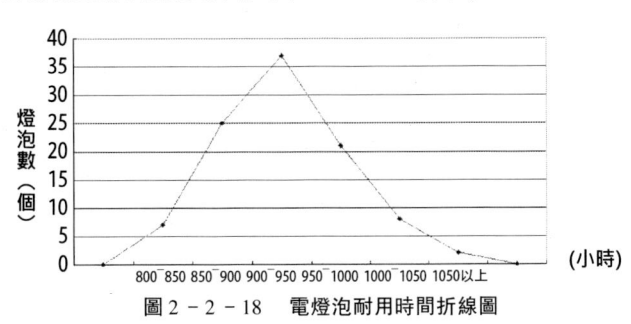

圖 2－2－18　電燈泡耐用時間折線圖

當所分的組數很多時,組距會越來越小,這時所繪製的折線圖就會越來越光滑,逐漸形成一條平滑的曲線,這就是頻數分佈曲線。

利用Excel繪製直方圖的操作步驟為:

第一步,用鼠標點擊表中待分析數據的任一單元格。

第二步,在Excel 2003中選擇「工具」菜單的「數據分析」子菜單;在Excel 2007、Excel 2010、Excel 2013中選擇「數據」菜單的「數據分析」子菜單。用鼠標雙擊「直方圖」選項。

第三步,出現「直方圖」對話框,對話框內主要選項的含義如下:

輸入區域:在此輸入待分析數據區域的單元格範圍。

接收區域(可選):在此輸入接收區域的單元格範圍,該區域應包含一組可選的用來計算頻數的邊界值,這些值按升序排列。只要存在的話,Excel將統計在各個相鄰邊界值之間的數據出現的次數(包含較大邊界值,而不包含較小邊界值)。如果省略此處的接收區域,Excel將在數據組的最小值和最大值之間創建一組平滑分佈的接收區間。

標誌:如果輸入區域的第一行或第一列中包含標誌項(變量名),則單擊「標誌」復選框(前面出現√號,表示已被選定);如果輸入區域沒有標誌項(變量名),則不需要選擇該復選框,Excel將在輸出表中生成適宜的數據標誌。

輸出區域:在此框中可填寫輸出結果表左上角單元格地址,用於控制輸出結果的存放位置。如果輸出表將覆蓋已有的區域,Excel會自動確定輸出區域的大小並顯示信息。

柏拉圖:選中此復選框,可以在輸出表中同時顯示按降序排列頻率數據。如果此復選框被清除,Excel將只按升序來排列數據。

累積百分比:選中此復選框,可以在輸出結果中添加一列累積百分比數值,並同時在直方圖表中添加累積百分比折線。如果清除此選項,則會省略以上結果。

圖表輸出:選中此復選框,可以在輸出表中同時生成一個嵌入式直方圖表。

第四步,填寫完對話框後,按「確定」按鈕。

完整的輸出結果通常包括三列和一個頻率分佈圖,第一列是數值的區間範圍,第二列是數值分佈的頻數,第三列是頻數分佈的累積百分比。

例2-12 某班50名學生的統計學成績的數據(單位:分)見圖2-2-19,試繪製該班學生的統計學成績的直方圖。

	A	B	C	D	E
1	76	90	85	53	84
2	83	95	70	78	81
3	92	68	73	79	74
4	75	66	68	93	96
5	81	82	74	86	80
6	65	89	80	75	71
7	93	71	74	78	74
8	58	56	73	80	76
9	77	80	86	90	84
10	86	51	80	55	83
11					

圖2-2-19 考試成績

解：根據數據情況，可以分組為 60 分以下、60～70 分、70～80 分、80～90 分、90～100 分。

繪製直方圖的步驟為：

在原始數據所在的工作表中以升序的形式輸入以上各組上限－1 的數據（最後一組除外），即依次輸入 59、69、79、89、100。本例輸入到 G1:G5（見圖 2－2－20）。

圖 2－2－20　輸入接收區域數值

在 Excel 2003 中選擇「工具」菜單的「數據分析」子菜單；在 Excel 2007、Excel 2010、Excel 2013 中選擇「數據」菜單的「數據分析」子菜單。用鼠標雙擊「直方圖」選項（見圖 2－2－21）。

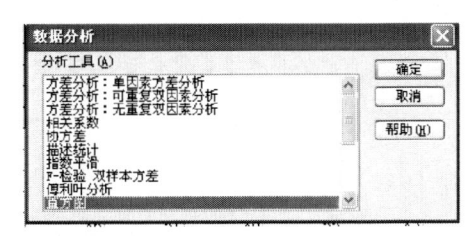

圖 2－2－21　選擇「直方圖」工具

填寫「直方圖」對話框。在「輸入區域」中輸入 A1:E10；在「接收區域」中輸入 G1:G5；在「輸出區域」中輸入 A12；選擇「圖表輸出」（見圖 2－2－22）。

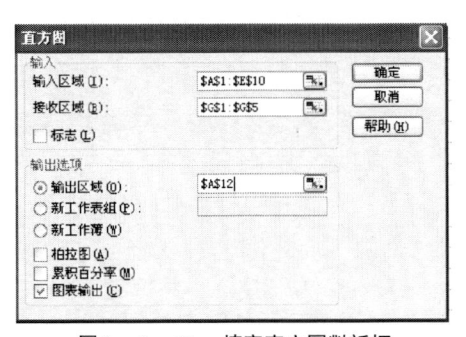

圖 2－2－22　填寫直方圖對話框

點擊「確定」,得結果如圖 2－2－23 所示。

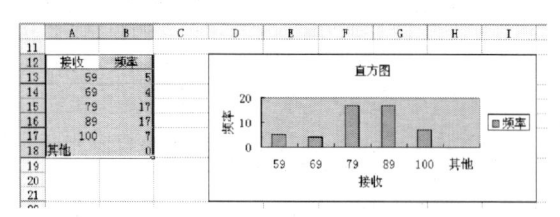

圖 2－2－23　初步繪製的直方圖

正規的直方圖各矩形之間是緊密相連而不應出現有間隔,所以需要調整。方法:在任意彩色條形上,單擊右鍵,在下拉菜單中選擇「數據系列格式」(見圖 2－2－24)。

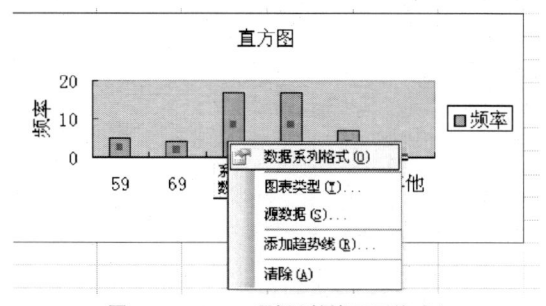

圖 2－2－24　選擇「數據系列格式」

在對話框中點擊「選項」欄,把「分類間距」的數據設為0(見圖 2－2－25)。

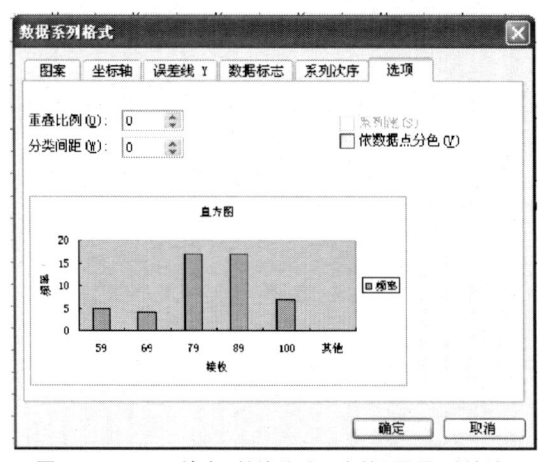

圖 2－2－25　填寫「數據格式」中的「選項」對話框

按「確定」鍵,即將矩形連接在一起(見圖 2－2－26)。

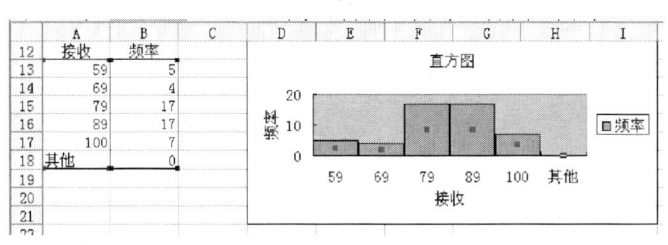

圖 2－2－26　調整分類間隔後的結果

進一步對 A12、A18、B12、B18 等結果做調整,得最後的分組和直方圖如圖 2－2－27 所示。

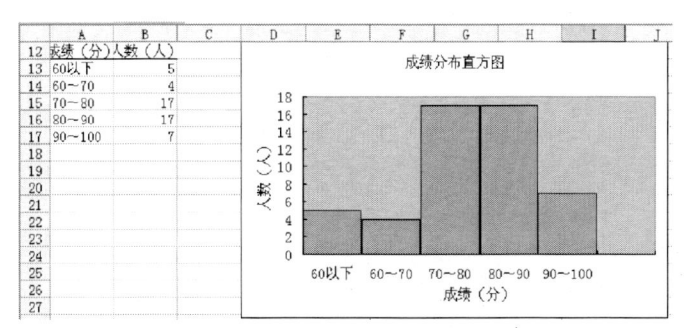

圖 2－2－27　最終結果

該直方圖表明了學生成績分佈呈鐘形,得高分和低分的同學都是少數。

(二) 條形圖(柱形圖)的繪製

條形圖是用寬度相同的條形的高度或長短來表示數據變動的圖形。條形圖可以橫置或縱置,縱置時也稱為柱形圖。此外,條形圖還有單式、復式等形式。

要注意的是,條形圖與直方圖不同,條形圖是用條形的長度表示各類別數據的多少,其寬度是固定的,而直方圖是用矩形的面積表示各組的頻數分佈,矩形的高度表示每一組的頻數或百分比,寬度表示各組組距,因此其寬度和高度均有意義;由於分組數據具有連續性,因而直方圖的各矩形通常是連續排列的,而條形圖則是分開排列的。

1. 利用 Excel 2003 繪製條形圖的操作步驟為:

第一步,選擇「插入」菜單的「圖表」子菜單,用鼠標單擊「圖表」(見圖2－2－28)。

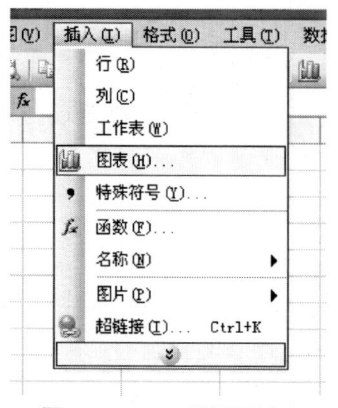

圖 2－2－28　選擇「圖表」

第二步，出現「圖表向導 — 4 步驟之 1 — 圖表類型」頁面（見圖 2－2－29）。

圖 2－2－29　「圖表向導 — 4 步驟之 1 — 圖表類型」頁面

選擇「柱形圖」或「條形圖」，點擊「下一步」。

第三步，出現「圖表向導 — 4 步驟之 2 — 圖表源數據」頁面（見圖 2－2－30）。

對話框內各選項的含義如下：

數據區域：在此輸入待分析數據區域的單元格範圍。一般情況下 Excel 會自動根據當前單元格確定待分析數據區域。

系列產生在：如果單個變量的值以行的形式存在，則選中「行」復選框；如果單個變量的值以列的形式存在，則選中「列」復選框。

單擊右上邊的「系列」標籤，以確認橫坐標和縱坐標各自的數值範圍。

圖 2－2－30 「圖表向導—4 步驟之2—圖表源數據」頁面

填寫完對話框後,點擊「下一步」。
第四步,出現「圖表向導—4 步驟之3—圖表選項」頁面(見圖2－2－31)。

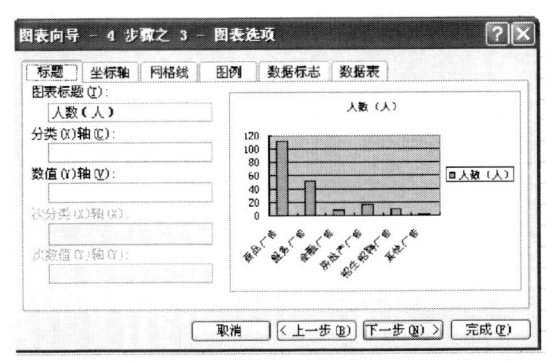

圖 2－2－31 「圖表向導—4 步驟之3—圖表選項」頁面

在圖表標題中輸入圖的名稱,在數值(x)軸中輸入 x 軸坐標的名稱,在數值(y) 軸中輸入 y 軸坐標的名稱。有選擇地填寫坐標軸、網格線、圖例、數據標誌等內容。填寫完對話框後,點擊「下一步」。

第五步,出現「圖表向導—4 步驟之4—圖表位置」頁面(見圖2－2－32)。
如果選擇「作為新工作表插入」,則繪製的條形圖將放在自動生成的一個新工作表中;如果選擇「作為其中的對象插入」,則繪製的條形圖將放在原始數據所在的工作表中。填寫完對話框後,點擊「完成」即生成條形圖。

073

圖2-2-32 「圖表向導——4步驟之4—圖表位置」頁面

2. 利用 Excel 2007、Excel 2010、Excel 2013 繪製條形圖的操作步驟為：

第一步，選定需要繪圖的原始數據區域，點擊「插入」→「圖表」，出現圖2-2-33所示頁面。

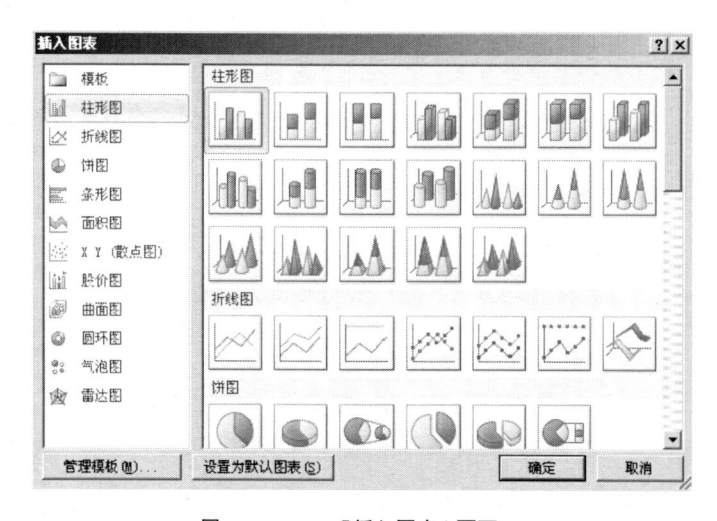

圖2-2-33 「插入圖表」頁面

第二步，選擇「柱形圖」或「條形圖」，點擊「確定」按鈕，所需圖形即顯示在工作表中。單擊繪製的圖，屏幕上方會出現圖表工具欄，可以對圖表進行修改、佈局處理，見圖2-2-34。

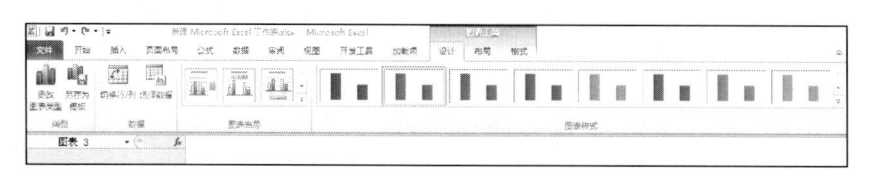

圖2-2-34 「圖表工具」頁面

例2-13 某城市市民關注廣告類型的統計數據已輸入到 Excel 工作表中，如圖2-2-35所示。試繪製條形圖。

	A	B
1	广告类型	人数（人）
2	商品广告	112
3	服务广告	51
4	金融广告	9
5	房地产广告	16
6	招生招聘广告	10
7	其他广告	2

圖 2－2－35　原始數據

解：(1) Excel 2003 可按如下步驟繪製條形圖：

第一步，選擇「插入」菜單的「圖表」子菜單，進入圖表向導。

第二步，選擇「圖表類型」為「柱形圖」，然後單擊「下一步」。

第三步，顯示的對話框為「圖表向導—4 步驟之 2」，填寫源數據之數據區域對話框，在「數據區域」中輸入「B1:B7」，選擇圖表系列產生在「列」（見圖2－2－36）。

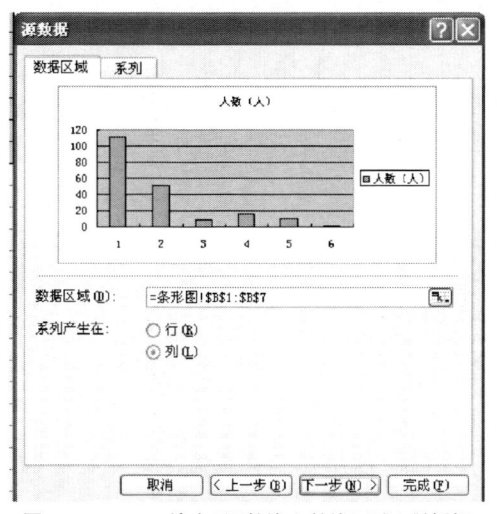

圖 2－2－36　填寫「源數據之數據區域」對話框

第四步，單擊右上角的「系列」，填寫源數據之系列對話框，系列的名稱和值已自動顯示出來，在「分類(x) 軸標誌」中輸入「A2:A7」（見圖 2－2－37）。

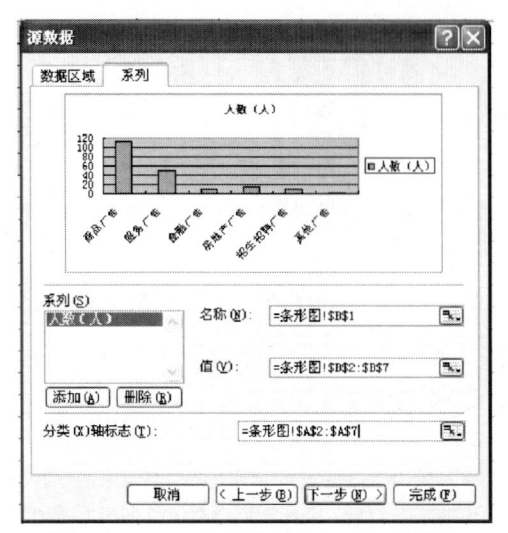

圖 2-2-37 填寫「源數據之系列」對話框

第五步，單擊「下一步」，顯示的對話框為「圖表向導 — 4 步驟之 3」，填寫子項目「標題」。在「圖表標題」中輸入「某城市市民關注廣告類型條形圖」，在「分類(x) 軸」中輸入「廣告類型」，在「數值(y) 軸」中輸入「人數(人)」(見圖2-2-38)。再依次填寫圖表選項下的其他子項目，一般可以不填寫。

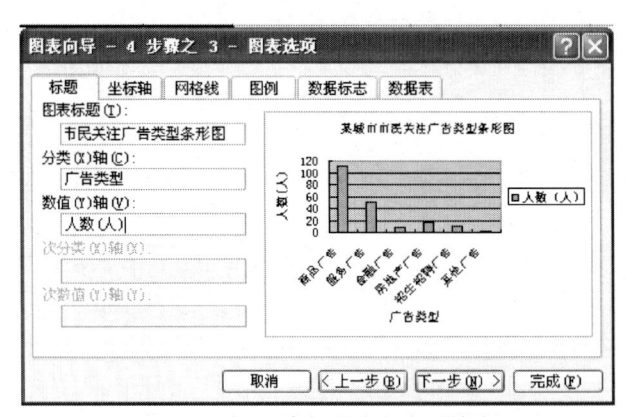

圖 2-2-38 填寫「圖表選項」對話框

第六步,單擊「下一步」。選擇圖表輸出的位置,然後單擊「完成」按鈕,即生成圖 2-2-39 所示結果。

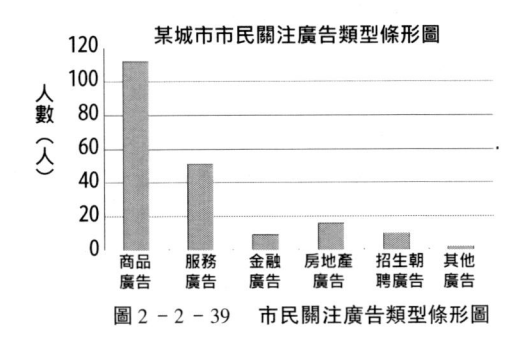

圖 2-2-39　市民關注廣告類型條形圖

該條形圖非常直觀地反應了該城市居民最喜歡關注商品廣告,其次喜歡關注服務廣告的情況。

(2) Excel 2010 可按如下步驟繪製條形圖①:

第一步,選定原始數據區域,點擊「插入」—「圖表」,如圖 2-2-40 所示。

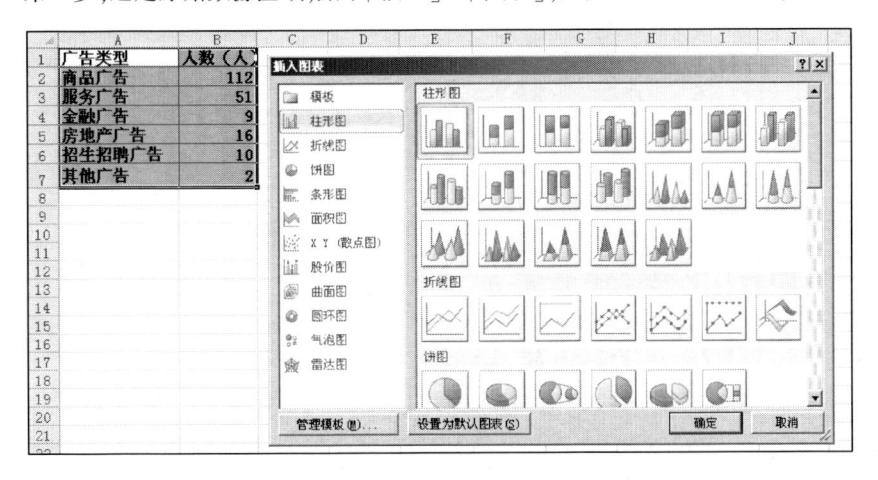

圖 2-2-40　選定數據區域和插入圖表

第二步,選擇「柱形圖」,點擊「確定」按鈕,初步繪製的條形圖即顯示在工作表中,如圖 2-2-41 所示。

---

① Excel 2007、Excel 2013 與 Excel 2010 繪製條形圖的方法類似。

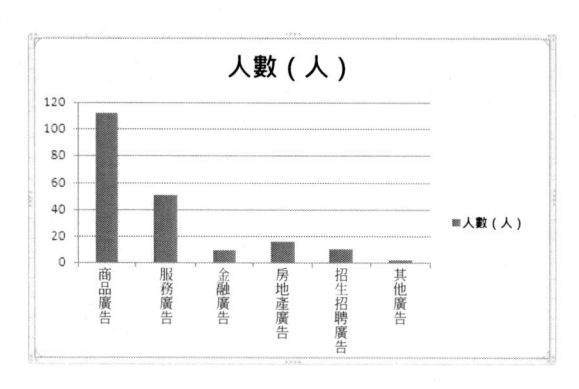

圖 2-2-41　初步繪製的條形圖

第三步,單擊繪製的圖,屏幕上方出現圖表工具欄,對初步繪製的條形圖進行規範、美化處理,得到最終的條形圖,如圖 2-2-42 所示。

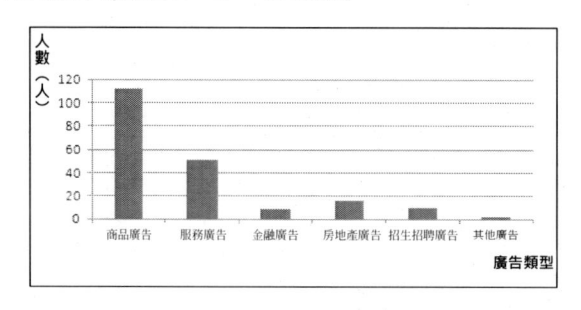

圖 2-2-42　市民關注廣告類型條形圖

(三) 線圖、餅圖、環形圖的繪製

線圖是在平面坐標上用折線表現數量變化特徵和規律的統計圖,它主要用於顯示時間序列數據,以反應事物發展變化的規律和趨勢。餅圖也稱圓形圖,它是用圓形及圓內扇形的面積來表示數值大小的圖形,主要用於表示總體中各組成部分所占的比例,顯示總體內部的結構。環形圖是由兩個及兩個以上大小不一的餅圖疊在一起,挖去中間的部分所構成的圖形,它可以同時反應多個總體內部的結構比例關係,從而有利於比較研究。

利用 Excel 繪製線圖、餅圖、環形圖的操作步驟與利用 Excel 繪製條形圖的操作步驟類似,在此不再詳述。下面舉一個在 Excel 2003 中繪製線圖的例子。

例 2-14　2000—2016 年中國人均國內生產總值的統計數據已輸入 Excel 工作表中,如圖 2-2-43 所示,試繪製線圖。

解:可按如下步驟繪製條形圖。

第一步,選擇「插入」菜單的「圖表」子菜單,進入圖表向導。

第二步,選擇「圖表類型」為「折線圖」,然後單擊「下一步」。

第三步,顯示的對話框為「圖表向導——4 步驟之 2」,填寫圖表源數據之數據區域對話框,在「數據區域」中輸入 B1:B18,選擇圖表系列產生在「列」(見圖 2-2-44)。

	A	B
1	年份	人均国内生产总值（元）
2	2000	7942
3	2001	8717
4	2002	9506
5	2003	10666
6	2004	12487
7	2005	14368
8	2006	16738
9	2007	20505
10	2008	24121
11	2009	26222
12	2010	30876
13	2011	36403
14	2012	40007
15	2013	43852
16	2014	47203
17	2015	50251
18	2016	53980
19		

圖2－2－43　原始數據

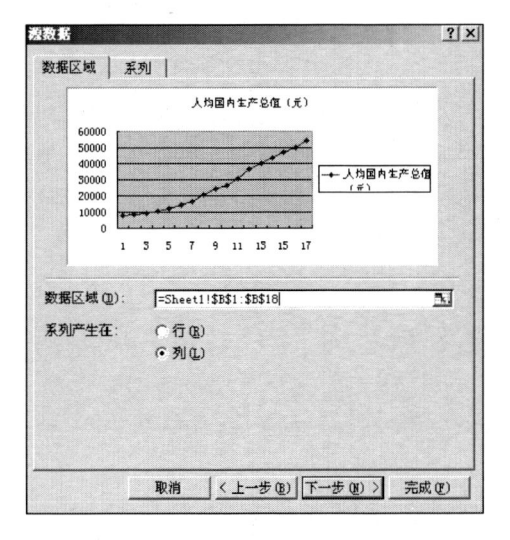

圖2－2－44　填寫「源數據之數據區域」對話框

第四步，單擊右上角的「系列」，填寫圖表源數據之系列對話框，系列的名稱和值已自動顯示出來，在「分類(x)軸標誌」中輸入A2:A18(見圖2－2－45)。

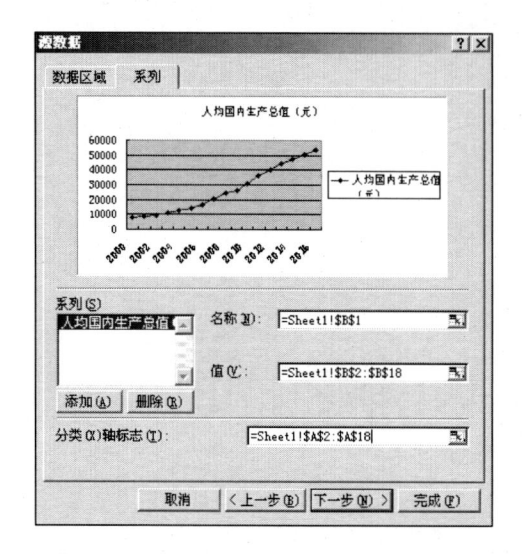

圖 2-2-45　填寫「源數據之系列」對話框

　　第五步，單擊「下一步」，顯示的對話框為「圖表向導——4 步驟之 3」，填寫子項目「標題」。在「圖表標題」中輸入「人均國內生產總值趨勢圖」，在「分類(X)軸」中輸入「年份」，在「數值(Y)軸」中輸入「人均國內生產總值(元)」(見圖 2-2-46)。再依次填寫圖表選項下的其他子項目，一般可以不填寫。

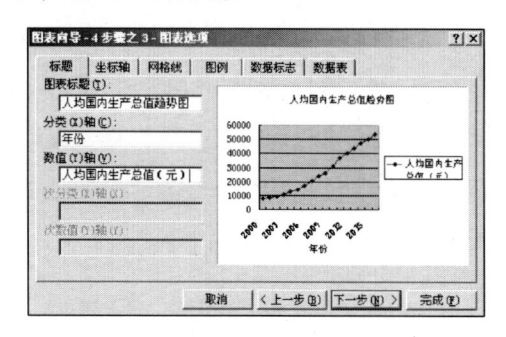

圖 2-2-46　填寫「圖表選項」對話框

　　第六步，單擊「下一步」。選擇圖表輸出的位置，然後單擊「完成」按扭，並進一步整理成圖 2-2-47 所示的結果。

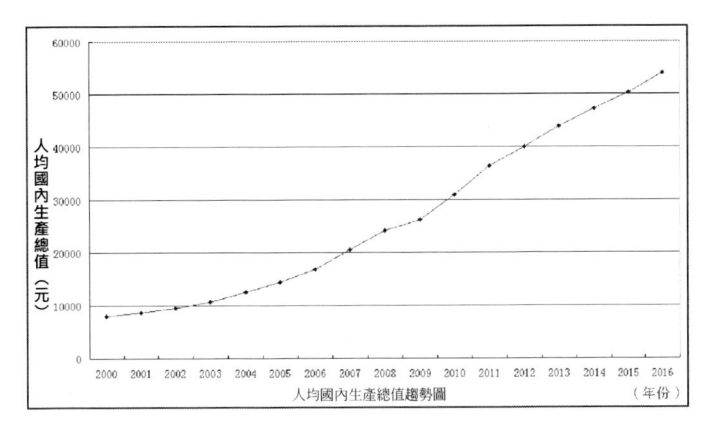

圖 2-2-47　中國人均國內生產總值線圖

該圖非常直觀地反應了中國人均國內生產總值自 2000 年以來逐年上升的情況。

四、思考題

（1）已知 40 份用於購買汽車的個人貸款數據：

930	514	456	1903	1240	1280	2550	585	1640	1217
2235	957	2111	445	783	872	638	3005	346	1590
1100	554	974	660	720	1377	861	328	1423	747
356	1190	340	1620	1525	1200	1780	935	592	655

要求：① 利用 Excel 的直方圖功能進行統計分組，編製分配數列，計算各組次數和頻率，以及累計次數和頻率。② 利用 Excel 繪製直方圖。

（2）測得 40 個城市某天最低溫度（華氏）的數據如下，利用直方圖功能，進行等距式分組（第一組為 30～40），並繪製直方圖。

38	46	45	67	42	54	43	50	45	40
48	41	67	43	38	39	65	68	50	59
64	61	52	67	47	50	63	76	45	53
46	42	57	68	64	56	50	43	59	53

（3）已知某電視機生產企業在一個月內生產的產品中有 250 件為不合格品，經過調查知道產生不合格品的原因如表 2-2-1。

表 2-2-1　　　　　　　不合格原因統計表

原因	外觀	電氣故障	包裝	噴漆	裝配	其他
數量（件）	52	41	78	25	37	17

要求：① 根據以上數據利用 Excel 繪製條形圖。② 根據以上數據計算各種原因的百分

比,並畫出餅圖。

(4)已知重慶市2007—2017年進出口數據如表2－2－2。

表2－2－2　　　　　2007—2017年重慶市進出口數據統計表　　　　單位:億美元

年份	2007	2008	2009	2010	2011	2012	2013	2014	2015	2016	2017
進口	29.38	37.99	34.29	49.38	93.80	146.33	219.07	320.41	192.87	220.77	240.49
出口	45.08	57.22	42.80	74.89	198.38	385.70	467.97	634.09	551.90	406.94	425.99

要求:利用Excel畫出線圖,並說明貿易順差的變化情況。

實驗三　　統計數據的描述

一、實驗目的及要求

(1)熟練掌握各種描述統計指標對應的函數,包括算術平均數、調和平均數、幾何平均數、眾數、中位數、標準差、方差等。

(2)能利用函數方法計算各種描述統計指標。

(3)能運用「描述統計」工具熟練地進行描述統計分析,對結果能進行解釋。

二、實驗內容

對統計數據分佈的特徵,主要可以從集中趨勢和離中趨勢(離散程度)兩個方面進行描述。集中趨勢和離散程度是數據分佈特徵的一對對立統一的數量代表值。集中趨勢的測度指標主要有平均值、眾數、中位數,離散程度的測度指標主要有極差(全距)、標準差、方差。

集中趨勢和離散程度是數據分佈的兩個重要特徵,但要全面瞭解數據分佈的特點,還需要知道數據分佈的形狀是否對稱、偏斜的程度以及分佈的扁平程度。偏態和峰度就是對這些分佈特徵的進一步描述。

用Excel進行描述統計分析,既可以採用函數進行,也可以採用「描述統計」工具進行。

(一)運用函數法進行描述統計

利用函數進行描述統計,可以打開函數的對話框操作,也可以直接輸入包含函數的公式。

打開函數對話框進行操作的步驟為:

第一步,在「插入」菜單中選擇「函數」項,或單擊「常用」工具欄起第8個按鈕 f_x ,從彈出對話框左側「函數分類」列表中選擇「統計」,從右側「函數名」列表中選擇相應的函數,點擊「確定」按鈕(見圖2－3－1)。

第二步,填寫對話框,點擊「確定」按鈕。

完成以上操作後即在對話框底部給出計算結果。

常用的描述統計函數見表2－3－1。

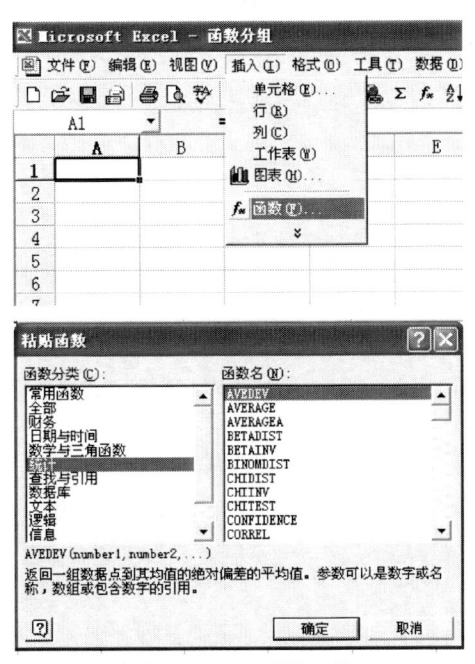

圖 2－3－1　選擇函數

表 2－3－1　　　　　　　　　常用的描述統計函數

函數名稱	函數功能
AVERAGE	計算指定序列算術平均值
GEOMEAN	計算數據區域的幾何平均值
HARMEAN	計算數據區域的調和平均值
MEDIAN	計算給定數據集合的中位數
MODE	計算給定數據集合的眾數
MAX	計算最大值
MIN	計算最小值
QUARTILE	計算四分位點
STDEV	計算樣本的標準差
STDEVP	計算總體的標準差
VAR	計算樣本的方差
VARP	計算總體的方差

在 Excel 中有一組求標準差的函數，一個是求樣本標準差的函數 STDEV，另一個是求總體標準差的函數 STDEVP。STDEV 與 STDEVP 不同的是：其根號下分式的分母不是 N，而是 N－1。此外，還有兩個對包含邏輯值和字符串的數列計算樣本標準差和總體標準差的函數，它們分別是 STDEVA 和 STDEVPA。在本實驗中，我們常用的是函數 STDEV 和 STDEVP。

(二) 運用「描述統計」工具進行描述統計

「描述統計」工具可生成以下統計指標,按從上到下的順序為:平均值($\bar{x}$)、標準誤差($\frac{S}{\sqrt{n}}$)、中位數(Median)、眾數(Mode)、樣本標準差(S)、樣本方差(S^2)、峰度值、偏度值、極差、最小值(Min)、最大值(Max)、樣本總和、樣本個數(n)和一定顯著水準下總體均值的置信區間。

利用「數據分析」功能進行描述統計的操作步驟為:

第一步,用鼠標點擊工作表中待分析數據的任一單元格。

第二步,在 Excel 2003 中選擇「工具」菜單的「數據分析」子菜單;在 Excel 2007、Excel 2010、Excel 2013 中選擇「數據」菜單的「數據分析」子菜單。用鼠標雙擊數據分析工具中的「描述統計」選項,如圖 2-3-2 所示。

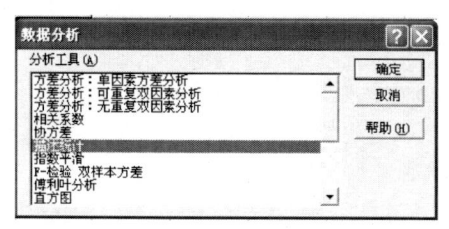

圖 2-3-2　選擇「描述統計」選項

第三步,出現「描述統計」對話框,如圖 2-3-3 所示。

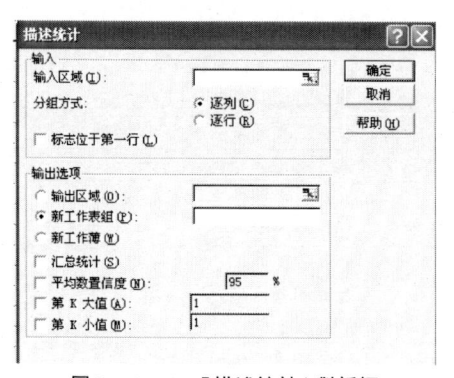

圖 2-3-3　「描述統計」對話框

對話框內各選項的含義如下:

輸入區域:在此輸入待分析數據區域的單元格範圍。一般情況下 Excel 會自動根據當前單元格確定待分析數據區域。

分組方式:如果需要指出輸入區域中的數據是按行還是按列排列,則單擊「行」或「列」,「描述統計」可以同時對多列或多行數據進行統計分析。需要說明的是,同一變量的數據必須在一行或一列上。

標誌位於第一行:如果輸入區域的第一行中包含標誌項(變量名),則選中「標誌位於第一行」復選框;如果輸入區域沒有標誌項(變量名),則不需要選擇該復選框,Excel 將在輸出表中生成適宜的數據標誌。

輸出區域:在此框中可填寫輸出結果表左上角單元格地址,用於控制輸出結果的存放位置。整個輸出結果分為兩列,左邊一列包含統計標誌項,右邊一列包含統計值。根據所選擇的「分組方式」選項的不同,Excel 將為輸入表中的每一行或每一列生成一個兩列的統計表。

新工作表組:單擊此選項,可在當前工作簿中插入新工作表,並由新工作表的 A1 單元格開始存放結果。如果需要給新工作表命名,則在右側編輯框中鍵入名稱。

新工作簿:單擊此選項,可創建一新工作簿,並在新工作簿的新工作表中存放計算結果。

匯總統計:指定輸出表中生成下列統計結果,則選中此復選框。這些統計結果有:平均值、標準誤差、中位數、眾數、標準偏差、方差、峰值、偏斜度、極差(全距)、最小值、最大值、總和、樣本個數。

均值置信度:若需要輸出由樣本均值推斷總體均值的置信區間,則選中此復選框,然後在右側的編輯框中,輸入所要使用的置信度。

第 k 個最大／最小值:如果需要輸出每個區域的數據的第 k 個最大或最小值,則選中此復選框,然後在右側的編輯框中,輸入 k 的數值。

第四,填寫完「描述統計」對話框之後,按「確定」按鈕即可。

利用「描述統計」工具可以同時測定多個變量的集中趨勢和離中趨勢,前提是同一變量的值要位於一行或一列上。

三、綜合實例

例 2 - 15 有 10 個人的月收入數據為(單位:元):
13,773、13,244、12,253、11,809、9653、8794、8621、7457、8623、7504

試分別利用函數和「描述統計」工具,計算各種描述統計指標值(至少包括算術平均數、中位數、標準差)。

解:將數據輸入 Excel 表中(見圖 2 - 3 - 4),數據要在一列或一行上。

	A	B
1	13773	
2	13244	
3	12253	
4	11809	
5	9653	
6	8794	
7	8621	
8	7457	
9	8623	
10	7504	
11		

圖 2 - 3 - 4 輸入數據

1. 方法一：利用統計函數

（1）求算術平均數

單擊任一空單元格（此例為 B2），輸入「＝」，找到函數 AVERAGE（見圖 2－3－5）。

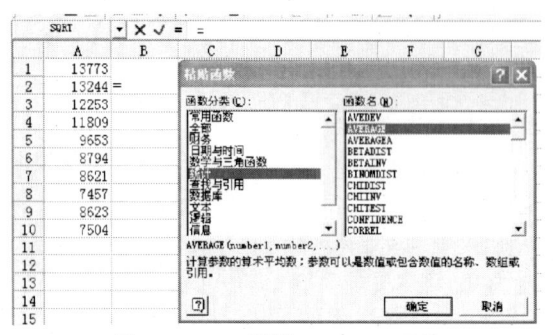

圖 2－3－5　選擇 AVERAGE 函數

點擊「確定」，填寫對話框，在數據區域 Number1 填寫「A1：A10」（見圖 2－3－6）。

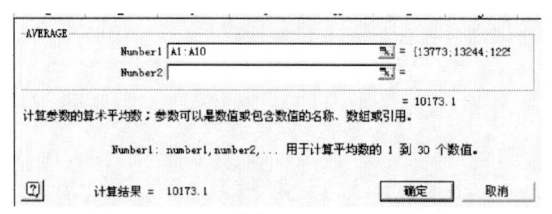

圖 2－3－6　填寫「AVERAGE」對話框

點擊「確定」，即得結果為 10,173.1（見圖 2－3－7）。

圖 2－3－7　結果

對於以上計算，更簡便的方法是直接輸入包含函數的公式，可單擊任一空單元格，輸入「＝AVERAGE(A1：A10)」，回車確認，所得結果與上述相同。

(2) 求中位數

單擊任一空單元格(此例為 B4),輸入「=」,找到函數 MEDIAN(見圖 2－3－8)。

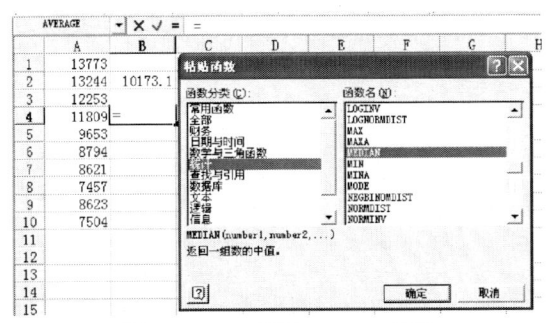

圖 2－3－8　選擇 MEDIAN 函數

點擊「確定」,填寫對話框,在數據區域 Number1 填寫「A1:A10」(見圖 2－3－9)。

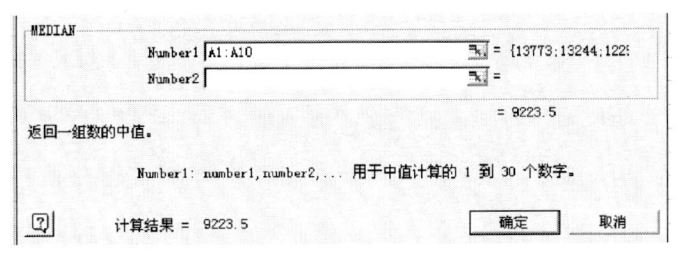

圖 2－3－9　填寫「MEDIAN」對話框

點擊「確定」,即得結果為 9223.5(見圖 2－3－10)。

圖 2－3－10　結果

對於以上計算,更簡便的方法是直接輸入包含函數的公式,可單擊任一空單元格,輸入「=MEDIAN(A1:A10)」,回車確認,所得結果與上述相同。

(3) 求標準差

單擊任一空單元格(此例為 B6),輸入「=」,找到函數 STDEV 或 STDEVP(本例用函

數 STDEV)(見圖2－3－11)。

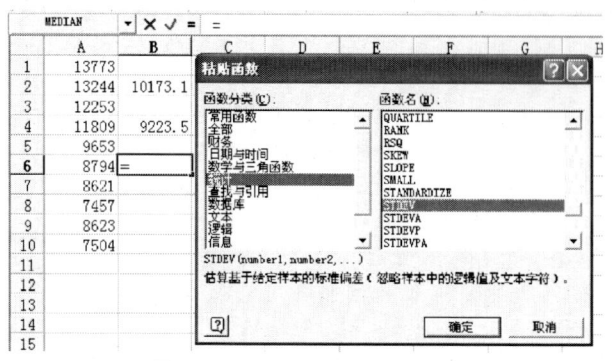

圖2－3－11　選擇 STDEV 函數

點擊「確定」，填寫對話框，在數據區域 Number1 填寫 A1：A10(見圖2－3－12)。

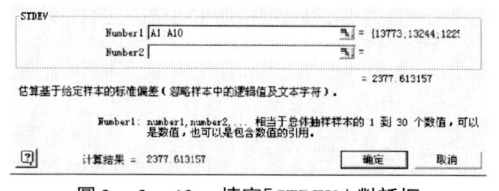

圖2－3－12　填寫「STDEV」對話框

點擊「確定」，即得結果為2377.613(見圖2－3－13)。

圖2－3－13　結果

  以上計算更簡便的方法是直接輸入包含函數的公式，可單擊任一空單元格，輸入「＝STDEV(A1：A10)」，回車確認，所得結果與上述相同。

  2. 方法二．利用「描述統計」工具

  第一步，在 Excel 2003 中選擇「工具」菜單的「數據分析」子菜單；在 Excel 2007、Excel 2010、Excel 2013 中選擇「數據」菜單的「數據分析」子菜單。選擇「描述統計」。

第二步,回車進入「描述統計」對話框,在「輸入區域」中輸入 A1:A10,在分組方式後選擇「逐列」,在「輸出區域」框中輸入放置計算結果區域的左上角單元格行列號,本例中輸入 C1。根據需要選擇「匯總統計」「平均數置信度」等其他復選框。本例中只選擇「匯總統計」復選框(見圖 2-3-14)。

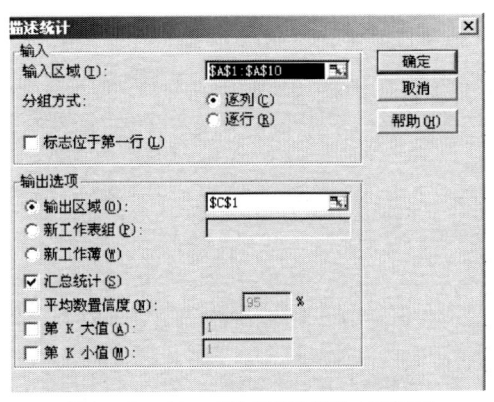

圖 2-3-14 填寫「描述統計」對話框

單擊「確定」,即在指定區域 C1 給出計算結果。所採用的 Office 版本不同,顯示的指標名稱稍有區別,但計算結果完全一樣(見圖 2-3-15、圖 2-3-16)。

圖 2-3-15 Office 2003 中文版的顯示結果

圖 2-3-16 Office 2000 顯示的結果

對圖 2-3-16 中計算結果的解釋如下:

(1)「平均」指樣本平均值,這 10 個人的平均月收入為 10,173.1 元。將「求和」101,731 除以「計數」10,即得此數。

(2)「標準誤差」指樣本平均數的抽樣誤差,為 751.8673 元。將「標準差」2377.613 除以「觀測數」10 的方根,即得此數。

(3)「中值」(Office 2003 中顯示為中位數) 即中位數,是位於中間的數,即按大小排序後,位於中間的人的收入為 9223. 5 元。

(4)「模式」(Office 2003 中顯示為眾數) 即眾數,是出現次數最多的數,此例顯示「#N/A」,表示不存在眾數。

(5)「標準偏差」(Office 2003 中顯示為標準差) 是樣本標準差,為 2377. 613。表示以這 10 個人為樣本,收入的標準差為 2377. 613 元。

(6)「樣本方差」(Office 2003 中顯示為方差) 是樣本標準差的平方,為5, 653, 044。

(7)「峰值」(Office 2003 中顯示為峰度) 是次數分佈數列的特徵之一,表示曲線的尖峭程度,為 - 1. 585, 61。

(8)「偏斜度」(Office 2003 中顯示為偏度) 是次數分佈數列的另一特徵,為 0. 410, 321,表示曲線向右偏斜。

(9)「區域」即極差或稱全距,為 6316。表示最高收入與最低收入的差為 6316 元。

(10)「最小值」和「最大值」分別為 7457 和 13, 773,表示 10 個人中,最低收入為 7457 元,最高收入為 13, 773 元。

(11)「求和」是所有數據的和,為 101, 731,表示 10 個人的總收入為101, 731 元。

(12)「計數」(Office 2003 中顯示為觀測數) 為 10,表示有 10 個收入數據。

例 2 - 16 一位數學教師認為她所教的學生上午的學習效果要比下午好。她從班上隨機抽了 8 名學生,對學生進行兩次數學測驗。這兩次數學測驗的題目難度相當,題目總分為 10 分。學生的測驗結果如表 2 - 3 - 2 所示,試利用「描述統計」工具對上午和下午的測驗成績進行描述,並作出簡單的對比分析。

表 2 - 3 - 2　學生成績表

學生編號	1	2	3	4	5	6	7	8
上午測驗成績	6	4	3	5	7	6	5	6
下午測驗成績	5	2	4	4	3	4	5	3

解:第一步,將數據輸入 Excel 表中(見圖 2 - 3 - 17),上午的成績要在一列或一行上,下午的成績要在一列或一行上(本例取一列)。

	A	B	C
1	学生编号	上午测验成绩	下午测验成绩
2	1	6	5
3	2	4	2
4	3	3	4
5	4	5	4
6	5	7	3
7	6	6	4
8	7	5	5
9	8	6	3
10			

圖 2 - 3 - 17　輸入數據

第二步,在 Excel 2003 中選擇「工具」菜單的「數據分析」子菜單;在Excel 2007、

Excel 2010、Excel 2013 中選擇「數據」菜單的「數據分析」子菜單，選擇「描述統計」。

第三步，回車進入「描述統計」對話框，在「輸入區域」中輸入 B1：C9，在分組方式後選擇「逐列」，在「標誌位於第一行」前打「√」，在「輸出區域」框中輸入放置計算結果區域的左上角單元格行列號，本例中輸入 E2。根據需要選擇「匯總統計」「平均數置信度」等其他復選框（見圖 2-3-18）。本例中只選擇「匯總統計」復選框。

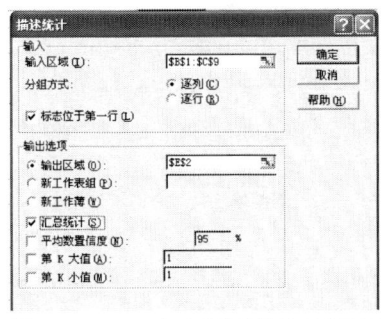

圖 2-3-18　填寫「描述統計」對話框

第四步，單擊「確定」，即在指定區域 E2 給出計算結果（見圖 2-3-19）。

圖 2-3-19　描述統計結果

結果表明，8 位學生上午測驗的平均分達 5.25 分，比下午測驗的平均分 3.75 分高出 1.5 分，中位數顯示的結果也是上午測驗比下午測驗高出 1.5 分，而眾數顯示的結果是上午測驗比下午測驗高出 2 分。從差異程度看，上午測驗分數的標準差為 1.281,739,89 分，下午測驗分數的標準差為 1.035,098,339 分。計算得上午和下午測驗分數的標準差系數分別為 24.41%、27.60%，這說明上午測驗的分數更集中。總體而言，上述結果可能表明學生上午的學習效果確實要比下午好。但要得到準確結論，還必須進行統計檢驗。

四、思考題

（1）從某高校 3000 名大二學生中隨機抽取 40 名測試英語成績，結果如下：
87、78、98、54、66、73、77、83、70、60
75、64、72、89、70、45、52、68、77、63

59、65、76、84、93、77、78、62、81、60
65、78、79、72、80、83、65、90、60、70

要求:利用函數分別求中位數、算術平均數、眾數、最大值、最小值、四分位差、樣本標準差、樣本方差。

(2)2017年重慶市38個區縣的常住人口數如下(單位:萬人):
49.08、54.91、48.05、37.91、38.53、44.83、72.79、92.67、72.45、69.06、57.86、18.43、34.72、65.33、118.05、71.00、71.57、72.54、74.00、78.74、109.85、58.21、112.00、139.01、137.40、83.75、106.72、163.23、80.58、89.10、121.51、115.08、87.44、35.50、65.90、116.02、47.76、163.58

要求:使用「描述統計」工具,描述重慶市2017年常住人口情況。

(3)某食品公司為了瞭解客戶的支付方式和金額,做了抽樣調查並得到100個客戶的樣本資料如表2-3-3(單位:美元):

表2-3-3　　　　　　　　樣本支付方式和金額統計表

現金支付	個人支票	信用卡支付	現金支付	個人支票	信用卡支付
7.40	27.60	50.30	5.80	52.87	69.77
5.51	30.60	33.76	20.48	78.16	48.11
4.75	41.58	25.57	16.28	25.96	
15.10	36.09	46.42	15.57	31.07	
8.81	2.67	46.13	6.93	35.38	
1.85	34.67	14.44	7.17	58.11	
7.41	58.64	43.79	11.54	49.21	
11.77	57.59	19.78	13.09	31.74	
12.07	43.14	52.35	16.69	50.58	
9.00	21.11	52.63	7.02	59.78	
5.98	52.04	57.55	18.09	72.46	
7.88	18.77	27.66	2.44	37.94	
5.91	42.83	44.53	1.09	42.69	
3.65	55.40	26.91	2.96	41.10	
14.28	48.95	55.21	11.17	40.51	
1.27	36.48	54.19	16.38	37.20	
2.87	51.66	22.59	8.85	54.84	
4.34	28.58	53.32	7.22	58.75	
3.31	35.89	26.57		17.87	
15.07	39.55	27.89		69.22	

要求:運用Excel對此樣本數據作出分析,並寫出分析報告。分析報告應包括:①利用

各種描述統計指標概括樣本數據;② 對於各個平均數的比較和理解;③ 對於各個標準差的比較和理解。

(4) 某大學的學生為了瞭解該校學生使用電腦的情況,隨機抽取了30名女生和30名男生,數據見表2-3-4。

表2-3-4　　　　　　　　學生使用電腦情況統計表

序號	性別	每週使用電腦時間	其中上網時間	序號	性別	每週使用電腦時間	其中上網時間
1	女	20	20	31	男	5	3.5
2	女	8	6	32	男	30	10
3	女	25	25	33	男	20	5
4	女	18	18	34	男	15	0
5	女	10	8	35	男	5	5
6	女	5	5	36	男	20	19
7	女	6	3	37	男	7	4
8	女	4	3	38	男	20	20
9	女	2	2	39	男	5	4.5
10	女	2	2	40	男	15	10
11	女	14	14	41	男	20	5
12	女	12	10	42	男	10	9
13	女	8	7	43	男	5	4.5
14	女	15	15	44	男	7	4
15	女	15	12	45	男	5	3
16	女	20	20	46	男	20	20
17	女	10	10	47	男	5	5
18	女	2	1	48	男	30	15
19	女	6	4	49	男	25	5
20	女	10	8	50	男	20	18
21	女	10	4	51	男	30	20
22	女	10	8	52	男	20	10
23	女	12	10	53	男	10	8
24	女	5	5	54	男	14	12
25	女	5	5	55	男	15	10
26	女	10	3	56	男	18	15
27	女	20	20	57	男	10	8
28	女	4	3	58	男	16	12
29	女	3	1	59	男	10	7
30	女	14	8	60	男	15	14

要求:充分利用資料,試運用描述統計方法,對該校學生使用電腦的情況作簡要分析。

實驗四　　長期趨勢和季節變動測定

一、實驗目的及要求

（1）熟練掌握測定直線趨勢的各種方法及操作過程。
（2）瞭解測定曲線趨勢的各種方法。
（3）熟練掌握測定季節變動的實驗過程，對結果能進行解釋。

二、長期趨勢測定

（一）實驗方法

長期趨勢的基本形式分為直線趨勢和曲線趨勢。測定直線趨勢常用的方法有移動平均法和最小二乘法。移動平均法是從時間數列的第一項數值開始，按一定項數來計算序時平均數，邊逐項向下移動邊進行平均，從而得到一個由序時平均數組成的新的時間數列。在 Excel 中用移動平均法測定現象變化的長期趨勢，可以使用 AVERGE 函數，也可以使用數據分析工具中的「移動平均」工具。用 AVERGE 函數比較繁瑣，而且讀者對這個函數已不陌生，所以在本實驗中主要介紹用「移動平均」工具來求解。用最小二乘法測定直線趨勢，其實質與迴歸分析相同，不同之處在於：這裡以時間為自變量，為時間數列配合一條趨勢直線。因此，測定直線趨勢也可以使用迴歸分析的分析方法，比如可以使用 LINEST、INTERCEPT、SLOPE 等函數，也可以使用數據分析工具中的「迴歸分析」工具。

測定曲線趨勢，要根據實際情況為時間數列配合適當的曲線。當時間數列的二級增長量大致相等時，可配合拋物線方程。當時間數列的環比發展速度或環比增長速度大體相同時，可配合指數曲線方程。拋物線方程可以運用最小二乘法的公式進行計算，指數曲線方程可以將曲線方程轉化為直線方程的形式求解。在 Excel 中，除了用基本的運算功能直接進行計算外，還可以借助一些函數求解，如可以利用 LOGEST 函數計算指數曲線方程。

（二）實驗內容

1. 直線趨勢的測定

（1）移動平均法測定直線趨勢

這裡以圖 2－4－1 的數據為例，使用 Excel 數據分析工具中的「移動平均」進行分析。具體的步驟如下：

第一步，在 Excel 2003 中選擇「工具」菜單的「數據分析」子菜單；在 Excel 2007、Excel 2010、Excel 2013 中選擇「數據」菜單的「數據分析」子菜單。選擇「移動平均」，單擊「確定」，進入移動平均對話框。

第二步，在移動平均對話框中，單擊「輸入區域」框右側的按鈕，選定 B1 至 B13 單元格區域（此時的移動分析對話框縮小為按鈕的那一行）；在「間隔」框中填入所要移動平均的時間間隔，如果不填，系統默認為 3，本例輸入數字 3；單擊「輸出區域」框右側的按鈕，選定 C1 單元格區域（此時的移動分析對話框縮小為按鈕的那一行）；如果要求給出移動

	A	B	C
1	月份	产量(吨)	
2	1	100	
3	2	95	
4	3	98	
5	4	107	
6	5	110	
7	6	105	
8	7	107	
9	8	115	
10	9	123	
11	10	115	
12	11	120	
13	12	125	

圖 2-4-1　某企業某年各月的產量

平均值和原數值的標準差,可點擊「標準誤差」復選框;如果要求給出移動平均統計圖,則可點擊「圖表輸出」復選框(前面出現 √ 號,表示已被選定)。如圖 2-4-2 所示。

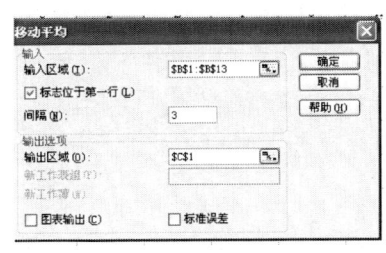

圖 2-4-2　填寫「移動平均」對話框

第四步,點擊移動平均對話框中的「確定」按鈕,即可輸出相應結果。所得結果如圖 2-4-3 所示。

	A	B	C
1	月份	产量(吨)	
2	1	100	
3	2	95	97.66667
4	3	98	100
5	4	107	105
6	5	110	107.3333
7	6	105	107.3333
8	7	107	109
9	8	115	115
10	9	123	117.6667
11	10	115	119.3333
12	11	120	120
13	12	125	

圖 2-4-3　產量 3 項移動平均

通過移動平均後的新數列，可以明顯地看出，該企業的產量具有較強的長期趨勢，呈逐月上升態勢。

(2) 最小二乘法測定直線趨勢

在實驗六迴歸分析中對迴歸方程的建立有更為詳細的描述，因而此處主要展示如何用數據分析工具建立直線方程。這裡所用的數據是重慶市第三產業國內生產總值的數據資料，具體的步驟如下：

第一步，建立 Excel 文件，將年份輸入到 A 列，在 B 列按順序排列年份序號①，在 C 列複製第三產業國內生產總值的數據。

第二步，在 Excel 2003 中選擇「工具」菜單的「數據分析」子菜單；在Excel 2007、Excel 2010、Excel 2013 中選擇「數據」菜單的「數據分析」子菜單。選擇「迴歸」，單擊「確定」，進入迴歸分析對話框。

第三步，在迴歸分析對話框中，單擊「Y 值輸入區域(Y)」框右側的按鈕，選定 C2 至 C16 單元格區域(此時的迴歸分析對話框縮小為按鈕的那一行)；再點擊剛才的按鈕重新放大迴歸分析對話框，單擊「X 值輸入區域(X)」，按照剛才的方法框定 B2 至 B16 欄(也可以在「Y 值輸入區域(Y)」框和「X 值輸入區域(X)」框中直接輸入「C2:C15」和「B2:B15」完成數據選定過程)。

第四步，在迴歸分析對話框中，對輸出區域的選擇有三種，選擇「輸出區域」，則要選取數據表外任一空白單元格作為輸出區域，選擇「新工作表組」，則會在當前 Excel 工作簿中新開一工作表顯示計算結果，選擇「新工作簿」，則會新建一個 Excel 工作簿顯示計算結果；如果要求給出趨勢值和趨勢線圖，則可點擊「殘差」和「線性擬合圖」復選框。

第五步，在迴歸分析對話框中選擇「確定」按鈕，即在給定輸出區域輸出迴歸統計表、方差分析表、系數表、殘差表以及線性擬合圖等。

所得的部分結果如圖 2 - 4 - 4 所示。

年份	年序	第三产业国内生产总值（亿元）
2002	1	956.12
2003	2	1081.35
2004	3	1233.14
2005	4	1445.16
2006	5	1655.08
2007	6	2019.22
2008	7	2641.16
2009	8	2996.83
2010	9	3724.33
2011	10	4723.93
2012	11	5319.79
2013	12	5991.52
2014	13	6694.92
2015	14	7527.08
2016	15	8538.43
2017	16	9564.04

SUMMARY OUTPUT

回归统计	
Multiple	0.974983
R Square	0.950591
Adjusted	0.947062
标准误差	654.9046
观测值	16

方差分析

	df	SS	MS	F	nificance F
回归分析	1	115524811.1	115524811.1	269.3514	1.54E-10
残差	14	6004600.124	428900.0089		
总计	15	121529411.2			

	Coefficien	标准误差	t Stat	P-value	Lower 95%	Upper 95%	下限 95.0%	上限 95.0%
Intercep	-822.691	343.4348591	-2.39547829	0.031137	-1559.29	-86.0962	-1559.29	-86.0962
年序	582.9055	35.51718759	16.41192811	1.54E-10	506.7287	659.0823	506.7287	659.0823

圖 2 - 4 - 4　直線趨勢測定結果

① 年序的取值也可以不取 1,2,3 等，滿足各年序取值的間隔相等即可。

圖 2-4-4 顯示[1]，直線迴歸方程為 $\hat{y}=-822.69+582.91t$，這表明時間每增加一年，第三產業國內生產總值就平均增加 582.91 億元，顯示出第三產業國內生產總值呈長期直線趨勢變動。

2. 曲線趨勢的測定

社會經濟現象的長期趨勢如果呈現某種曲線變化的形態，就需要配合適當的趨勢曲線方程。趨勢曲線的種類較多，主要有拋物線和指數曲線等類型。在建立方程時應根據數據的實際情況來確定曲線的種類。如果時間數列發展水準的二級增長量大致相等則可配合拋物線方程，如果時間數列中發展水準的環比發展速度大體相同則可以擬合指數曲線方程。下面用一個具體的實例進行分析和說明。

例 2-17　某企業 2001—2017 年某產品的產量如圖 2-4-5 所示。

	A	B	C	D
1	年份	產量（百噸）	逐期增長量（百噸）	二級增長量（百噸）
2	2001	201	—	—
3	2002	227	26	—
4	2003	273	46	20
5	2004	340	67	21
6	2005	425	85	18
7	2006	529	104	19
8	2007	655	126	22
9	2008	802	147	21
10	2009	969	167	20
11	2010	1158	189	22
12	2011	1366	208	19
13	2012	1598	232	24
14	2013	1850	252	20
15	2014	2124	274	22
16	2015	2417	293	19
17	2016	2730	313	20
18	2017	3066	336	23

圖 2-4-5　某企業 1990—2006 年生產情況

從圖中可以看出，該企業產品產量的二級增長量大致相等，可以擬合拋物線方程。在 Excel 中具體的求解過程如下：

第一步，將年份和產量的數據輸入新打開的 *EXCEL* 中的 A、C 兩列，在 B 列中以數列的中間時期為原點，向上下兩端按正負數順序排列時間序號；

第二步，單擊 D2 單元格，輸入「= B2 * C2」，回車後得到第一個 ty 值 -1608，移動鼠標箭頭至 D2 單元格右下方使其變為「+」號，按住鼠標左鍵向下拖拽，至 D18 單元格放開鼠標，即可得到 2001—2017 年的 ty 值。

第三步，單擊 E2 單元格，輸入「= B2 * B2」，回車後得到第一個 t^2 值為 64，移動鼠標箭頭至 E2 單元格右下方使其變為「+」號，按住鼠標左鍵向下拖拽，至 E18 單元格放開鼠標，即可得到 2001—2017 年的 t^2 值。

---

[1] 關於迴歸結果的詳細介紹見實驗六迴歸分析。

第四步，單擊 F2 單元格，輸入「= C2 * E2」，回車後得到第一個 t^2y 值12,864，移動鼠標箭頭至 F2 單元格右下方使其變為「+」號，按住鼠標左鍵向下拖拽，至 F18 單元格放開鼠標，即可得到2001—2017年的 t^2y 值。

第五步，單擊 G2 單元格，輸入「= POWER(B2,4)」(POWER 是乘冪函數，4表示4次方)，回車後得到第一個 t^4 值為4096，移動鼠標箭頭至 G2 單元格右下方使其變為「+」號，按住鼠標左鍵向下拖拽，至 G18 單元格放開鼠標，即可得到1990—2006年的 t^4 值。

第六步，單擊 B19 單元格，輸入「= SUM(B2:B18)」，回車後得到 $\sum t$ 的值為0，移動鼠標箭頭至 B19 單元格右下方使其變為「+」號，按住鼠標左鍵向右拖拽，至 G19 單元格放開鼠標，即可依次得到 $\sum ty$、$\sum t^2$、$\sum t^2y$、$\sum t^4$ 的值。

第七步，將上述各合計值代入拋物線方程組：

$$20,730 = 17a + 408c$$
$$72,910 = 408b$$
$$578,008 = 408a + 17,544c$$

解得 $a = 970.29$，$b = 178.7$，$c = 10.38$。所得方程為 $\hat{y} = 970.29 + 178.7t + 10.38t^2$。

如果要用此方程求各年的趨勢值，可以單擊 H2 單元格，輸入 = 970.29 + 178.7 * B2 + 10.38 * E2，回車後可得到2001年的預測值205.01，移動鼠標箭頭至 H2 單元格右下方使其變為「+」號，按住鼠標左鍵向下拖拽，至 H18 單元格放開鼠標，即可得到2001—2017年的預測值。所得結果如圖2-4-6所示。

	A	B	C	D	E	F	G	H
1	年份	序号t	产量(百吨)y	ty	t^2	t^2y	t^4	預測值
2	2001	-8	201	-1608	64	12864	4096	205.01
3	2002	-7	227	-1589	49	11123	2401	228.01
4	2003	-6	273	-1638	36	9828	1296	271.77
5	2004	-5	340	-1700	25	8500	625	336.29
6	2005	-4	425	-1700	16	6800	256	421.57
7	2006	-3	529	-1587	9	4761	81	527.61
8	2007	-2	655	-1310	4	2620	16	654.41
9	2008	-1	802	-802	1	802	1	801.97
10	2009	0	969	0	0	0	0	970.29
11	2010	1	1158	1158	1	1158	1	1159.37
12	2011	2	1366	2732	4	5464	16	1369.21
13	2012	3	1598	4794	9	14382	81	1599.81
14	2013	4	1850	7400	16	29600	256	1851.17
15	2014	5	2124	10620	25	53100	625	2123.29
16	2015	6	2417	14502	36	87012	1296	2416.17
17	2016	7	2730	19110	49	133770	2401	2729.81
18	2017	8	3066	24528	64	196224	4096	3064.21
19	合計	0	20730	72910	408	578008	17544	

圖2-4-6　某企業某產品2001—2017年產量曲線趨勢測定

三、季節變動測定

季節變動原指一年內隨季節變化而產生的週期性變動。但現在人們對季節性變動的理解範圍有所擴大，凡是帶有週期性規律的變化，如一個月內上、中、下旬的變化，都可以

看作是季節變動。

(一) 實驗方法

對季節變動的測定方法有兩種。一種是按月(季)平均法,這種方法不考慮長期趨勢的影響,直接用原始數據進行計算。它是用各月(季)的平均數除以所有月(季)的平均數得出季節指數來測定季節變動的。因此在 Excel 中只需要用基本的計算功能和簡單的函數如 SUM 或 AVERGE 函數即可完成計算。測定季節變動的另一種方法是移動平均趨勢剔除法。這種方法是先利用移動平均法來剔除長期趨勢影響後,再來測定季節變動。在 Excel 的具體運算中就必須用數據分析中的「移動平均」工具和其他基本運算函數進行計算。

(二) 實驗內容

1. 用按月平均法測定季節變動

按月平均法適用於測定不受長期趨勢影響的時間數列的季節變動。

某商場三年各季度某商品銷售情況如圖 2－4－7 所示。

	A	B	C	D	E
1	年份	1季度	2季度	3季度	4季度
2	第一年	200	520	627	168
3	第二年	192	550	630	180
4	第三年	203	515	627	170

圖 2－4－7　某商場三年各月某商品銷售情況

由於其不受長期趨勢影響,可以採用按月平均法測定該商品的季節變動,具體步驟如下。

第一步,計算季度三年的平均數。單擊 B5 單元格,輸入「＝AVERGE(B2:B4)」,回車後得到 1 季度的三年平均銷售量 198.33 件,移動鼠標箭頭至 B5 單元格右下方使其變為「＋」號,按住鼠標左鍵向右拖拽,至 E6 單元格放開鼠標,即可得到 2 季度、3 季度和 4 季度三年銷售量的平均數值。

第二步,計算三年共 12 個季度的總平均數。單擊 B6 單元格,輸入「＝AVERGE(B5:E5)」,回車後得到總平均銷售量 381.83 件。

第三步,計算各季度的季節指數。單擊 B7 單元格,輸入「＝B5/＄B＄6」,回車後得到 1 月的季節指數 0.5194,移動鼠標箭頭至 B7 單元格右下方使其變為「＋」號,按住鼠標左鍵向右拖拽,至 E7 單元格放開鼠標,即可得到每個季度的季節指數。計算結果如圖 2－4－8 所示。

	A	B	C	D	E
1	年份	1季度	2季度	3季度	4季度
2	第一年	200	520	627	168
3	第二年	192	550	630	180
4	第三年	203	515	627	170
5	平均數	198.33333	528.33333	628	172.667
6	總平均數	381.83333			
7	季节指數	0.5194238	1.3836753	1.6446966	0.4522

圖 2－4－8　某商場三年各季度某商品的季節指數

2. 用移動平均趨勢剔除法測定季節變動

移動平均趨勢剔除法適用於測定受長期趨勢影響的時間數列的季節變動。

某商場三年各月某商品銷售情況如圖2-4-9所示。

	A	B	C	D	E	F	G	H	I	J	K	L	M
1	年份	1月	2月	3月	4月	5月	6月	7月	8月	9月	10月	11月	12月
2	第一年	935	916	627	168	101	58	45	34	253	757	803	890
3	第二年	1406	1435	724	186	125	62	52	48	268	972	1024	1385
4	第三年	1782	1687	903	257	163	73	60	55	301	843	1170	1478

圖2-4-9　某商場三年各月某商品銷售情況

由於其受長期趨勢影響,可以採用移動平均趨勢剔除法測定該商品的季節變動,具體步驟如下。

第一步,將圖2-4-9中的年份、月份和三年各月商品銷售量分別縱向複製到新打開Excel文件的A、C列,在B列標明序號。

第二步,單擊「工具」菜單中的「數據分析」選項,在其對話框的「分析工具」列表中選擇「移動平均」,單擊「確定」,進入移動平均對話框。

第三步,在移動平均對話框中,單擊「輸入區域」框右側的按鈕,此時的移動分析對話框縮小為按鈕的那一行,點擊縮小的對話框,選定C2至C37單元格區域,;在「間隔」框中填入所要移動平均的時間間隔12;單擊「輸出區域」框右側的按鈕,此時的移動分析對話框縮小為按鈕的那一行,點擊縮小的對話框,選定D2單元格區域;點擊移動平均對話框中的「確定」按鈕,輸出相應結果。此時輸出的結果在D13至D37單元格,需要將這些數據「剪切」後再「粘貼」到D7至D31單元格。

第四步,由於是偶數項移動平均,所以還需要進行二次移動平均。單擊E8單元格,輸入「=(D7+D8)/2」,回車確定後得到第一個移動平均值485.21,移動鼠標箭頭至E8單元格右下方使其變為「+」號,按住鼠標左鍵向下拖拽,至E31單元格放開鼠標,即可得到其他移動平均數。

第五步,單擊F8單元格,輸入「=C8/E8」,回車確定後得到第一個Y/T數值9.27%,再使用鼠標填充柄功能按住左鍵向下拖拽,至F31單元格放開鼠標,即可得到其他數值。

第六步,將第五步得到的Y/T的數據按照年份和月份的順序輸入空白Excel表中,分別計算各月的平均數,並計算總平均數。用各月平均數分別除以總平均數,即得各月的季節指數。如果最後得到的季節指數之和不是12,則需要進行調整。

以上實驗的結果如圖2-4-10所示。

	A	B	C	D	E	F	G	H
1	年月	序号	销售量(件)Y	一次移動平均	二次移動平均T	Y/T		
2	第一年1月	1	935					
3	2月	2	916					
4	3月	3	627					
5	4月	4	168					
6	5月	5	101					
7	6月	6	58	465.583				
8	7月	7	45	504.833	485.208	0.092744		
9	8月	8	34	548.083	526.458	0.064583		
10	9月	9	253	556.167	552.125	0.45823		
11	10月	10	757	557.667	556.917	1.35927		
12	11月	11	803	559.667	558.667	1.437351		
13	12月	12	890	560.000	559.833	1.589759		
14	第二年1月	13	1406	560.583	560.292	2.509407		
15	2月	14	1435	561.750	561.167	2.557173		
16	3月	15	724	563.000	562.375	1.287397		
17	4月	16	186	580.917	571.958	0.325199		
18	5月	17	125	599.333	590.125	0.21182		
19	6月	18	62	640.583	619.958	0.100007		
20	7月	19	52	671.917	656.250	0.079238		
21	8月	20	48	692.917	682.417	0.070338		
22	9月	21	268	707.833	700.375	0.382652		
23	10月	22	972	713.750	710.792	1.367489		
24	11月	23	1024	716.917	715.333	1.4315		
25	12月	24	1385	717.833	717.375	1.93065		
26	第三年1月	25	1782	718.500	718.167	2.481318		
27	2月	26	1687	719.083	718.792	2.346994		
28	3月	27	903	721.833	720.458	1.253369		
29	4月	28	257	719.417	720.625	0.356635		
30	5月	29	163	731.583	725.500	0.224673		

(a)

	I	J	K	L	M	N	O	P	Q	R	S	T	U
1	年份	1月	2月	3月	4月	5月	6月	7月	8月	9月	10月	11月	12月
2	第一年						0.09274	0.06458	0.45823	1.35927	1.43735	1.58976	
3	第二年	2.50941	2.55717	1.2874	0.3252	0.21182	0.10001	0.07924	0.07034	0.38625	1.36749	1.4315	1.93065
4	第三年	2.48132	2.34699	1.25337	0.35663	0.22467	0.09926						
5	同月平均數	2.49536	2.45208	1.27038	0.34092	0.21825	0.09963	0.08599	0.06746	0.42044	1.36338	1.43443	1.7602
6	總平均數	1.00071											
7	季節指數	2.49359	2.45034	1.26948	0.34067	0.21809	0.09956	0.08593	0.06741	0.42014	1.36241	1.43341	1.75895

(b)

圖 2 - 4 - 10　移動平均趨勢剔除法計算的季節指數

四、思考題

（1）判斷社會經濟現象的長期趨勢是線性還是非線性有哪些方法，試簡要說明。

（2）某企業 2002—2017 年的各年產量數據如表 2 - 4 - 1（單位：萬件）

表 2 - 4 - 1　　　　　某企業歷年產量統計表

年份	2002	2003	2004	2005	2006	2007	2008	2009
產量	570	582	637	677	682	685	692	699
年份	2010	2011	2012	2013	2014	2015	2016	2017
產量	701	705	723	716	720	745	743	756

要求：① 繪製時間序列圖描述其趨勢。② 用 3 年移動平均法計算移動平均值。

(3) 表 2－4－2 是中國 2001—2016 年糧食產量數據。

表 2－4－2　　　　　　中國 2001—2016 年糧食產量統計表

年份	糧食產量(萬噸)	年份	糧食產量(萬噸)
2001	45,263.67	2009	53,082.08
2002	45,705.75	2010	54,647.71
2003	43,069.53	2011	57,120.85
2004	46,946.95	2012	58,957.97
2005	48,402.19	2013	60,193.84
2006	49,804.23	2014	60,702.61
2007	50,160.28	2015	62,143.92
2008	52,870.92	2016	61,625.0

要求:① 繪製時間序列圖描述其趨勢。② 運用最小二乘法擬合趨勢線,並根據趨勢線預測 2020 年的糧食產量。

(4) 表 2－4－3 是中國某啤酒品牌連續三年各季度啤酒銷售的數據。

表 2－4－3　　　中國某啤酒品牌連續三年啤酒銷售數據　　　單位:萬千升

年份	季度			
	一	二	三	四
第一年	1,039.7	1,444	1,607.1	937.9
第二年	1,099.1	1,525.6	1,526.8	787.8
第三年	1,060.9	1,361.9	1,409.6	861.3

要求:① 判斷該時間數列是否受長期趨勢的影響。② 計算各季度的季節指數。

(5) 表 2－4－4 是某企業連續 3 年各月的銷售量數據。

表 2－4－4　　　　　某企業銷售量統計表　　　　　單位:件

年份	1 月	2 月	3 月	4 月	5 月	6 月
第一年	935	916	627	168	101	58
第二年	927	920	624	186	98	62
第三年	930	916	625	173	100	60
年份	7 月	8 月	9 月	10 月	11 月	12 月
第一年	45	34	253	757	803	890
第二年	45	36	268	756	802	890
第三年	47	34	253	757	810	892

要求:採取合適的方法計算各月季節指數,並判斷企業銷售是否受季節因素的影響。

實驗五　相關分析

一、實驗目的及要求

（1）根據統計數據繪製散點圖；
（2）運用常規方法計算相關係數；
（3）利用函數計算相關係數；
（4）用數據分析工具求相關係數。

二、實驗內容

相關關係是指現象之間確實存在的，但具體關係不能確定的數量依存關係。判斷現象間的相關關係，一般先進行定性分析，再進行定量分析。定性分析就是根據基礎理論，結合實際經驗和專業知識，以科學分析為基礎，初步確定現象之間有無相關關係。如果確有相關關係，則可以編製相關表和相關圖判斷相關關係的種類，是直線相關還是曲線相關，是正相關還是負相關。定量分析則是採用數學公式測定相關關係的密切程度，直線相關可以通過相關係數進行測定，曲線相關則通過相關指數測定。其中，直線相關的相關係數測定是基本的相關分析方法，應用比較廣泛。在 Excel 中測定相關係數，既可以使用常規方法，也可以使用函數或者數據分析工具。

（一）繪製散點圖

兩變量一個做橫坐標，一個做縱坐標，形成點，最終形成的統計圖為散點圖。通過觀察點的分佈情況，可以大致看出兩個變量之間有無相關關係及類型。利用 Excel 的圖表功能，可以非常方便地創建並且改進一個散點圖，也可以在一個圖中同時顯示兩個以上變量之間的散點圖。圖 2-5-1 是不同形態的散點圖。

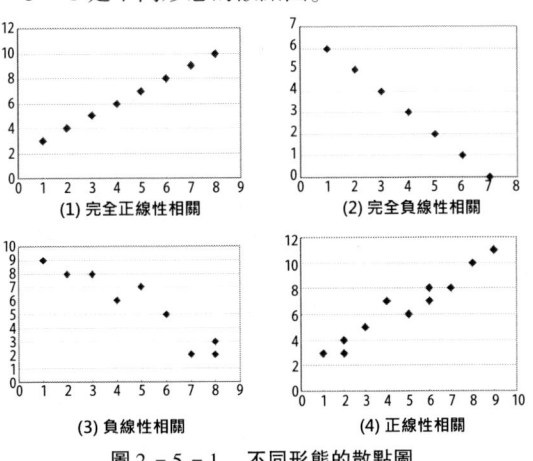

圖 2-5-1　不同形態的散點圖

利用 Excel 2003[①] 繪製散點圖的操作步驟為：

第一步，選擇「插入」菜單的「圖表」子菜單，用鼠標單擊「圖表」（見圖 2-5-2）。

圖 2-5-2　選擇「圖表」

第二步，出現「圖表向導—4 步驟之 1—圖表類型」頁面（見圖 2-5-3）。

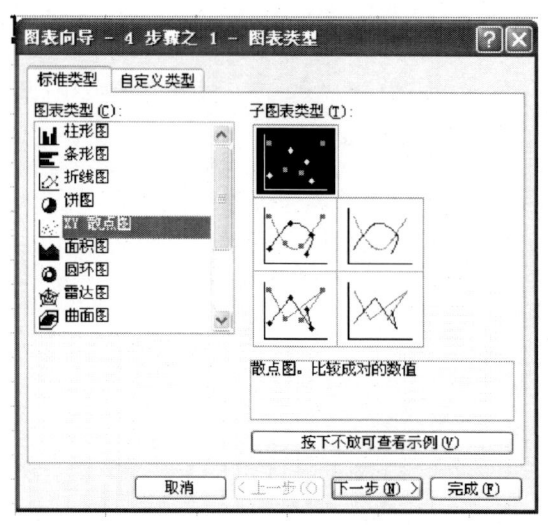

圖 2-5-3　選擇「XY 散點圖」

選擇「XY 散點圖」，點擊「下一步」。

第三步，出現「圖表向導—4 步驟之 2—圖表源數據」頁面（見圖 2-5-4）。

---

① 利用 Excel 2007、Excel 2010、Excel 2013 繪製統計圖的界面稍有不同，詳見實驗二統計圖表的相關內容。

圖2-5-4 「圖表源數據」對話框

對話框內各選項的含義如下:

數據區域:在此輸入待分析數據區域的單元格範圍。一般情況下 Excel 會自動根據當前單元格確定待分析數據區域。

系列產生在:如果單個變量的值以行的形式存在,則選中「行」復選框;如果單個變量的值以列的形式存在,則選中「列」復選框。

當需要顯示兩個以上變量之間的散點圖時,還必須單擊右上邊的「系列」標籤,以確認各自的數值範圍。

填寫完對話框後,點擊「下一步」。

第四步,出現「圖表向導—4 步驟之3—圖表選項」頁面(見圖2-5-5)。

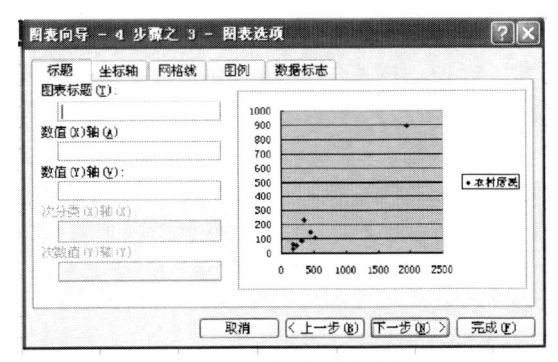

圖2-5-5 「圖表選項」對話框

在圖表標題中輸入圖的名稱,在數值(x)軸中輸入x軸坐標的名稱,在數值(y)軸中輸入y軸坐標的名稱。有選擇地填寫坐標軸、網格線、圖例、數據標誌等內容。填寫完對話框後,點擊「下一步」。

第五步,出現「圖表向導—4步驟之4—圖表位置」頁面(見圖2-5-6)。

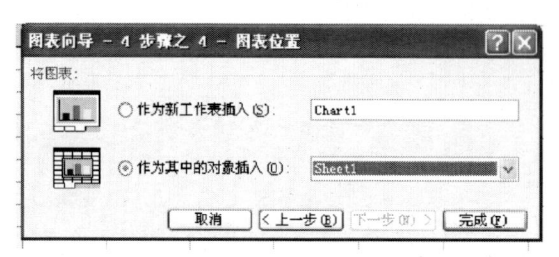

圖2-5-6 「圖表位置」對話框

如果選擇「作為新工作表插入」,則繪製的散點圖將放在自動生成的一個新工作表中;如果選擇「作為其中的對象插入」,則繪製的散點圖將放在原始數據所在的工作表中。填寫完對話框後,點擊「完成」即生成散點圖。

例2-18 某市電子公司所屬14個企業某年的設備能力和勞動生產率統計數據已輸入Excel工作表中,如圖2-5-7所示。為了方便計算,將企業的設備能力用x表示,勞動生產率用y表示。試繪製x與y的散點圖。

	A	B	C
1	企业编号	设备能力(千瓦/小时)x	劳动生产率(千元/人)y
2	1	2.8	6.7
3	2	2.8	6.9
4	3	3.0	7.2
5	4	2.9	7.3
6	5	3.4	8.4
7	6	3.9	8.8
8	7	4.0	9.1
9	8	4.8	9.8
10	9	4.9	10.6
11	10	5.2	10.7
12	11	5.4	11.1
13	12	5.5	11.8
14	13	6.2	12.1
15	14	7.0	12.4

圖2-5-7 原始數據

解:第一步,拖動鼠標選定數值區域B2:C15,不包括數據上面的標誌項。

第二步,選擇「插入」菜單的「圖表」子菜單,進入圖表向導。

第三步,選擇「圖表類型」為「散點圖」,然後單擊「下一步」。

第四步,顯示的對話框為「圖表向導—步驟之2」,在此對話框中,數據區域為上一步所框定的範圍,圖表系列產生在「列」。繼續單擊「下一步」。

第五步,在所顯示的對話框中,選擇「標題」下的子項「圖表標題」,在其中輸入「設備能力與勞動生產率」,在「數值(X)軸(A)」子項中輸入「設備能力」,在「數值(Y)軸(V)」

子項中輸入「勞動生產率」。選擇「圖例」下的子項「顯示圖例」，單擊其前面方框中的「√」號，以撤消該項。再單擊「下一步」。

第六步，選擇圖表輸出的位置，然後單擊「完成」按鈕，即生成圖2－5－8所示結果。

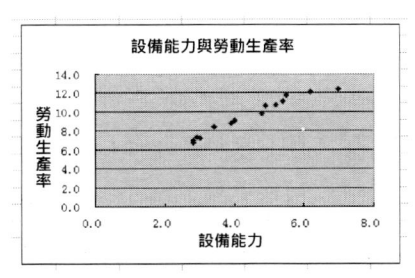

圖2－5－8　設備能力與勞動生產率散點圖

從散點圖可以看出，企業的設備能力與勞動生產率之間有著直線相關關係，而且是正相關關係，所以可以通過計算它們的相關係數來確定兩者相關的密切程度。

(二) 運用常規方法計算相關係數

以例2－18數據為例，運用常規方法計算相關係數。其步驟為：

1. 先求出計算相關係數所需要的數據

第一步，用鼠標單擊D2單元，輸入「＝B2＊B2」，回車後得到1號企業設備能力x的平方7.84。然後將鼠標指針移至D2單元格右下角的小方塊(填充柄)上，當指針變成＋形時按住鼠標左鍵往下拖拽，至D15單元格放開鼠標，即自動顯示出2號企業至14號企業設備能力x的平方。

第二步，用鼠標單擊E2單元，輸入「＝C2＊C2」，回車後得到1號企業勞動生產率y的平方44.89。利用填充柄功能，當鼠標指針變成＋形時按住其左鍵往下拖拽，至D15單元格放開鼠標，得到2號企業至14號企業勞動生產率y的平方。

第三步，用鼠標單擊F2單元，輸入「＝B2＊C2」，回車後得到1號企業設備能力x與勞動生產率y的乘積18.76。再按照前面的方法，利用填充柄功能，按住鼠標左鍵往下拖拽，得到2號企業至14號設備能力x與勞動生產率y的乘積。

第四步，用鼠標單擊B16單元，再點擊工具欄中「∑」符號，即可在B16單元格中顯示「＝SUM(B2:B15)」，或者在B16單元格中直接輸入「＝SUM(B2:B15)」，按回車鍵確認後即可得到1號企業至14號企業設備能力x的合計數61.80。繼續利用填充柄功能，當鼠標指針在B16單元格右下角變成＋形時按住鼠標左鍵往右拖拽，分別得到C、D、E、F四列的合計數。

2. 將以上求得的數據代入相關係數計算公式中求出相關係數

相關係數計算公式為：$r = \dfrac{n\sum xy - \sum x \sum y}{\sqrt{n\sum x^2 - (\sum x)^2}\sqrt{n\sum y^2 - (\sum y)^2}}$

運用此公式在Excel中計算相關係數有兩種方法，一是直接點擊表外任一空白單元格，輸入「＝(14＊F16－B16＊C16)/SQRT((14＊D16－B16＊B16)＊(14＊E16－

$C16*C16$））」，回車後得到相關係數 0.980,5。另外一種方法是先計算分子和分母，再把兩者相除得到結果。在此例中，先計算分子，可點擊表外任一空白單元格，輸入「＝ 14＊F16－B16＊C16」，回車後得到結果為 486.52，再點擊表外另一空白單元格，輸入「＝ SQRT（（14＊D16－B16＊B16）＊（14＊E16－C16＊C16））」，回車後得到的結果為 496.207。再點擊表外另一空白單元格（B24），輸入「＝486.52/496.207」，回車後也得到相關係數為 0.980,5。計算過程與結果如圖 2－5－9 所示。以上計算結果表明企業設備能力與勞動生產率之間存在高度線性正相關關係。

	A	B	C	D	E	F
1	企業編號	設備能力(千瓦/小時)x	勞動生產率(千元/人)y	x^2	y^2	xy
2	1	2.8	6.7	7.84	44.89	18.76
3	2	2.8	6.9	7.84	47.61	19.32
4	3	3.0	7.2	9.00	51.84	21.60
5	4	2.9	7.3	8.41	53.29	21.17
6	5	3.4	8.4	11.56	70.56	28.56
7	6	3.9	8.8	15.21	77.44	34.32
8	7	4.0	9.1	16.00	82.81	36.40
9	8	4.8	9.8	23.04	96.04	47.04
10	9	4.9	10.6	24.01	112.36	51.94
11	10	5.2	10.7	27.04	114.49	55.64
12	11	5.4	11.1	29.16	123.21	59.94
13	12	5.5	11.8	30.25	139.24	64.90
14	13	6.2	12.1	38.44	146.41	75.02
15	14	7.0	12.4	49.00	153.76	86.80
16	合計	61.8	132.9	296.8	1314.0	621.4
17						
18						
19						
20						
21			486.52			
22			496.2073401			
23			0.980477233			
24			0.980477233			

圖 2－5－9　相關係數計算圖

（三）運用函數法計算相關係數

Excel 中計算相關係數的函數是 CORREL。運用此函數進行計算，只要輸入原始數據，並不需要像前文那樣計算出表中所列的其他各項，便可以直接得出相關係數。以例 2－18 數據為例，運用函數方法計算相關係數的步驟為：

第一步，單擊表外任一空白單元格，以放置相關係數，本例選擇 A20。

第二步，在「插入」菜單中選擇「函數」選項，或者在常用工具欄中單擊按鈕，也可以點擊工具欄的「∑」項右邊的下三角按鈕，通過這些操作來打開「插入函數」對話框。

第三步，在「插入函數」對話框中「選擇類別」框內選擇「統計」，在下面的「選擇函數」框內選擇「CORREL」，點擊「確定」進入「CORREL」對話框。

第四，在「CORREL」對話框中，點擊 Array1 右邊的按鈕，再按住鼠標左鍵框定 B2 至 B15 欄(此時的「CORREL」對話框縮小為按鈕的那一行)；再點擊剛才的按鈕重新放大「CORREL」對話框，單擊 Array2 右邊的按鈕，按照剛才的方法框定 C2 至 C15 欄(此時對話框底部已經顯示出計算結果)，單擊「確定」按鈕，即可在 A20 空白單元格中得到相關係數 0.980,5（圖 2－5－10）。

圖 2－5－10　填寫「CORREL」對話框

(四) 運用數據分析工具計算相關係數

運用Excel數據分析工具中的「相關係數」工具也可以方便地求得相關係數。利用「數據分析」功能進行相關分析的操作步驟為：

第一步,用鼠標點擊工作表中待分析數據的任一單元格。

第二步,在 Excel 2003 中選擇「工具」菜單的「數據分析」子菜單；在Excel 2007、Excel 2010、Excel 2013 中選擇「數據」菜單的「數據分析」子菜單。選擇「相關係數」(見圖2－5－11)。

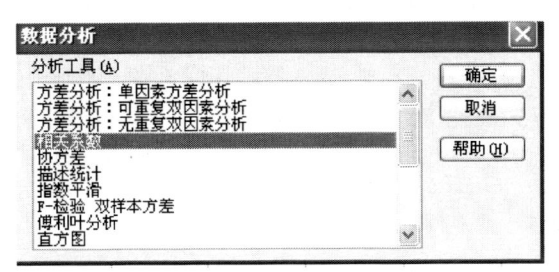

圖 2－5－11　選擇「相關係數」

第三步,出現「相關係數」對話框,如圖2－5－12 所示。

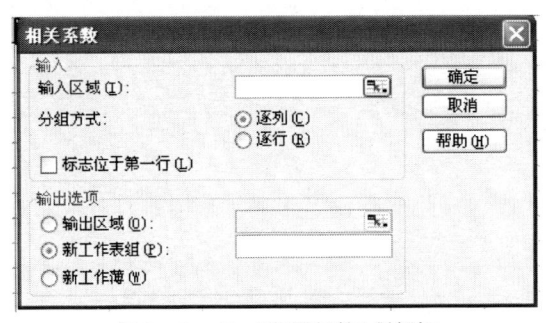

圖 2－5－12　「相關係數」對話框

基於 Excel 的統計學實驗

109

對話框內各選項的含義如下：

輸入區域：在此輸入待分析數據區域的單元格範圍。一般情況下 Excel 會自動根據當前單元格確定待分析數據區域。

分組方式：如果需要指出輸入區域中的數據是按行還是按列排列，則單擊「行」或「列」。

標誌位於第一行：如果輸入區域的第一行中包含標誌項(變量名)，則選中「標誌位於第一行」復選框；如果輸入區域沒有標誌項(變量名)，則不需要選擇該復選框，Excel 將在輸出表中生成適宜的數據標誌。

輸出區域：在此框中可填寫輸出結果表左上角單元格地址，用於控制輸出結果的存放位置。

新工作表組：單擊此選項，可在當前工作簿中插入新工作表，並由新工作表的 A1 單元格開始存放結果。如果需要給新工作表命名，則在右側編輯框中鍵入名稱。

新工作簿：單擊此選項，可創建一新工作簿，並在新工作簿的新工作表中存放計算結果。

第四步，填寫完「相關係數」對話框之後，按「確定」按鈕即可。

例 2-19　根據例 2-18 中的數據資料，運用數據分析工具進行相關分析，求相關係數。

解：第一步，用鼠標點擊工作表中待分析數據的任一單元格。在 Excel 2003 中選擇「工具」菜單的「數據分析」子菜單；在 Excel 2007、Excel 2010、Excel 2013 中選擇「數據」菜單的「數據分析」子菜單。用鼠標雙擊數據分析工具中的「相關係數」選項，進入相關係數對話框。

第二步，在相關係數對話框中，在「輸入區域」框中輸入「B1:C15」，分組方式為逐列，選中「標誌」復選框，在「輸出區域」中輸入 D17(見圖 2-5-13)。

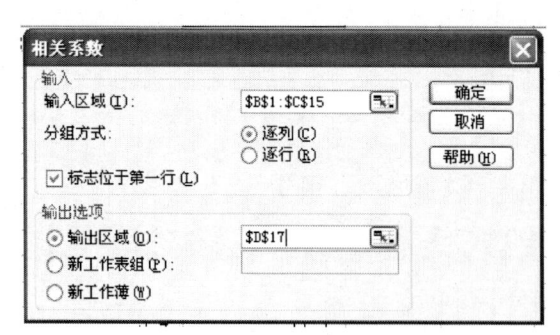

圖 2-5-13　填寫「相關係數」對話框

第三，單擊「確定」按鈕，即在以 D17 為起點的右邊空白區域給出結果，得到圖 2-5-14 所示的相關係數矩陣。

結果表明設備能力 x 與勞動生產率 y 的相關係數是 0.980,5，並顯示 x、y 自身為完全正相關。

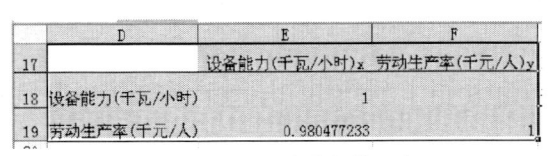

	D	E	F
17		设备能力(千瓦/小时)x	劳动生产率(千元/人)y
18	设备能力(千瓦/小时)	1	
19	劳动生产率(千元/人)	0.980477233	1

圖 2-5-14　相關係數矩陣

(五) 相關係數的顯著性檢驗

為判斷樣本相關係數是否能代表總體相關係數,需要對所求得的相關係數進行顯著性檢驗。計算統計量的公式為: $t = \dfrac{r\sqrt{n-2}}{\sqrt{1-r^2}}$,將以上所求得的數據代入即可求出 t 值。在 Excel 中,可先單擊任一空白單元格,輸入「＝0.9805＊SQRT(14－2)/SQRT(1－0.980,5＊0.980,5)」,回車即可求得 t 統計量的數值為 17.2836。然後按顯著性水準 0.05,自由度 12 查 t 分佈表,得到臨界值為 2.1788。t 統計量大於 t 臨界值,說明設備能力與勞動生產率之間的相關係數是顯著的。

三、思考題

(1) 比較說明幾種求解線性相關係數方法的不同點。

(2) 下表是亞太地區 25 所知名商學院本國學生學費與起薪的數據。

表 2-5-1

商學院名稱	學費($)	起薪($)	商學院名稱	學費($)	起薪($)
墨爾本商學院	24,420	71,400	麥誇里商學院(悉尼)	17,172	60,100
新南威爾士大學(悉尼)	19,993	65,200	Chulalongkorn 大學(曼谷)	17,355	17,600
印度管理學院(阿默達巴得)	4300	7100	Monash Mt. Eliza 商學院(墨爾本)	16,200	52,500
香港大學	11,140	31,000	亞洲管理學院(曼谷)	18,200	25,000
日本國際大學	33,060	87,000	阿德萊德大學	16,426	66,000
亞洲管理學院(馬尼拉)	7562	22,800	梅西大學(新西蘭,北帕默斯頓)	13,106	41,400
印度管理學院(班加羅爾)	3935	7500	墨爾本皇家工商學院	13,880	48,900
新加坡國立大學	6146	43,300	Jamnalal Bajaj 管理學院(孟買)	1000	7000
印度管理學院(加爾各答)	2880	7400	柯廷理工學院(珀思)	9475	55,000
澳大利亞國立大學(堪培拉)	20,300	46,600	拉合爾管理科學院	1250	7500
南洋理工大學(新加坡)	8500	49300	馬來西亞 Sains 大學(檳城)	2260	16000
昆士蘭大學(布里斯本)	16,000	49,600	De La Salle 大學(馬尼拉)	3300	13,100
香港理工大學	11,513	34,000			

要求:① 繪製學費與起薪的散點圖;② 在 Excel 中運用常規方法計算學費與起薪的相關係數;③ 在 Excel 中運用函數法計算學費與起薪的相關係數,並解釋其含義。

(3) 農場通過實驗取得早稻收穫量與春季降雨量、春季溫度的數據如下[①]:

---

① 賈俊平,等. 統計學[M]. 北京:中國人民大學出版社,2004:355.

表 2－5－2　　　　　　　收穫量、降雨量與溫度數據表

收穫量(千克/公頃)	降雨量(毫米)	溫度(℃)
2250	25	6
3450	33	8
4500	45	10
6750	105	13
7200	110	14
7500	115	16
8250	120	17

要求:①繪製早稻收穫量與春季降雨量、春季溫度的散點圖;②運用 Excel 求收穫量、降雨量、溫度之間的相關係數矩陣。

(4)有研究者探討文化氣息與收入的關係,他用每月去參觀博物館、美術館、文化中心等的次數作為文化氣息的測量值。他調查了 12 位成人,結果如下表所示。

表 2－5－3　　　　　　　文化氣息與收入數據表

編號	1	2	3	4	5	6	7	8	9	10	11	12
文化氣息(次)	15	20	17	18	25	32	28	20	22	33	33	31
收入(百元)	25	24	28	20	35	31	38	19	30	30	38	40

要求:① 文化氣息與收入呈線性相關嗎?請以散點圖說明;② 在 Excel 中分別運用函數法和數據分析工具計算文化氣息與收入的相關係數,並解釋其含義。

實驗六　　迴歸分析

一、實驗目的及要求

(1)利用 Excel 的數據處理功能,掌握迴歸分析的分析方法。

(2)通過對一組觀察值使用「最小二乘法」直線擬合,用來分析單個因變量是如何受一個或幾個自變量影響的,從而建立一元或多元線性迴歸方程。

(3)對迴歸分析結果進行顯著性檢驗,進行迴歸預測,能對結果進行解釋。

二、實驗內容

(一) 用常規方法建立一元線性迴歸方程

用常規方法建立一元線性迴歸方程,主要是運用 Excel 基本功能和 SUM、AVERGE 等基本函數,按照公式求出相應參數,建立迴歸方程。

實驗五中的例 2－18 的兩組變量的相關係數為 0.980,5,屬於高度相關,從散點圖可以看出,兩組變量呈直線相關,所以可將該實例的數據用來建立一元線性迴歸方程。

第一步,使用最小二乘法解標準聯立方程,求得一元線性迴歸方程的值,公式如下所示:

$$b = \frac{n\sum xy - \sum x \sum y}{n\sum x^2 - (\sum x)^2} \qquad a = \bar{y} - b\bar{x}$$

第二步,打開 Excel,進入實驗五中圖 2 - 5 - 7 的界面,單擊表外任一空白單元格,輸入「 = (14 * F16 - B16 * C16)/(14 * D16 - B16 * B16)」,回車後得到 b 值為 1.45;單擊 B17 單元格,點擊工具欄的「 $\sum$ 」項右邊的下三角按鈕,選擇「平均值」選項,框定 B2 至 B15 單元格,回車後可得到設備能力 x 的平均值 4.4,再利用填充柄功能,按住鼠標左鍵向右拖至 C17 單元格,得到勞動生產率 y 的平均值 9.5;再單擊表外另一空白單元格,輸入「 = C17 - 1.45 * B17」,回車後得到 a 值為 3.10。

得到 a 和 b 的值即可確定一元線性迴歸方程為 $\hat{y} = 3.10 + 1.45x$。計算過程和結果如圖2 - 6 - 1 所示。

	A	B	C	D	E	F
1	企业编号	设备能力(千瓦/小时)x	劳动生产率(千元/人)y	x^2	y^2	xy
2	1	2.8	6.7	7.84	44.89	18.76
3	2	2.8	6.9	7.84	47.61	19.32
4	3	3.0	7.2	9.00	51.84	21.60
5	4	2.9	7.3	8.41	53.29	21.17
6	5	3.4	8.4	11.56	70.56	28.56
7	6	3.9	8.8	15.21	77.44	34.32
8	7	4.0	9.1	16.00	82.81	36.40
9	8	4.8	9.8	23.04	96.04	47.04
10	9	4.9	10.6	24.01	112.36	51.94
11	10	5.2	10.7	27.04	114.49	55.64
12	11	5.4	11.1	29.16	123.21	59.94
13	12	5.5	11.8	30.25	139.24	64.90
14	13	6.2	12.1	38.44	146.41	75.02
15	14	7.0	12.4	49.00	153.76	86.80
16	合计	61.8	132.9	296.8	1314.0	621.4
17	平均值	4.4	9.5			
18						
19						
20						
21					a=	3.100316
22					b=	1.4481486
23						

圖 2 - 6 - 1　用常規方法建立一元線性迴歸方程

(二) 用「添加線性趨勢線」建立一元線性迴歸方程

用線性趨勢線建立一元線性迴歸方程,主要是根據數據線性關係,插入線性趨勢線加以分析整理得出方程的。

例 2 - 20　圖 2 - 6 - 2 是 8 個分公司的年銷售額(百萬元) 和廣告費(萬元) 的數據及兩者的散點圖。試進行迴歸分析。

解:考察圖 2 - 6 - 2 所示的散點圖,其數據點大致沿直線分佈,判斷兩者為線性關係,可以插入線性趨勢線進行分析。Excel 用最小二乘法確定線性趨勢線的截距和斜率,並自動插入到圖表中。插入線性趨勢線的步驟為:

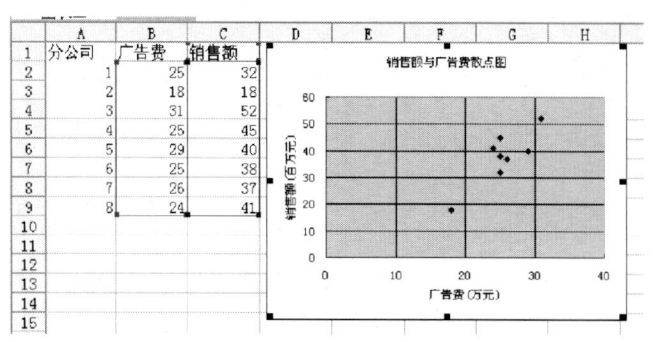

圖 2－6－2　分公司的年銷售額和廣告費

第一步，單擊散點圖的任一數據點，該系列的所有數據點將放大以突出顯示，見圖 2－6－3。

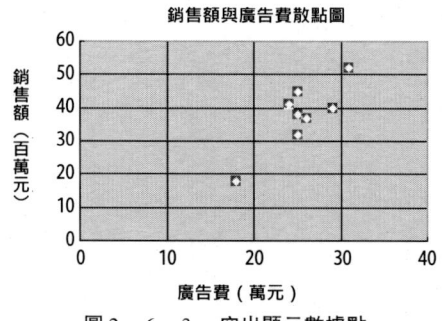

圖 2－6－3　突出顯示數據點

第二步，鼠標對準任一數據點，單擊右鍵，顯示如圖 2－6－4 所示界面。

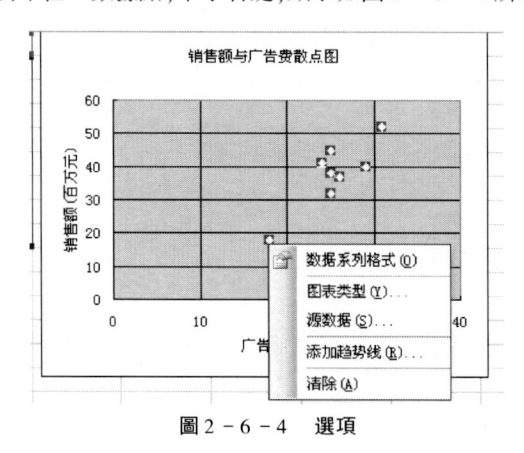

圖 2－6－4　選項

第三步,選擇「添加趨勢線」命令,頁面顯示「添加趨勢線」對話框(見圖2－6－5)。

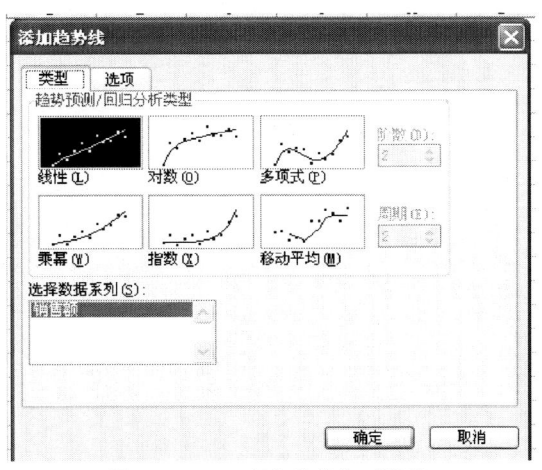

圖2－6－5 「添加趨勢線」對話框

該對話框有「類型」和「選項」兩個選項卡。「類型」表示添加的趨勢線的形式,除了一個為線性外,其餘都為非線性。此例選擇「線性」。

第四步,單擊「選項」選項卡,頁面顯示「添加趨勢線」下的「選項」對話框如圖2－6－6所示。

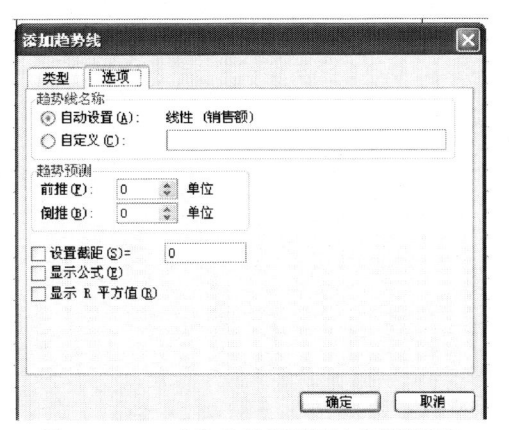

圖2－6－6 添加趨勢線「選項」標籤對話框

對話框內各選項的含義如下:

趨勢線名稱:在此選擇是自動設置還是自定義趨勢線名稱。若選擇自定義,則需輸入名稱。

趨勢線預測:有前推和後推多少個單位兩種選擇。

設置截距:如果選定該復選框,需要在右邊輸入截距值。

顯示公式:如果選定該復選框,將在結果中顯示迴歸方程。

顯示 R 平方值：如果選定該復選框，將在結果中顯示 R^2 的值。

本例中，在對話框的「趨勢線名稱」框中選擇「自動設置：線性（銷售額）」選項，清除「設置截距」復選框，單擊選定「顯示公式」和「顯示 R 平方」復選框（圖2－6－7）。

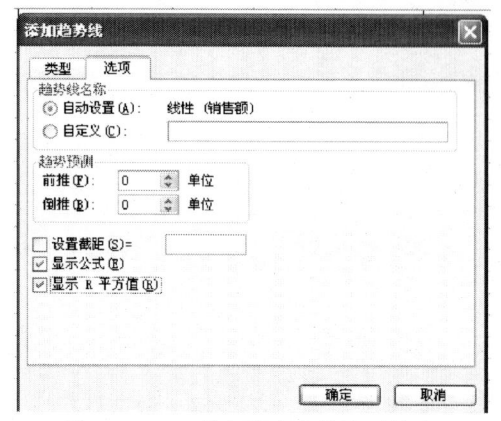

圖2－6－7　填寫「添加趨勢線」對話框

第五步，單擊「確定」按鈕，趨勢線、公式和 R^2 值被插入到散點圖中，如圖2－6－8所示。

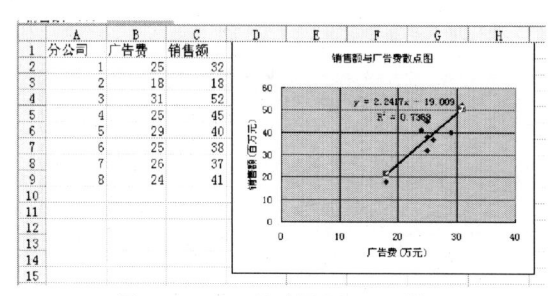

圖2－6－8　散點圖中插入趨勢線

由插入趨勢線後的散點圖可知，年銷售額和廣告費間的函數關係為：

年銷售額 ＝ 2.241,7 × 廣告費 － 19.009

公式中截距為－19.009，單位與年銷售額相同（百萬元）；斜率為2.241,7，表示每增加一單位（萬元）的廣告投入，引起年銷售額的平均變化為2.241,7 單位（百萬元）。

模型的擬合優度可由 R^2 加以檢驗，該值稱為決定系數，表明因變量的變化中有多大比例可由自變量加以解釋。本例中 R^2 值為0.736,8，表明年銷售額的變動中有73.68% 可用廣告投入通過線性迴歸模型加以解釋，剩餘的26.32% 則由其餘因素引起。

（三）利用統計函數建立一元線性迴歸方程

在Excel中，可以通過求截距的函數 INTERCEPT 和求斜率的函數 SLOPE 來求解一元線性方程中的 a 和 b，從而建立直線方程；也可以通過一個既能用於一元線性迴歸又能用

於多元線性迴歸和自迴歸的函數 LINEST 來進行求解。

以例 2-18 中的數據資料分別說明這兩種方法的操作步驟。

1. 用 INTERCEPT 函數和 SLOPE 函數求截距和斜率

第一步，單擊原始數據表外任一空白單元格，以記錄計算結果，本例選擇 E4。

第二步，在「插入」菜單中選擇「函數」選項，或者在常用工具欄中單擊按鈕「fx」，也可以點擊工具欄的「∑」項右邊的下三角按鈕，通過這些操作來打開「插入函數」對話框。

第三步，在「插入函數」對話框中「選擇類別」框內選擇「統計」，在下面的「選擇函數」框內選擇「INTERCEPT」，點擊「確定」進入 INTERCEPT 對話框。

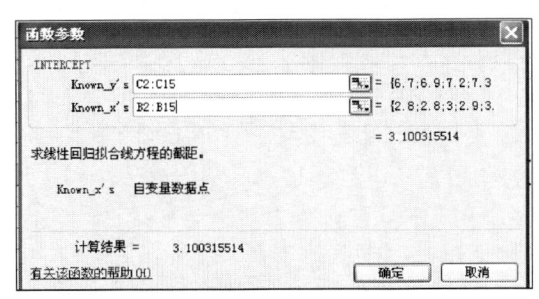

圖 2-6-9　填寫 INTERCEPT 函數對話框

第四步，在「INTERCEPT」對話框中，點擊 Known_y』s 右邊的按鈕，再按住鼠標左鍵框定 C2 至 C15 欄（此時的「INTERCEPT」對話框縮小為按鈕的那一行）；再點擊剛才的按鈕重新放大「INTERCEPT」對話框，單擊 Known_x』s 右邊的按鈕，按照剛才的方法框定 B2 至 B15 欄（此時對話框底部已經顯示出計算結果），單擊「確定」按鈕（見圖 2-6-9），即可在 E4 單元格中得到截距的數值 3.10，見圖 2-6-10。

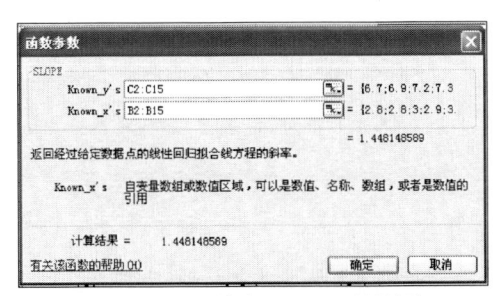

圖 2-6-10　填寫 SLOPE 函數對話框

第五步，重複以上 1、2 兩步，空白單元格選擇 E6。在第三步選擇「SLOPE」，點擊「確定」進入 SLOPE 對話框。第四步仍然點擊 Known_y』s 右邊的按鈕，框定 C2 至 C15 欄，再單擊 Known_x』s 右邊的按鈕框定 B2 至 B15 欄，單擊「確定」按鈕（見圖 2-6-10），即可在剛才的 E6 單元格中得到斜率的數值 1.45，見圖 2-6-11。

	A	B	C	D	E
1	企业编号	设备能力(千瓦/小时)x	劳动生产率(千元/人)y		
2	1	2.8	6.7		
3	2	2.8	6.9		
4	3	3.0	7.2		3.100316
5	4	2.9	7.3		
6	5	3.4	8.4		1.448149
7	6	3.9	8.8		
8	7	4.0	9.1		
9	8	4.8	9.8		
10	9	4.9	10.6		
11	10	5.2	10.7		
12	11	5.4	11.1		
13	12	5.5	11.8		
14	13	6.2	12.1		
15	14	7.0	12.4		

圖 2-6-11　結果

以上實驗表明，迴歸方程為 $\hat{y} = a + bx = 3.10 + 1.45x$。

2. 用 LINEST 函數建立一元線性迴歸方程

在 LINEST 函數中，迴歸方程的表達式是 $y = mx + b$，其中，m 代表斜率，b 代表 y 軸截距。這與常規方程式 $y = a + bx$ 有一定的不同。而且採用 LINEST 函數除了計算斜率和截距外還可以得到其他數據信息。

第一步，選定放置計算結果的單元格區域。如果只需要斜率和截距的數值，則只需選擇兩個單元格。如果除了斜率和截距外還需要估計標準誤差等其他數據信息，則需選擇 10 個單元格。本例選擇選定 A20：B24。

第二步，在「插入」菜單中選擇「函數」選項，或者在常用工具欄中單擊按鈕「fx」，也可以點擊工具欄的「Σ」項右邊的下三角按鈕，通過這些操作來打開「插入函數」對話框。

在「插入函數」對話框中「選擇類別」框內選擇「統計」，在下面的「選擇函數」框內選擇「LINEST」，點擊「確定」進入 LINEST 對話框。

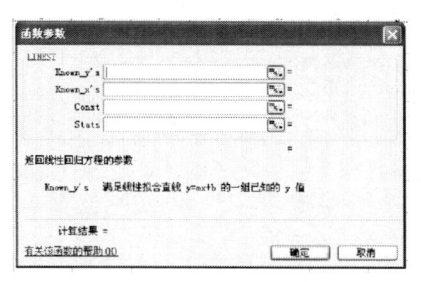

圖 2-6-12　LINEST 對話框

第三步，在 LINEST 對話框中有四個並列框。可按照上面的方法單擊第一個框 Known_y』s 右側按鈕選定 C2 至 C15 單元格，再單擊第二個框 Known_x』s 右側按鈕選定 B2 至 B15 單元格 (也可以直接在第一個框 Known_y』s 中輸入「C2：C15」，在第二個框 Known_x』s 中輸入「B2：B15」)。第三個框 Const 需要輸入邏輯值，如果要求正常計算截距，可輸入「TRUE」或省略；如果指定截距為 0，則可輸入「FALSE」。第四個框 Stats 也需要輸入邏輯值，如果要求給出估計標準誤差等其他數據，可輸入「TRUE」；如果只要求給出截距和斜率，則可輸入「FALSE」或省略。本例中不需要截距為 0，所以在 Const 框中輸入

「TRUE」，還要求給出其他數據信息，因此在 Stats 框中也輸入「TRUE」。

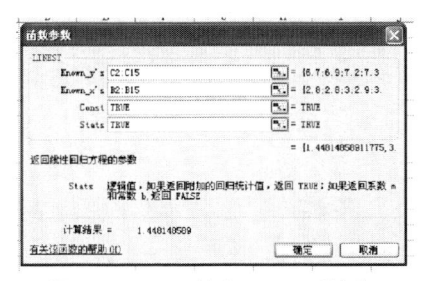

圖 2-6-13　填寫 LINEST 對話框

第四步，按 Ctrl + Shift + Enter 組合鍵結束操作。所得結果如圖 2-6-14 所示。

在圖 2-6-14 中，A20 是斜率，B20 是截距，A21 是斜率的標準差，B21 是截距的標準差，A22 是判定系數，B22 是估計標準誤差，A23 是 F 統計量，B23 是自由度，A24 是迴歸平方和，B24 是剩餘平方和。以上實驗表明，迴歸方程為 $\hat{y} = 3.10 + 1.45x$。

	A	B
20	1.448149	3.100315514
21	0.083838	0.386018864
22	0.961336	0.410695899
23	298.3631	12
24	50.32523	2.024053459

圖 2-6-14　結果表

(四) 運用數據分析工具進行迴歸分析

在 Excel 的數據分析工具中，有一個專用於進行迴歸分析的工具。使用此工具，可以更加方便快捷準確地進行迴歸分析，並能提供更多的數據信息。

利用「數據分析」功能進行迴歸分析的操作步驟為：

第一步，用鼠標點擊工作表中待分析數據的任一單元格。

第二步，在 Excel 2003 中選擇「工具」菜單的「數據分析」子菜單；在 Excel 2007、Excel 2010、Excel 2013 中選擇「數據」菜單的「數據分析」子菜單。用鼠標雙擊數據分析工具中的「迴歸」選項（見圖 2-6-15）。

圖 2-6-15　選擇「迴歸」

第三步，出現「迴歸」對話框，如圖 2-6-16 所示。

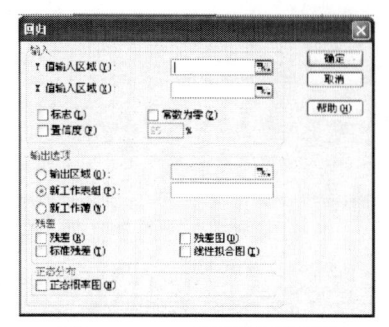

圖2－6－16 「迴歸」對話框

對話框內各選項的含義如下：

Y值輸入區域：在此輸入因變量數據區域的單元格範圍。

X值輸入區域：在此輸入自變量數據區域的單元格範圍。

標誌：如果輸入區域的第一行中包含標誌項(變量名)，則選中「標誌」復選框；如果輸入區域沒有標誌項(變量名)，則不需要選擇該復選框，Excel將在輸出表中生成適宜的數據標誌。

常數為零：如果要求迴歸直線從原點(0)開始，則選中此復選框。

置信度：默認的置信度是95％，如果要改變置信度，則選中此復選框，並在右邊輸入指定的置信度。

輸出區域：在此框中可填寫輸出結果表左上角單元格地址，用於控制輸出結果的存放位置。

新工作表：單擊此選項，可在當前工作簿中插入新工作表，並由新工作表的A1單元格開始存放結果。如果需要給新工作表命名，則在右側編輯框中鍵入名稱。

新工作簿：單擊此選項，可創建一新工作簿，並在新工作簿的新工作表中存放計算結果。

如果要求結果輸出殘差表，並包括標準殘差，可選中「殘差」和「標準殘差」兩個復選框。如果要求輸出信息中包括殘差圖、擬合迴歸直線圖、正態概率圖，可選中「殘差圖」「線性擬合圖」「正態概率圖」三個復選框。

第四，填寫完「迴歸」對話框之後，按「確定」按鈕即可。

例2－21 根據例2－18中的數據資料，運用數據分析工具進行迴歸分析。

解：第一步，用鼠標點擊工作表中待分析數據的任一單元格，本例點擊A2。在Excel 2003中選擇「工具」菜單的「數據分析」子菜單；在Excel 2007、Excel 2010、Excel 2013中選擇「數據」菜單的「數據分析」子菜單。用鼠標雙擊數據分析工具中的「迴歸」選項，進入迴歸對話框。

第二步，在迴歸對話框中，在「Y值輸入區域」框中輸入C1：C15，在「X值輸入區域」框中輸入B1：B15，選中「標誌」復選框，在「輸出區域」中輸入G1，選中「殘差」「標準殘差」「殘差圖」「線性擬合圖」「正態概率圖」五個復選框(見圖2－6－17)。

第三步，單擊「確定」按鈕，即在以G1為起點的右邊空白區域給出結果，得到圖2－6－18所示結果。

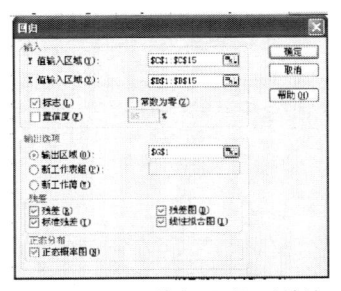

圖 2－6－17　填寫「迴歸」對話框

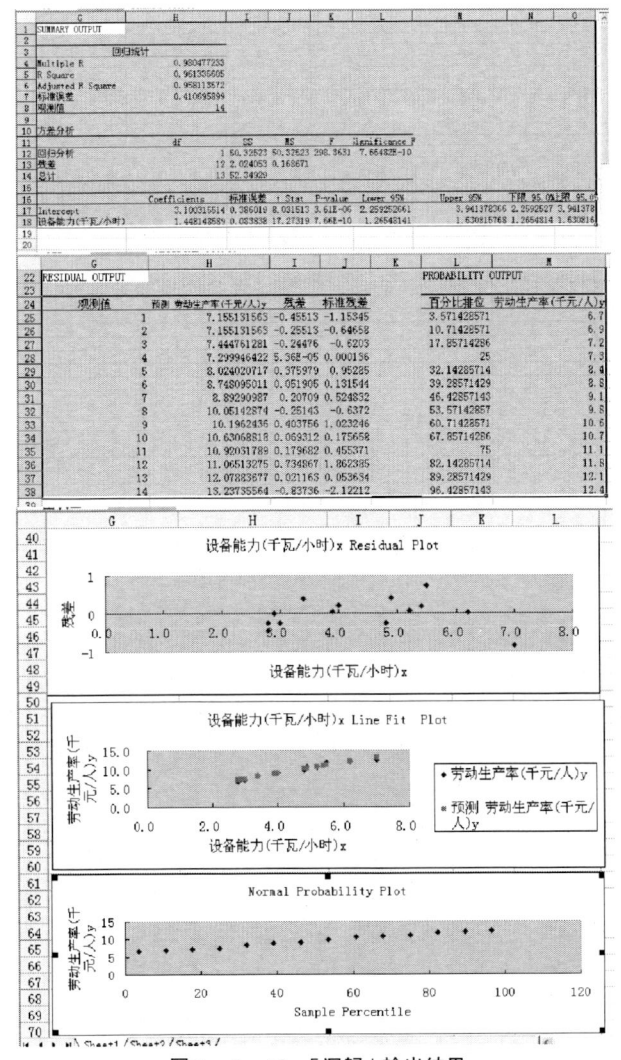

圖 2－6－18　「迴歸」輸出結果

可見,迴歸輸出結果包括四部分,第一部分是 SUMMARY OUTPUT,即摘要輸出,此部分包括了三個內容:一是「迴歸統計」,它給出了迴歸分析的一些常用統計量,包括相關係數(Multiple R)、判定係數 r^2(R-Square)、調整後的 r^2(Adjusted-R-Squar)、標準誤差、觀測值的個數等;二是「方差分析」,它給出了自由度(df)、總平方和(SS)、迴歸和殘差的均方(MS)、檢驗統計量(F)、F檢驗的顯著水準(Significance),「方差分析」部分的主要作用是對迴歸方程的線性關係進行顯著性檢驗;三是參數估計的有關內容,包括迴歸方程的截距 a(Intercept)、斜率 b、截距和斜率的標準誤差、用於檢驗迴歸係數的 t 統計量(t-Stat)、P值(P-value),以及截距和斜率的置信區間(Lower 95% 和 Upper 95%)等。第一部分的輸出結果表明,迴歸方程為 $\hat{y} = a + bx = 3.10 + 1.45x$。從 t 檢驗看,截距項和迴歸係數的 P 值都遠遠小於 0.05,表明二者都是顯著的。從 F 檢驗看,Significance F 為 $7.664.82E-10$,表明該模型通過了 5% 的顯著性檢驗,模型整體也是顯著的。

第二部分是 RESIDUAL OUTPUT,即殘差輸出;第三部分是 PROBABILITY OUTPUT,即概率輸出;第四部分是三種圖,即 X Residual Plot(殘差圖)、Line Fit Plot(線性擬合圖)、Normal Probability Plot(正態概率圖)。

三、思考題

(1)用「添加線性趨勢線」法建立一元線性迴歸方程的基本步驟是什麼?實際操作中應注意哪些問題?

(2)某大型連鎖店調查了 12 家分店的營業支出和營業收入,結果如下表所示。

表 2-6-1　　　　　　　營業支出與營業收入數據表

編號	1	2	3	4	5	6	7	8	9	10	11	12
支出(萬元)	5	8	6	4	8	9	11	12	5	6	9	7
收入(萬元)	8	12	7	5	11	13	15	19	4	8	10	9

要求:①判斷營業支出與營業收入呈何種相關關係?請以散點圖說明;②若營業支出與營業收入呈線性相關關係,請在 Excel 中運用「添加線性趨勢線」、函數法、數據分析工具等三種方法擬合線性方程,並判斷該方程是否能說明現象的實際情況。

(3)根據實驗五思考題第 3 題的數據,建立以早稻收穫量為因變量的二元線性迴歸方程,並解釋迴歸係數的含義。

(4)某航空公司考察航班正點率(%)和顧客投訴次數(次)之間的關係,運用 Excel 的數據分析工具的迴歸功能得到結果如下圖:

要求:①指出航班正點率和顧客投訴率的相關係數為多少,屬於何種相關;②寫出航班正點率和顧客投訴率的一元線性迴歸方程;③指出截距項和迴歸係數是否通過了檢驗,模型整體是否通過了檢驗。

	F	G	H	I	J	K	L	M	N
35		回归统计							
36	Multiple R	0.8686426							
37	R Square	0.75454							
38	Adjusted R Square	0.7238575							
39	标准误差	18.887218							
40	观测值	10							
41									
42	方差分析								
43		df	SS	MS	F	Significance F			
44	回归分析	1	8772.584	8772.6	24.592	0.0011083			
45	残差	8	2853.816	356.73					
46	总计	9	11626.4						
47									
48		Coefficients	标准误差	t Stat	P-value	Lower 95%	Upper 95%	下限 95.0%	上限 95.0%
49	Intercept	430.189233	72.154832	5.96203	0.0003	263.799892	596.5786	263.79989	596.57857
50	航班正点率 (%)	-4.7006226	0.9478936	-4.959	0.0011	-6.8864693	-2.51478	-6.886469	-2.514776

實驗七　　綜合實驗

一、實驗目的及要求

（1）熟悉二手數據的搜集過程，能通過各種途徑更快、更好地搜集二手數據。相應地，回憶一手數據的搜集方法，從理論到實踐掌握問卷調查的全過程，包括制定調查方案、選取抽樣框、設計問卷、具體的調查和數據搜集過程、問卷審核、問卷編碼、數據錄入等。

（2）利用本實驗的真實數據，用學過的統計方法進行模擬計算和分析，使學生真正領會和把握各種統計分析方法在實際應用中的意義和作用，並對分析結果的現實意義進行解釋和說明。同時，學會選擇恰當的統計分析方法分析和解決實際問題。

（3）根據本實驗的思路，由學生自己組織一次調查，對感興趣的問題進行問卷調查，然後對調查來的問卷數據進行整理和分析，要求運用《統計學》中的大部分分析方法。

（4）通過這個實驗，培養和提高學生的調查研究能力和統計分析能力。

（5）鍛煉學生寫作調查分析報告的能力。

二、實驗簡介

經過數據搜集取得一手或二手數據後，需要對數據進行整理，然後選擇一些統計分析方法，如描述統計、抽樣推斷、相關分析、迴歸分析、趨勢分析等，認識變量分佈的特徵、變量之間的相互關係和變量之間的變化規律。本實驗通過對靜態數據的搜集，系統介紹了數據的統計處理過程，包括數據整理、統計圖表、描述統計、分類研究、相關分析、迴歸分析等。該實驗屬於綜合實驗，它綜合運用了前述實驗一至實驗六的大部分知識。

具體而言，該實驗要對2016年中國31個省（直轄市、自治區）的城鄉居民收入差距進行分析。實驗包括變量的選擇、數據的搜集、數據的整理、數據的圖表顯示、相關分析和迴歸分析等。

三、實驗過程

本實驗研究的對象是某一特定時間的靜態數據集，為了對其有一個全面和透澈的初步認識，一般應對其進行基本的特徵描述和揭示各特徵之間主要的相互關係。據此，實驗的過程為：

第一步，變量的選擇。

第二步，數據搜集，並對部分數據作處理，得到各變量的值。

第三步，分別對各變量按值的大小排序，以大概認識各變量的變化範圍及其一般水準。

第四步，對各變量做描述統計，進一步認識各變量的分佈特徵，包括算術平均數、中位數、標準差、峰度等。

第五步，分別繪製各變量的直方圖，以直觀認識各變量的分佈形態。

第六步，對各變量之間的關係作相關分析，瞭解各變量之間的依存關係，瞭解影響城鄉居民收入差距的主要因素。

第七步，在相關分析的基礎上進行迴歸分析，更深層次地對影響城鄉居民收入差距的因素作分析。

第八步，在上述分析的基礎上，給出關於城鄉居民收入差距的定量認識結論。

本實驗的數據處理均在 Excel 2007 上實現。

(一) 變量的選擇

要研究城鄉居民收入差距，必然涉及城鎮和農村居民的收入，採用城鎮居民人均可支配收入和農村居民人均可支配收入指標分別測度城鎮居民和農村居民收入，城鄉居民收入差距等於城鎮居民人均可支配收入減農村居民人均可支配收入。城鄉居民收入差距是本實驗的被解釋變量，代碼 y。

美國著名經濟學家、統計學家庫茲涅茨在 1955 年發表的《經濟發展與收入不平等》的論文中，提出了收入差距的「倒 u 假說」。他提出「收入分配不平等的長期趨勢可以假設為：在前工業文明向工業文明過渡的經濟增長早期階段迅速擴大，爾後是短暫穩定，然後在增長的後期逐漸縮小」。也就是說，經濟發展水準要影響到收入差距。因此，本實驗選擇人均地區生產總值作為一個影響變量，代碼 x_1。

許多學者認為，國家長期以來「輕農村、重城市」的政策是帶來城鄉收入差距拉大的重要原因。在資金的投入上，國家對城市的投入大大高於農村，由於投入不足，農村基礎設施薄弱，農業科技含量低，農業勞動生產率低，因而造成城鄉居民收入差距不斷拉大。因此，本實驗選擇農業支出占地區財政支出的比重作為一個影響變量，代碼 x_2。本實驗的農業支出是廣義的農業支出，指統計年鑒中財政支出中的農林水事務支出、包括農業支出、林業支出、水利支出、扶貧支出、農業綜合開發支出等。

城市化是農村人口向城市人口轉化，人類的生產生活方式由農村型向城市型轉化的一種社會現象。城市化水準常常用城鎮人口占總人口的比重來衡量。在經濟持續增長的情況下，若指標值擴大，意味著城市化程度提高，農村剩餘勞動力不斷轉移，農民收入水準提

高,城鄉居民收入差距縮小,反之則收入差距擴大。因此,本實驗選擇城市化水準作為一個影響變量,代碼 x_3。變量及其意義見表2-7-1。

表2-7-1　　　　　　　　　實驗七中使用的變量

變量名稱	符號	計算公式	單位
城鄉居民收入差距	y	城鎮居民人均可支配收入 － 農村居民人均可支配收入	元
人均地區生產總值	x_1	$\dfrac{當年價GDP}{常住人口數}$	元
農業支出占地區財政支出比重	x_2	$\dfrac{農業支出}{地方財政一般預算支出}$	%
城鎮人口比重	x_3	$\dfrac{城鎮人口}{年末常住人口}$	%

(二) 數據搜集及初步處理

本實驗選擇通過中華人民共和國國家統計局官網搜集數據。

1. 搜集2016年中國31個省(直轄市、自治區) 城鎮居民人均可支配收入數據。

第一步,連接互聯網。

第二步,輸入中華人民共和國國家統計局網址 http://www.stats.gov.cn/,單擊回車鍵。頁面顯示如圖2-7-1。

圖2-7-1　國家統計局網首頁

第三步,單擊「數據查詢」欄目,頁面顯示如圖2-7-2。

統計學實驗

圖2-7-2 「數據查詢」界面

第四步，單擊「地區數據」欄目中的「分省年度數據」欄目，頁面顯示如圖2-7-3。

圖2-7-3 「分省年度數據」界面

第五步，單擊「人民生活」，頁面顯示如圖2-7-4。

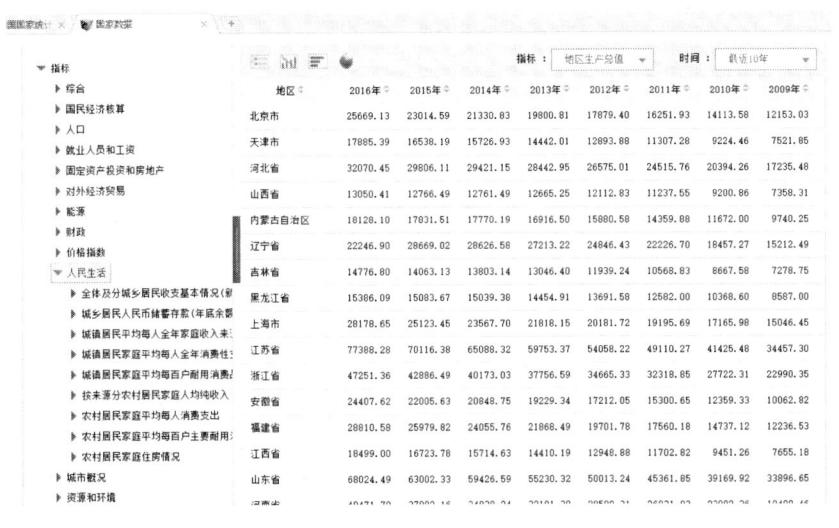

圖2-7-4 「人民生活」界面

單擊展開的第二級目錄中「全體及分城鄉居民收支基本情況(新口徑)」，頁面如圖2-7-5。

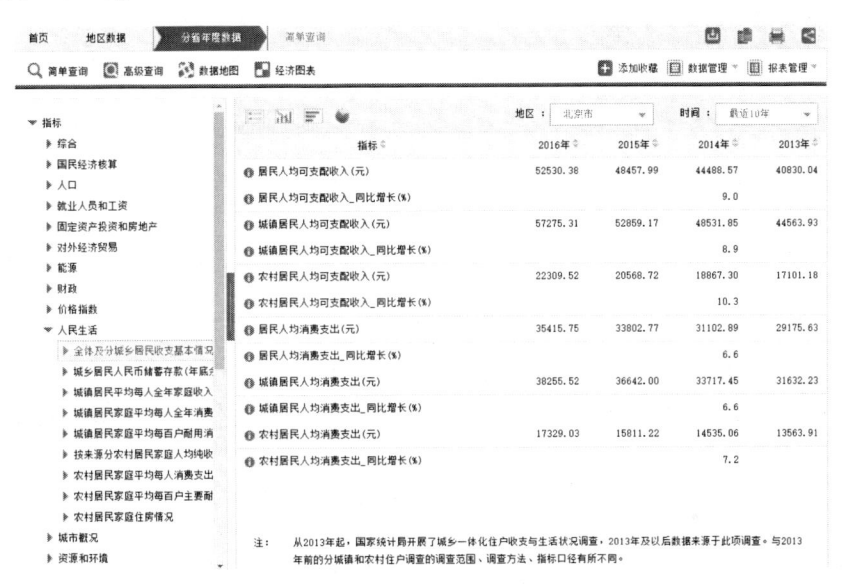

圖2-7-5 「全體及分城鄉居民收支基本情況(新口徑)」界面

第六步，在「地區」欄目中選擇「序列」，頁面如圖2-7-6。

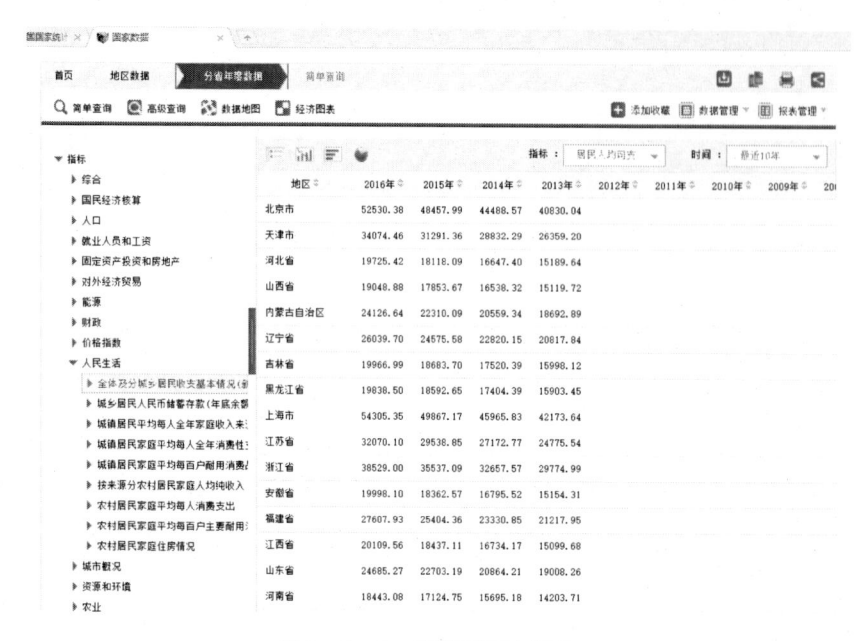

圖2-7-6 選擇「序列」界面

在「指標」欄目中選擇「城鎮居民人均可支配收入(元)」，頁面顯示如圖2-7-7。

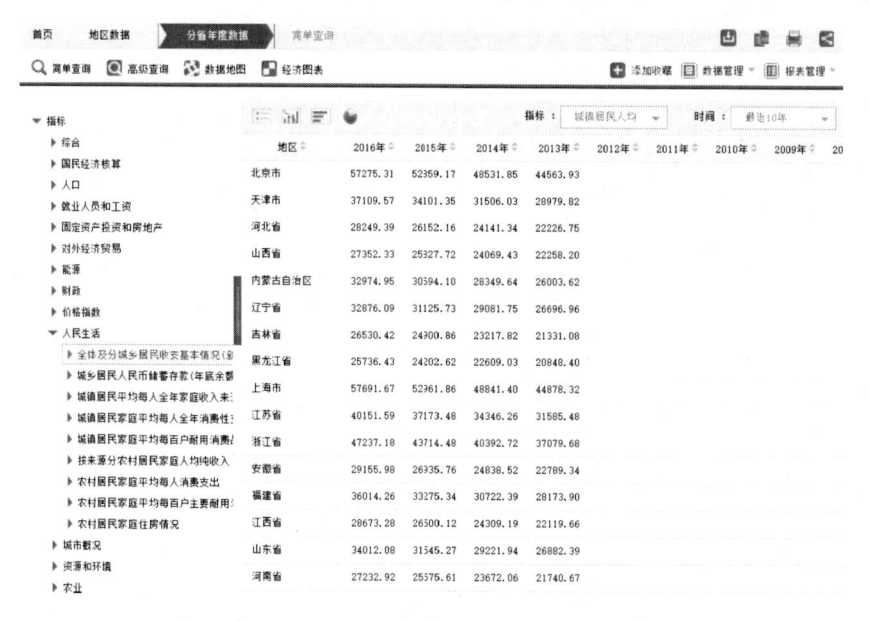

圖2-7-7 選擇「城鎮居民人均可支配收入(元)」界面

第七步,單擊下載選項,選擇用「Excel」格式下載,頁面顯示如圖2-7-8。

圖2-7-8　文件下載界面

第八步,打開下載好的文件,得到圖2-7-9所示結果。

圖2-7-9　文件顯示結果界面

可以看到,在文件中已經顯示了一系列關於城鎮居民家庭收入來源的數據,其中包括

我們需要的2016年31個省(直轄市、自治區)的城鎮居民人均可支配收入數據。

第十步,將2016年城鎮居民人均可支配收入數據複製到Excel工作表中。

2. 搜集2016年中國31個省(直轄市、自治區)農村居民人均可支配收入數據。

第一步,在搜集城鎮居民人均可支配收入數據後,在「指標」欄目中選擇「農村居民人居可支配收入(元)」,頁面如圖2-7-10所示。

圖2-7-10　選擇「農村居民人均可支配收入(元)」

第二步,單擊下載選項,選擇「Excel」格式下載,頁面顯示如圖2-7-11所示。

圖2-7-11　文件下載界面

第三步,打開已下載的文件,得到圖 2 - 7 - 12 所示結果。可以看出,在右邊已經顯示了若干年的農村居民家庭人均可支配收入的數據,其中包括我們需要的 2016 年的數據。

文件(F) 編輯(E) 視圖(V) 插入(I) 格式(O) 工具(T) 數據(D) 窗口(W) 幫助(H)

	A	B	C	D	E	F	G	H	I	J
1	数据库：分省年度数据									
2	指标：农村居民人均可支配收入(元)									
3	时间：最近10年									
4	地区	2016年	2015年	2014年	2013年	2012年	2011年	2010年	2009年	2008年
5	北京市	22309.52	20568.72	18867.3	17101.18					
6	天津市	20075.64	18481.63	17014.18	15352.6					
7	河北省	11919.35	11050.51	10186.14	9187.71					
8	山西省	10082.45	9453.91	8809.44	7949.47					
9	内蒙古自治区	11609	10775.89	9976.3	8984.92					
10	辽宁省	12880.71	12056.87	11191.49	10161.21					
11	吉林省	12122.94	11326.17	10780.12	9780.68					
12	黑龙江省	11831.85	11095.22	10453.2	9369.01					
13	上海市	25520.4	23205.2	21191.64	19208.31					
14	江苏省	17605.64	16256.7	14958.44	13521.29					
15	浙江省	22866.07	21125	19373.28	17493.92					
16	安徽省	11720.47	10820.73	9916.42	8850					
17	福建省	14999.19	13792.7	12650.19	11404.85					
18	江西省	12137.72	11139.08	10116.58	9088.78					
19	山东省	13954.06	12930.37	11882.26	10686.86					
20	河南省	11696.74	10852.86	9966.07	8969.11					
21	湖北省	12724.97	11843.89	10849.06	9691.8					
22	湖南省	11930.41	10992.55	10060.17	9028.55					
23	广东省	14512.15	13360.44	12245.56	11067.79					
24	广西壮族自治区	10359.47	9466.58	8683.18	7793.08					
25	海南省	11842.86	10857.55	9912.57	8801.73					
26	重庆市	11548.79	10504.71	9489.82	8492.55					
27	四川省	11203.13	10247.35	9347.74	8380.69					
28	贵州省	8090.28	7386.87	6671.22	5897.77					
29	云南省	9019.81	8242.08	7456.13	6723.64					
30	西藏自治区	9093.85	8243.68	7359.2	6553.38					
31	陕西省	9396.45	8688.91	7932.21	7092.2					
32	甘肃省	7456.85	6936.21	6276.59	5588.78					
33	青海省	8664.36	7933.41	7282.73	6461.59					
34	宁夏回族自治区	9851.63	9118.69	8410.02	7598.67					
35	新疆维吾尔自治区	10183.18	9425.08	8723.83	7846.59					
36	注：从2013年起，国家统计局开展了城乡一体化住户收支与生活状况调查，2013年及以后数据来源于此项调查。与2013年前的分城镇和农村住户调查的调查范围、调查方法、指标口径有所不同。									
37	数据来源：国家统计局									

圖 2 - 7 - 12　文件顯示界面

第四步,將 2016 年農村居民人均純收入數據複製到 Excel 工作表中。

3. 搜集 2016 年中國 31 個省(直轄市、自治區) 人均地區生產總值數據。

第一步,在搜集農村居民人均可支配收入數據後,單擊「國民經濟核算」,頁面顯示如圖 2 - 7 - 13 所示。

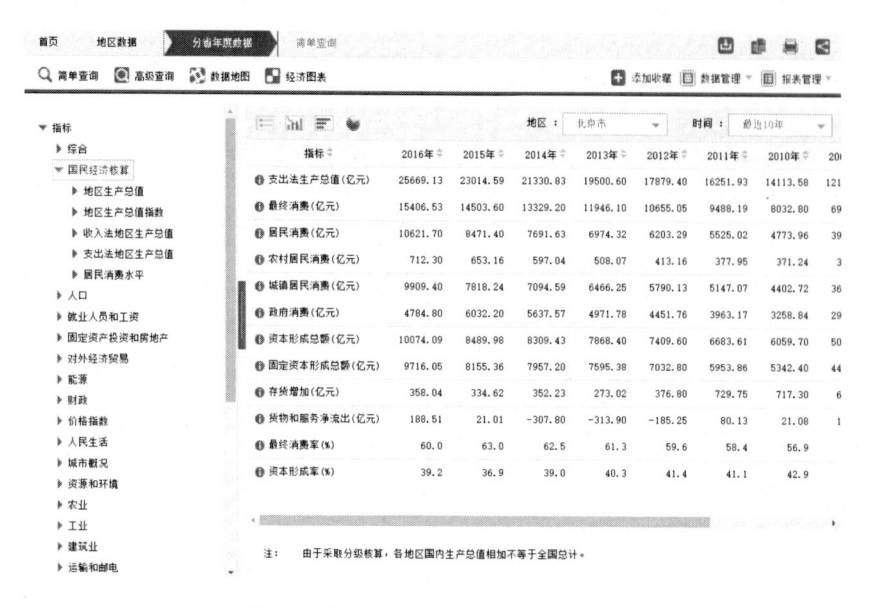

圖 2-7-13 「國民經濟核算」界面

第二步,在「國民經濟核算」展開的第二級目錄中找到「地區生產總值」,並單擊「地區生產總值」,頁面顯示如圖 2-7-14 所示。

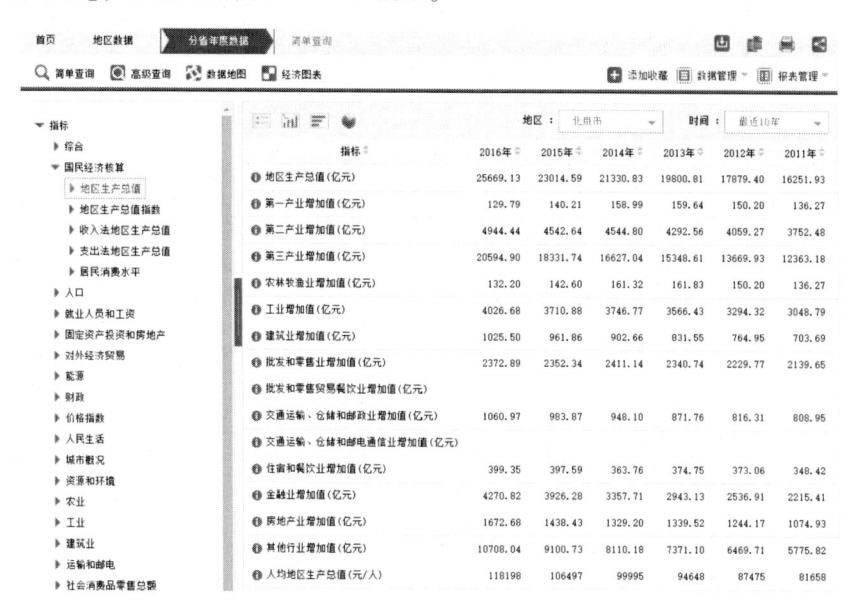

圖 2-7-14 「地區生產總值」界面

第三步,在「地區」欄目中選擇「序列」,得到圖 2-7-15 所示結果。

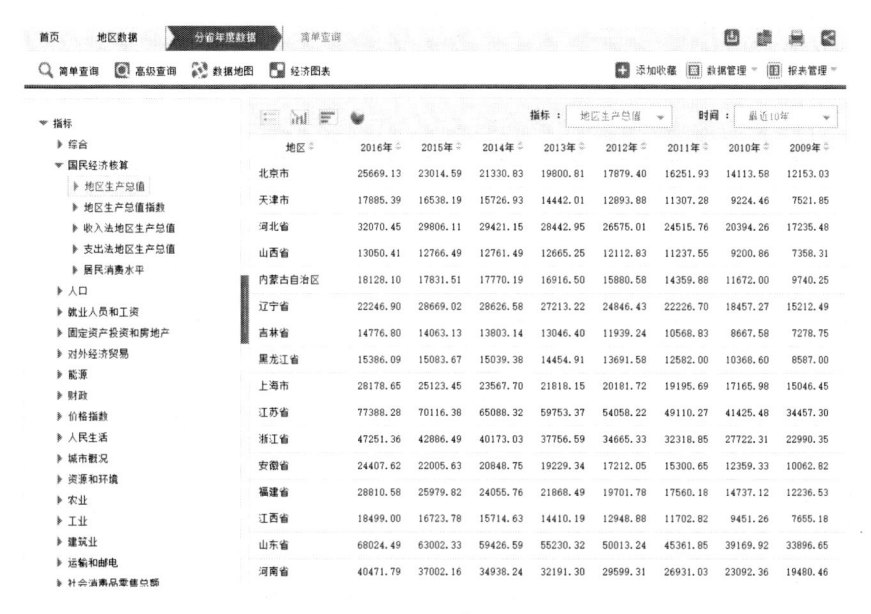

圖 2-7-15　選擇「序列」

在「指標」欄目中選擇「人均地區生產總值(元／人)」，頁面顯示如圖 2-7-16 所示。

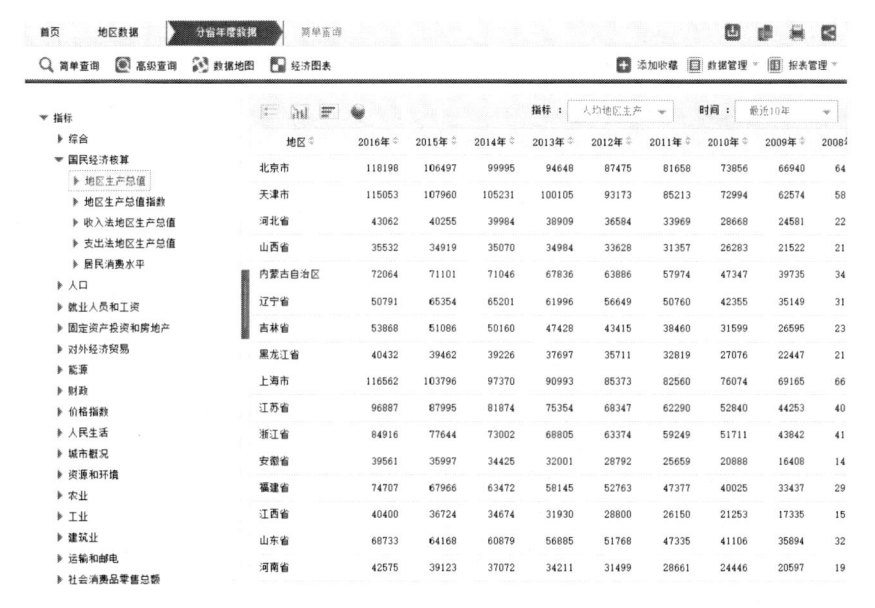

圖 2-7-16　選擇「人均地區生產總值(元／人)」

第四步，單擊下載選項，選擇「Excel」格式下載，頁面顯示如圖 2-7-17 所示。

第二部分　基於 Excel 的統計學實驗

133

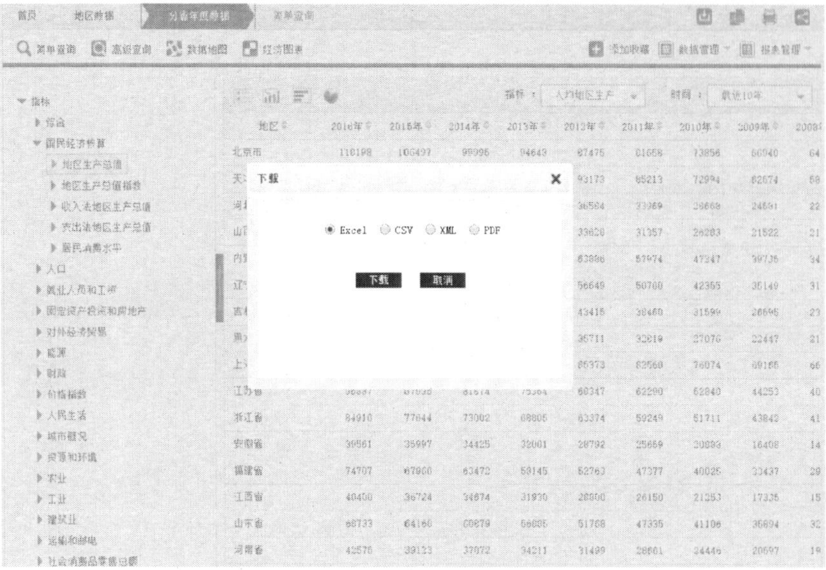

圖 2 － 7 － 17　**文件下載界面**

第五步，打開已下載的文件，得到圖 2 － 7 － 18 所示結果。可以看到，在右邊已經顯示了若干年的人均地區生產總值的數據，其中包括我們需要的 2016 年的數據。

数据库：分省年度数据
指标：人均地区生产总值(元/人)
时间：最近10年

地区	2016年	2015年	2014年	2013年	2012年	2011年	2010年	2009年	2008年	2007年
北京市	118198	106497	99995	94648	87475	81658	73856	66940	64491	60096
天津市	115053	107960	105231	100105	93173	85213	72994	62574	58656	47970
河北省	43062	40255	39984	38909	36584	33969	28668	24581	22986	19662
山西省	35532	34919	35070	34984	33628	31357	26283	21522	21506	17805
内蒙古自治区	72064	71101	71046	67836	63886	57974	47347	39735	34869	26521
辽宁省	50791	65354	65201	61996	56649	50760	42355	35149	31739	26057
吉林省	53868	51086	50160	47428	43415	38460	31599	26595	23521	19383
黑龙江省	40432	39462	39226	37697	35711	32819	27076	22447	21740	18580
上海市	116562	103796	97370	90993	85373	82560	76074	69165	66932	62041
江苏省	96887	87995	81874	75354	68347	62290	52840	44253	40014	33837
浙江省	84916	77644	73002	68805	63374	59249	51711	43842	41405	36676
安徽省	39561	35997	34425	32001	28792	25659	20888	16408	14448	12039
福建省	74707	67966	63472	58145	52763	47377	40025	33437	29755	25582
江西省	40400	36724	34674	31930	28800	26150	21253	17335	15900	13322
山东省	68733	64168	60879	56885	51768	47335	41106	35894	32936	27604
河南省	42575	39123	37072	34211	31499	28661	24446	20597	19181	16012
湖北省	55665	50654	47145	42826	38572	34197	27906	22677	19858	16386
湖南省	46382	42754	40271	36943	33480	29880	24719	20428	18147	14869
广东省	74016	67503	63469	58833	54095	50807	44736	39436	37638	33272
广西壮族自治区	38027	35190	33090	30741	27952	25326	20219	16045	14652	12277
海南省	44347	40818	38924	35663	32377	28898	23831	19254	17691	14923
重庆市	58502	52321	47850	43223	38914	34500	27596	22920	20490	16629
四川省	40003	36775	35128	32617	29608	26133	21182	17339	15495	12963
贵州省	33246	29847	26437	23151	19710	16413	13119	10971	9855	7878
云南省	31093	28806	27264	25322	22195	19265	15752	13539	12570	10609
西藏自治区	35184	31999	29252	26326	22936	20077	17027	15008	13588	12083
陕西省	51015	47626	46929	43117	38564	33464	27133	21947	19700	15546
甘肃省	27643	26165	26433	24539	21978	19595	16113	13269	12421	10614
青海省	43531	41252	39671	36875	33181	29522	24115	19454	18421	14507
宁夏回族自治区	47194	43805	41834	39613	36394	33043	26860	21777	19609	15142
新疆维吾尔自治区	40564	40036	40648	37553	33796	30087	25034	19942	19797	16999

数据来源：国家统计局

圖 2 － 7 － 18　**文件顯示界面**

第六步,將2016年人均地區生產總值數據複製到Excel工作表中。

4. 搜集2016年中國31個省(直轄市、自治區)年末常住人口數據。

第一步,在搜集人均地區生產總值數據後,單擊「人口」,頁面顯示如圖2－7－19所示。

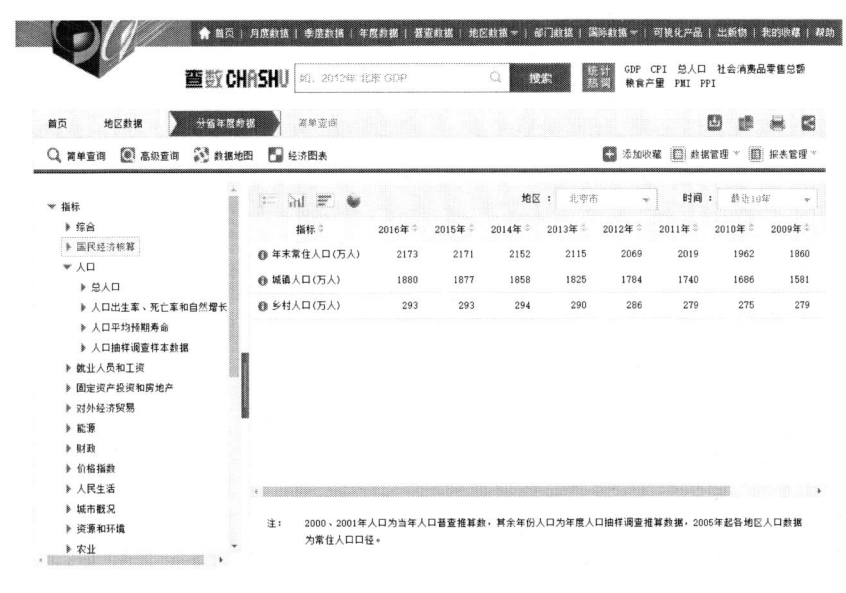

圖2－7－19 「人口」界面

在「人口」欄目展開的第二級目錄中找到「總人口」,並單擊「總人口」,頁面顯示如圖2－7－20所示。

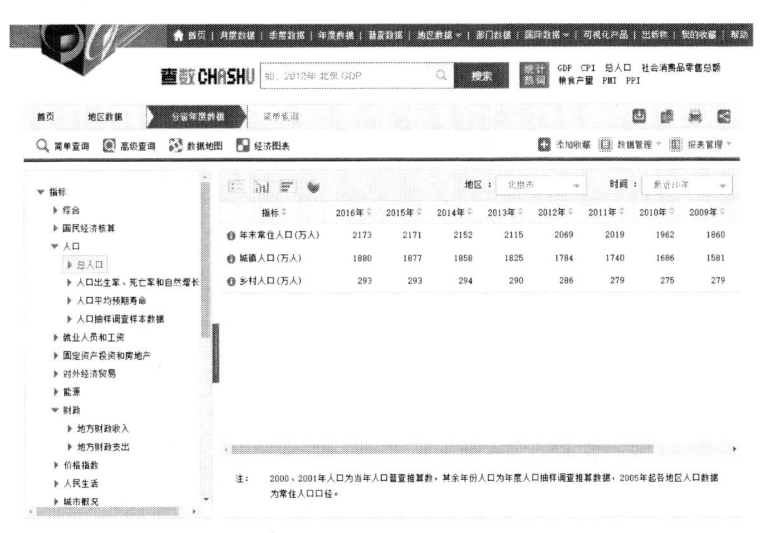

圖2－7－20 「總人口」界面

第二步,在「地區」欄目中選擇「序列」,得到圖 2-7-21 所示結果。

圖 2-7-21　選擇「序列」

在「指標」欄目中選擇「年末常住人口(萬人)」,頁面顯示如圖 2-7-22 所示。

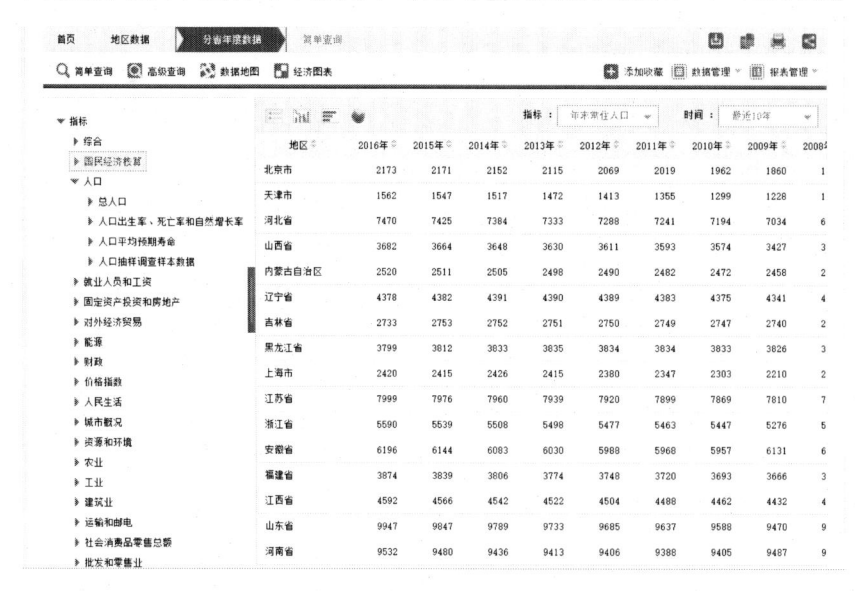

圖 2-7-22　選擇「年末常住人口(萬人)」

第三步,單擊下載選項,選擇「Excel」格式下載,頁面顯示如圖 2 - 7 - 23 所示。

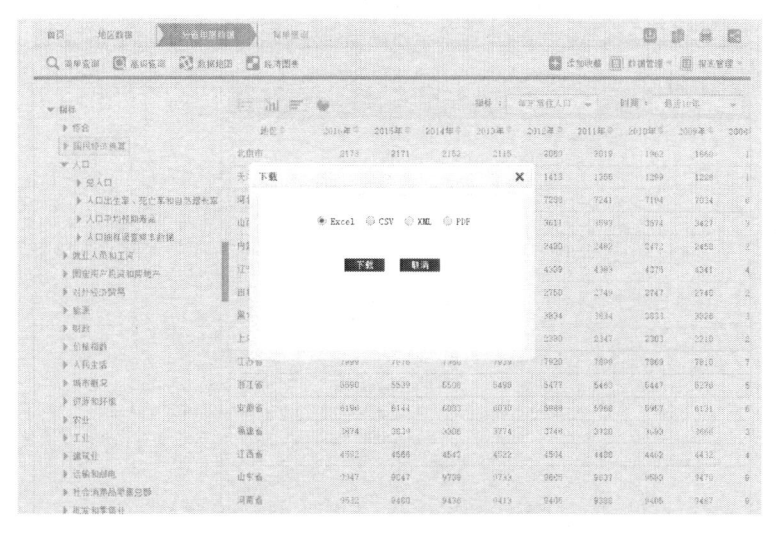

圖 2 - 7 - 23　文件下載界面

第四步,打開已下載的文件,得到圖 2 - 7 - 24 所示結果。可以看到,在右邊已經顯示了若干年的年末常住人口的數據,其中包括我們需要的 2016 年的數據。

圖 2 - 7 - 24　文件顯示界面

第五步,將 2016 年年末常住人口數據複製到 Excel 工作表中。

5. 搜集 2016 年中國 31 個省(直轄市、自治區) 城鎮人口數據。

第一步,在搜集年末常住人口數據後,在「指標」欄目中選擇「城鎮人口(萬人)」,頁面顯示如圖 2 - 7 - 25 所示。

圖 2 - 7 - 25 　「城鎮人口(萬人)」界面

第二步,單擊下載選項,選擇「Excel」格式下載,頁面顯示如圖 2 - 7 - 26 所示。

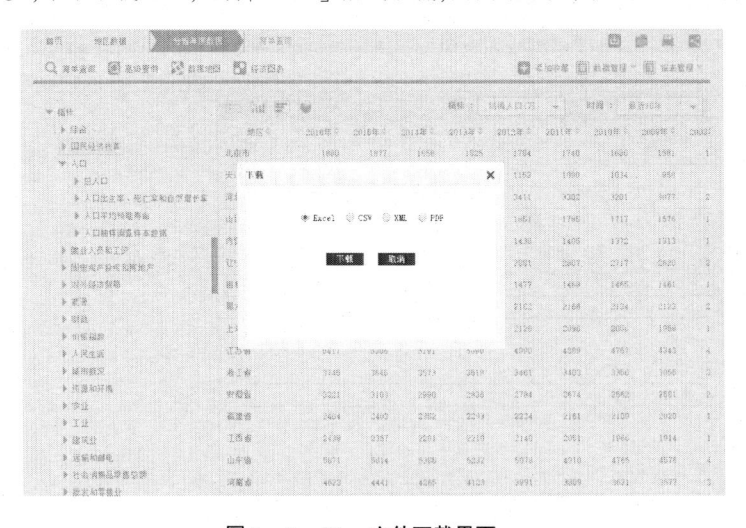

圖 2 - 7 - 26 　文件下載界面

第三步,打開已下載的文件,得到圖 2 - 7 - 27 所示結果。可以看到,在右邊已經顯示了若干年的城鎮人口的數據,其中包括我們需要的 2016 年的數據。

地区	2016年	2015年	2014年	2013年	2012年	2011年	2010年	2009年	2008年	2007年
北京市	1880	1877	1858	1825	1784	1740	1686	1581	1504	1416
天津市	1295	1278	1248	1207	1152	1090	1034	958	908	851
河北省	3983	3811	3642	3528	3411	3302	3201	3077	2928	2795
山西省	2070	2016	1962	1908	1851	1795	1717	1576	1539	1494
内蒙古自治区	1542	1514	1491	1466	1438	1405	1372	1313	1264	1218
辽宁省	2949	2952	2944	2917	2801	2807	2717	2620	2591	2544
吉林省	1530	1523	1509	1491	1477	1468	1465	1461	1455	1451
黑龙江省	2249	2241	2224	2201	2182	2166	2134	2123	2119	2061
上海市	2127	2116	2173	2164	2126	2096	2056	1958	1897	1830
江苏省	5417	5306	5191	5090	4889	4767	4343	4215	4109	
浙江省	3745	3645	3573	3519	3461	3403	3356	3055	3002	2949
安徽省	3221	3103	2990	2886	2784	2674	2562	2581	2495	2360
福建省	2464	2403	2352	2293	2234	2161	2109	2020	1929	1857
江西省	2438	2357	2281	2210	2140	2051	1966	1914	1820	1739
山东省	5871	5614	5385	5232	5078	4910	4765	4576	4483	4379
河南省	4623	4441	4265	4123	3991	3809	3621	3577	3397	3214
湖北省	3419	3327	3238	3161	3092	2984	2847	2631	2581	2525
湖南省	3599	3452	3320	3209	3097	2975	2845	2767	2689	2571
广东省	7611	7454	7292	7212	7140	6986	6910	6423	6269	6099
广西壮族自治区	2326	2257	2187	2115	2038	1942	1844	1904	1839	1728
海南省	521	502	486	472	457	443	433	425	410	399
重庆市	1908	1838	1783	1733	1678	1606	1529	1475	1419	1360
四川省	4066	3912	3769	3640	3516	3367	3232	3168	3044	2893
贵州省	1570	1483	1404	1325	1260	1213	1176	1057	1047	1026
云南省	2148	2055	1967	1897	1831	1704	1597	1554	1499	1426
西藏自治区	98	90	82	74	70	69	68	66	64	62
陕西省	2110	2045	1985	1931	1877	1770	1709	1621	1565	1506
甘肃省	1166	1123	1080	1036	999	953	925	891	856	822
青海省	306	296	290	280	272	263	252	234	226	221
宁夏回族自治区	369	355	340	328	329	319	303	288	278	269
新疆维吾尔自治区	1159	1115	1059	1007	962	962	940	860	845	820

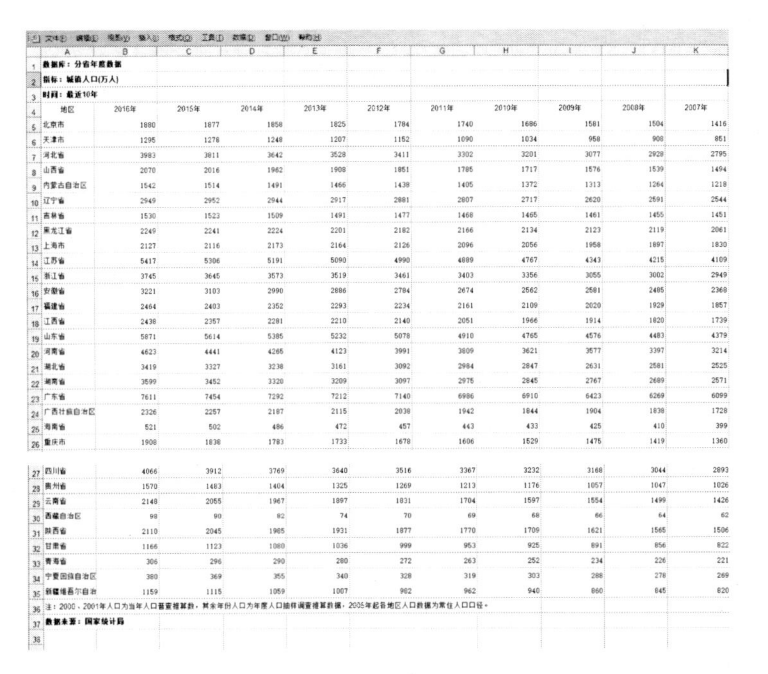

图2-7-27　文件顯示界面

第四步,將2016年城鎮人口數據複製到Excel工作表中。

6. 搜集2016年中國31個省(直轄市、自治區)農業支出數據。

第一步,在搜集城鎮人口數據後,單擊「財政」,頁面顯示如圖2-7-28所示。

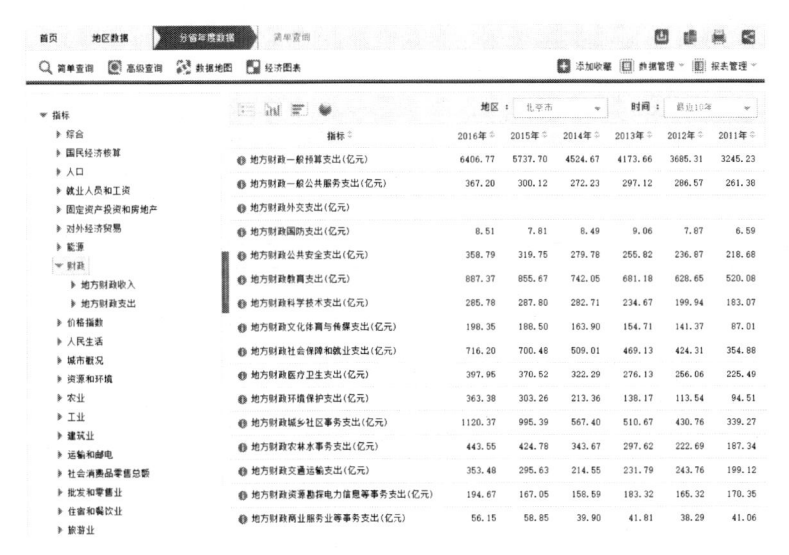

指標	2016年	2015年	2014年	2013年	2012年	2011年
地方財政一般預算支出(亿元)	6406.77	5737.70	4524.67	4173.66	3685.31	3245.23
地方財政一般公共服務支出(亿元)	367.20	300.12	272.23	297.12	206.57	261.38
地方財政外交支出(亿元)						
地方財政國防支出(亿元)	8.51	7.81	8.49	9.06	7.87	6.59
地方財政公共安全支出(亿元)	358.79	319.75	279.78	255.82	236.87	218.68
地方財政教育支出(亿元)	887.37	855.67	742.05	681.18	628.65	520.08
地方財政科學技術支出(亿元)	285.78	287.80	282.71	234.67	199.94	183.07
地方財政文化體育與傳媒支出(亿元)	198.35	186.50	163.90	154.71	141.37	87.01
地方財政社會保障和就業支出(亿元)	716.20	700.46	509.01	469.13	424.31	354.86
地方財政醫療衛生支出(亿元)	397.95	370.52	322.29	276.13	256.06	225.49
地方財政環境保護支出(亿元)	363.38	303.26	213.36	138.17	113.54	94.51
地方財政城鄉社區事務支出(亿元)	1120.37	995.39	567.40	510.67	430.76	339.27
地方財政農林水事務支出(亿元)	443.55	424.78	343.67	297.62	222.69	187.34
地方財政交通運輸支出(亿元)	353.48	295.63	214.55	231.79	243.76	199.12
地方財政資源勘探電力信息等事務支出(亿元)	194.67	167.05	158.59	183.32	165.32	170.35
地方財政商業服務業等事務支出(亿元)	56.15	58.85	39.90	41.81	38.29	41.06

图2-7-28　「財政」界面

第二步,在「財政」欄目展開的第二級目錄中找到「地方財政支出」,並單擊「地方財政支出」,頁面顯示如圖2-7-29所示。

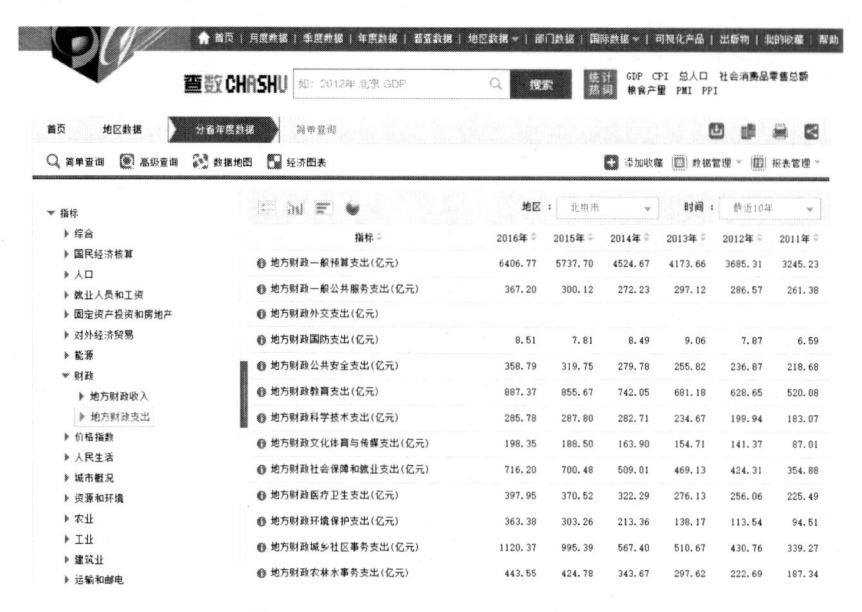

圖2-7-29 「地方財政支出」界面

第三步,在「地區」欄目中選擇「序列」,得到圖2-7-30所示結果。

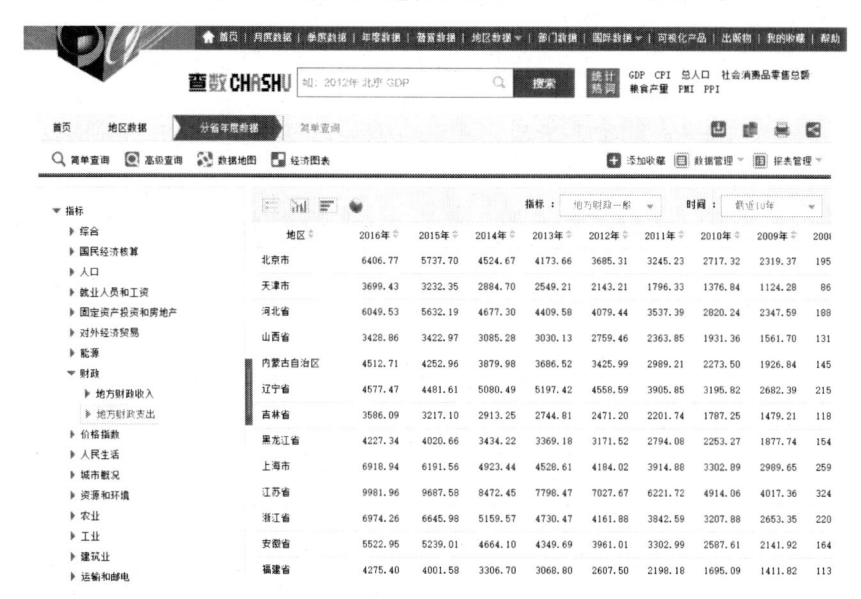

圖2-7-30 選擇「序列」界面

第四步,在「指標」欄目中選擇「地方財政農林水事務支出(億元)」,頁面顯示如圖 2-7-31 所示。

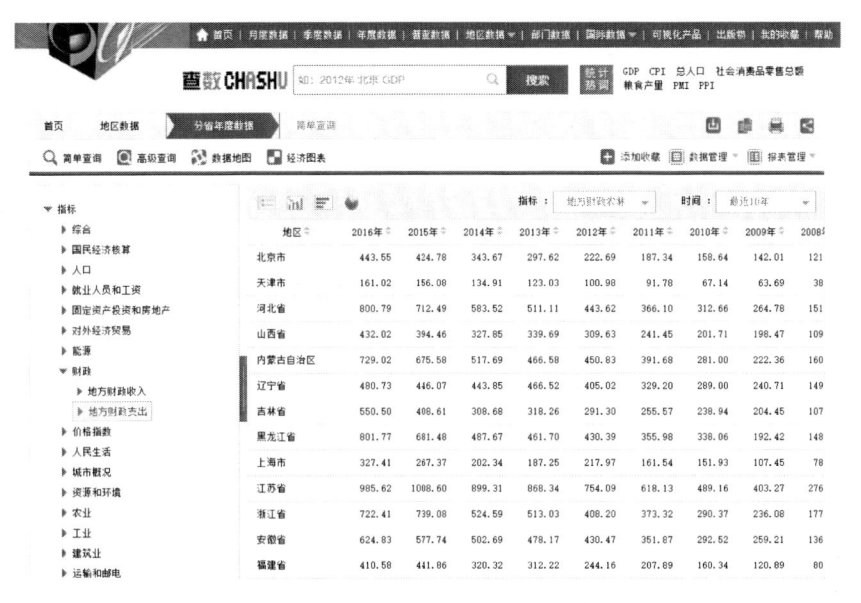

圖 2-7-31 「地方財政農林水事務支出(億元)」界面

第五步,單擊下載選項,選擇「Excel」格式下載,頁面顯示如圖 2-7-32 所示。

圖 2-7-32 文件下載界面

第六步,打開已下載的文件,得到圖 2 - 7 - 33 所示結果。可以看到,在右邊已經顯示了若干年的地方財政農林水事務支出的數據,其中包括我們需要的 2016 年的數據。

文件(F) 编辑(E) 视图(V) 插入(I) 格式(O) 工具(T) 数据(D) 窗口(W) 帮助(H)

	A	B	C	D	E	F	G	H	I	J	K
1	数据库：分省年度数据										
2	指标：地方财政农林水事务支出(亿元)										
3	时间：最近10年										
4	地区	2016年	2015年	2014年	2013年	2012年	2011年	2010年	2009年	2008年	2007年
5	北京市	443.55	424.78	343.67	297.62	222.69	187.34	158.64	142.01	121.77	102.51
6	天津市	161.02	156.08	134.91	123.03	100.98	91.78	67.14	63.69	38.54	26.8
7	河北省	800.79	712.49	583.52	511.11	443.62	366.1	312.66	264.78	151.9	111.97
8	山西省	432.02	394.46	327.85	339.69	309.63	241.45	201.71	198.47	109.69	84.54
9	内蒙古自治区	729.02	675.58	517.69	466.58	450.83	391.68	281	222.36	160.72	108.52
10	辽宁省	480.73	446.07	443.85	466.52	405.02	329.2	289	240.71	149.29	121.8
11	吉林省	550.5	408.61	308.68	318.26	291.3	255.57	238.94	204.45	107.34	80.07
12	黑龙江省	801.77	681.48	487.67	461.7	430.39	355.98	338.06	192.42	148.15	106.02
13	上海市	327.41	267.37	202.34	187.25	217.97	161.54	151.93	107.45	78.97	62.6
14	江苏省	985.62	1008.6	899.31	868.34	754.09	618.13	489.16	403.27	276.16	193.63
15	浙江省	722.41	739.08	524.59	513.03	408.2	373.32	290.37	236.08	177.42	142.15
16	安徽省	624.83	577.74	502.69	478.17	430.47	351.87	292.52	259.21	136.75	103.52
17	福建省	410.58	441.86	320.32	312.22	244.16	207.89	160.34	120.89	80.43	61.49
18	江西省	580.9	557.3	500.15	438.54	384.77	287.99	232.34	203.41	147.02	103.57
19	山东省	943.44	964.42	772.84	748.14	673.82	564	465.98	369.35	235.3	163.01
20	河南省	807.06	791.63	661.94	629.85	551.73	480.48	399.19	361.6	209.59	152.51
21	湖北省	704.59	616.57	483.8	465.34	419.02	376.23	305.44	254.92	176.7	127.57
22	湖南省	729.75	676.24	557.59	516.55	447.74	394.26	322.65	276.29	176.38	125.92
23	广东省	715.44	811.9	557.59	595.28	539.56	420.34	325.02	279.21	192.6	172.53
24	广西壮族自治区	573.48	497.53	391.29	371.9	369.07	314.86	260.26	210.74	139.4	89.82
25	海南省	179.04	164.24	146.3	139.03	123.62	105.63	87.68	83.08	55.41	22.96
26	重庆市	347.99	331.33	291.62	281.94	256.35	198.91	159.18	125.42	76.72	55.97
27	四川省	988.71	926.65	826.59	741.78	654.95	545.7	401.76	322.76	242.61	175.65
28	贵州省	629.38	534.26	447.19	400.31	361.87	278.47	246.76	204.13	121.71	87.53
29	云南省	712.92	641.52	594.45	538.97	518.6	409.8	327.21	267.28	177.77	127.6
30	西藏自治区	243.28	200.27	169.24	148.79	142.62	126.53	89.11	84.71	62.87	40.31
31	陕西省	543.3	520.58	445.97	419.62	376.45	333.79	267.16	220.72	146.29	100.09
32	甘肃省	488.1	497.05	366.17	346.58	302.37	237.66	196.27	158.95	107.34	84.74
33	青海省	232.35	204.41	190.04	159.69	134.31	104.74	69.5	57.85	42.44	29.27
34	宁夏回族自治区	201.29	166.27	157.05	149.38	139.8	112.19	94.23	68.68	45.2	27.92
35	新疆维吾尔自治区	717.02	605.34	477.27	387.42	365.39	297.59	220.5	196.78	143.16	98.43
36	数据来源：国家统计局										

圖 2 - 7 - 33　文件顯示界面

第七步,將 2016 年農業支出的數據複製到 Excel 工作表中。

7. 搜集 2016 年中國 31 個省(直轄市、自治區)地方財政一般預算支出數據。

第一步,在「指標」欄目中選擇「地方財政一般預算支出(億元)」,頁面顯示如圖 2 - 7 - 34 所示。

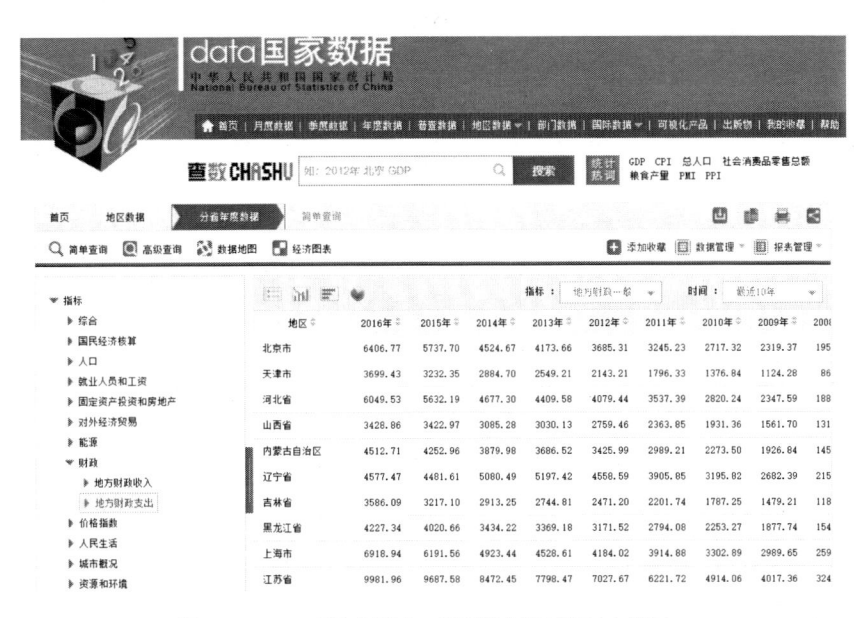

图 2-7-34 「地方財政一般預算支出(億元)」界面

第二步,單擊下載選項,選擇「Excel」格式下載,頁面顯示如圖 2-7-35 所示。

圖 2-7-35　文件下載界面

第三步,打開已下載的文件,得到圖 2-7-36 所示結果。可以看到,在右邊已經顯示了若干年的地方財政一般預算支出的數據,其中包括我們需要的 2016 年的數據。

	A	B	C	D	E	F	G	H	I	J	K
1	數據庫：分省年度數據										
2	指標：地方財政一般預算支出(亿元)										
3	時間：最近10年										
4	地區	2016年	2015年	2014年	2013年	2012年	2011年	2010年	2009年	2008年	2007年
5	北京市	6406.77	5737.7	4524.67	4173.66	3685.31	3245.23	2717.32	2319.37	1959.29	1649.5
6	天津市	3699.43	3232.35	2884.7	2549.21	2143.21	1796.3	1376.84	1124.28	867.72	674.33
7	河北省	6049.53	5632.19	4677.3	4409.58	4079.44	3537.39	2820.24	2347.59	1981.67	1506.65
8	山西省	3428.86	3422.97	3085.28	3030.13	2759.46	2363.85	1931.36	1561.7	1315.02	1049.92
9	內蒙古自治區	4512.71	4252.96	3879.98	3686.52	3425.99	2989.21	2273.5	1926.84	1454.57	1082.31
10	辽宁省	4577.47	4481.61	5080.49	5197.42	4558.59	3905.85	3195.82	2682.39	2153.43	1764.28
11	吉林省	3586.09	3217.1	2913.25	2744.81	2471.2	2201.74	1787.25	1479.21	1180.12	883.76
12	黑龙江省	4227.34	4020.66	3434.22	3369.18	3171.52	2794.08	2253.27	1877.74	1542.3	1187.27
13	上海市	6918.94	6191.56	4923.44	4528.61	4184.02	3914.88	3302.89	2989.65	2593.92	2181.68
14	江蘇省	9981.96	9687.58	8472.45	7798.47	7027.67	6221.72	4914.06	4017.36	3247.49	2553.72
15	浙江省	6974.26	6645.98	5159.57	4730.47	4161.88	3842.59	3207.88	2653.35	2208.58	1806.79
16	安徽省	5522.95	5238.01	4664.1	4349.69	3961.01	3302.99	2587.61	2141.92	1647.13	1243.83
17	福建省	4275.4	4001.58	3306.7	3068.8	2607.5	2198.18	1695.09	1411.82	1137.72	910.64
18	江西省	4617.4	4412.55	3882.7	3470.3	3019.24	2534.6	1923.26	1562.37	1210.07	905.06
19	山東省	8755.21	8250.01	7177.31	6698.8	5904.52	5002.07	4145.03	3267.67	2704.66	2261.85
20	河南省	7453.74	6799.35	6026.69	5582.31	5006.4	4248.82	3416.14	2905.76	2281.61	1870.61
21	湖北省	6422.98	6132.84	4934.15	4371.65	3759.79	3214.74	2501.4	2090.92	1650.28	1277.33
22	湖南省	6339.16	5728.72	5017.38	4690.89	4119	3520.76	2702.48	2210.4	1765.22	1357.03
23	廣東省	13446.09	12827.8	9152.64	8411	7387.86	6712.4	5421.5	4334.37	3778.57	3159.57
24	廣西壯族自治區	4441.7	4065.51	3479.79	3208.67	2985.23	2545.28	2007.59	1621.82	1297.11	985.94
25	海南省	1376.48	1239.43	1099.74	1011.17	911.67	778.8	581.34	486.06	357.97	245.2
26	重慶市	4001.81	3792	3304.39	3062.28	3046.36	2570.24	1709.04	1292.09	1016.01	768.39
27	四川省	8008.89	7497.51	6796.61	6220.91	5450.99	4674.92	4257.98	3590.72	2948.83	1759.13
28	貴州省	4262.36	3939.5	3542.8	3082.66	2755.68	2249.4	1631.48	1372.27	1053.79	795.4
29	雲南省	5018.86	4712.83	4437.98	4096.51	3572.66	2929.6	2285.72	1952.34	1470.24	1135.22
30	西藏自治區	1587.98	1381.46	1185.51	1014.31	905.34	758.11	551.04	470.13	380.66	275.37
31	陝西省	4389.37	4376.06	3962.5	3665.07	3323.8	2930.81	2218.83	1841.64	1428.52	1053.97
32	甘肅省	3150.03	2958.31	2541.49	2309.62	2059.56	1791.24	1468.58	1246.28	968.43	675.34
33	青海省	1524.8	1515.16	1347.43	1228.05	1159.05	967.47	743.4	486.75	363.6	282.2
34	寧夏回族自治區	1254.54	1138.49	1000.45	922.48	864.36	705.91	557.53	432.36	324.61	241.85
35	新疆維吾爾自治區	4138.25	3804.87	3317.79	3067.12	2720.07	2284.49	1698.91	1346.91	1059.36	795.15
36	註：地方財政支出均為本級支出；2000年以前不包括國內外債務還本付息支出和利用國外債款收入安排的基本建設支出。										
37	數據來源：國家統計局										

圖 2－7－36　文件顯示界面

第四步，將2016年地方財政一般預算支出數據複製到Excel工作表中。

8. 對搜集到的數據進行處理

以上搜集到的7個指標的原始數據見附表1。

根據y、x_2、x_3的計算公式，利用Excel的函數功能，計算得到y、x_2、x_3的值，最後的數據與x_1一道列表放於Excel工作表中，見圖2－7－37。

	A	B	C	D	E
1		y	x1	x2	x3
2	地区	城乡居民收入差距(元)	人均地区生产总值（元）	农业支出占地区财政支出比重（%）	城镇人口比重（%）
3	北京市	34965.79	118198	6.92	86.52
4	天津市	17033.93	115053	4.35	82.91
5	河北省	16330.04	43062	13.24	53.32
6	山西省	17269.88	35532	12.60	56.22
7	内蒙古自治区	21365.95	72064	16.15	61.19
8	辽宁省	19995.38	50791	10.50	67.36
9	吉林省	14407.48	53868	15.35	55.98
10	黑龙江省	13904.58	40432	18.97	59.20
11	上海市	32171.27	116562	4.73	87.89
12	江苏省	22545.95	96887	9.87	67.72
13	浙江省	24371.11	84916	10.36	66.99
14	安徽省	17435.51	39561	11.31	51.99
15	福建省	21015.07	74707	9.60	63.60
16	江西省	16535.56	40400	12.58	53.09
17	山东省	20058.02	68733	10.78	59.02
18	河南省	15536.18	42575	10.83	48.50
19	湖北省	16660.83	55665	10.97	58.10
20	湖南省	19353.48	46382	11.51	52.76
21	广东省	23172.1	74016	5.32	69.20
22	广西壮族自治区	17964.96	38027	12.91	48.08
23	海南省	16610.61	44347	13.01	56.82
24	重庆市	18061.17	58502	8.70	62.60
25	四川省	17132.17	40003	12.35	49.21
26	贵州省	18652.33	33246	14.77	44.16
27	云南省	19590.76	31093	14.20	45.02
28	西藏自治区	18708.54	35184	15.32	29.61
29	陕西省	19043.64	51015	12.38	55.34
30	甘肃省	18236.61	27643	15.50	44.67
31	青海省	18093.05	43531	15.24	51.60
32	宁夏回族自治区	17301.38	47194	16.04	56.30
33	新疆维吾尔自治区	18280.25	40564	17.33	48.33

圖 2-7-37　數據

(三) 數據整理和描述

對數據進行整理和描述的具體步驟為：利用排序功能將數據按順序排列；利用「描述統計工具」計算描述統計指標；分析描述統計指標，即比較平均數、眾數、中位數的大小，確定偏度和峰度的大小等；確定組數和組距。當偏度不大時，用斯特格斯(Sturges) 經驗公式確定組數；當偏度較大時，以平均數為中心，以 K 倍標準差為組距。整理成分佈數列，繪製直方圖，顯示總體分佈特徵。

1. 對城鄉居民收入差距進行整理和描述

第一步，對城鄉居民收入差距排序。選定 A2:E33 區域，如圖 2-7-38。

圖 2-7-38　選定 A2:E33

選擇「數據」菜單的「排序」子菜單。在「排序」對話框的「主要關鍵詞」中輸入城鄉居民收入差距，選中「遞增」復選框，在「當前數據清單」欄目中選擇「有標題行」(見圖 2-7-39)。

圖 2-7-39　填寫「排序」對話框

點擊「確認」,得結果如圖2－7－40。

	A	B	C	D	E
1		y	x1	x2	x3
2	地區	城鄉居民收入差距(元)	人均地區生產總值(元)	農業支出占地區財政支出比重(%)	城鎮人口比重(%)
3	黑龙江省	13904.58	40432	18.97	59.20
4	吉林省	14407.48	53868	15.35	55.98
5	河南省	15536.18	42575	10.83	48.50
6	河北省	16330.04	43062	13.24	53.32
7	江西省	16535.56	40400	12.58	53.09
8	海南省	16610.61	44347	13.01	56.82
9	湖北省	16660.83	55665	10.97	58.10
10	天津市	17033.93	115053	4.35	82.91
11	四川省	17132.17	40003	12.35	49.21
12	山西省	17289.88	35532	12.60	56.22
13	寧夏回族自治區	17301.38	47194	16.04	56.30
14	安徽省	17435.61	39561	11.31	51.99
15	廣西壯族自治區	17964.96	38027	12.91	48.08
16	重庆市	18061.17	58502	8.70	62.60
17	青海省	18093.05	43531	15.24	51.60
18	甘肃省	18236.64	27643	15.50	44.67
19	新疆维吾尔自治区	18280.25	40564	17.33	48.33
20	貴州省	18652.33	33246	14.77	44.16
21	西藏自治區	18708.54	35184	15.32	29.61
22	陕西省	19043.64	51015	12.38	55.34
23	湖南省	19353.48	46382	11.51	52.76
24	云南省	19590.76	31093	14.40	45.02
25	辽宁省	19995.38	50791	10.50	67.36
26	山东省	20058.02	68733	10.78	59.02
27	福建省	21015.07	74707	9.60	63.60
28	內蒙古自治區	21365.95	72064	16.15	61.19
29	江苏省	22545.95	96887	9.87	67.72
30	广东省	23172.1	74016	5.32	69.20
31	浙江省	24371.11	84916	10.36	66.99
32	上海市	32171.27	116562	4.73	87.89
33	北京市	34965.79	118198	6.92	86.52

圖2－7－40　排序結果

結果表明,在31個省(直轄市、自治區)中,城鄉居民收入差距最小的5個省(直轄市、自治區)分別是黑龍江、吉林、河南、河北、江西,黑龍江的差距最小,只有13,904.58元;城鄉居民收入差距最大的5個省(直轄市、自治區)分別是北京、上海、浙江、廣東、江蘇,北京的差距最大,達到34,965.79元。

第二步,計算描述統計指標。

在「工具」菜單中單擊「數據分析」選項,選擇「描述統計」。

回車進入「描述統計」對話框,在「輸入區域」中輸入B2:B33,在分組方式後選擇「逐列」,在「標誌位於第一行」前打√,在「輸出區域」框中輸入放置計算結果區域的左上角單元格行列號,本例中輸入G2。根據需要選擇「匯總統計」「平均數置信度」等其他復選框(見圖2－7－41)。本例中只選擇「匯總統計」復選框。

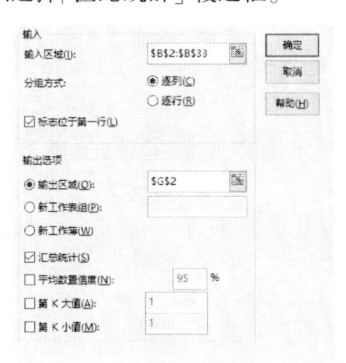

圖2－7－41　填寫「描述統計」對話框

單擊「確定」,即在指定區域 G2 給出計算結果(見圖2-7-42)。

	城乡居民收入差距(元)
平均	19413.02
标准误差	801.4583
中位数	18236.64
众数	#N/A
标准差	4462.331
方差	19912397
峰度	5.724076
偏度	2.223874
区域	21061.21
最小值	13904.58
最大值	34965.79
求和	601803.6
观测数	31

圖2-7-42　結果

結果表明,31 個省(直轄市、自治區)的城鄉居民收入差距呈右偏分佈。平均數為 19,413.02 元,中位數為 18,236.64 元,偏斜度為 2.22。

第三步,確定組數和組距。本例中的數據呈偏態分佈,所以不能用斯特格斯(Sturges)經驗公式確定組數。若以一個標準差為組距,則中位數以下部分的描述勢必過於概括。所以考慮用 $\frac{1}{4}$ 倍左右的標準差,即1000元為組距,由於 16,000 以下和 21,000 以上的均較少,所以將前面三組合為一組,最後幾組合併為一組,一共分為7組,分別為 16,000 元以下、16,000~17,000 元、17,000~18,000 元、18,000~19,000 元、19,000~20,000 元、20,000~21,000、21,000 元以上。

第四步,整理成分佈數列,繪製直方圖。在 Excel 工作表的空白處以列的形式輸入變量名及以上各組的上限,本例輸入到 G18:G24(見圖2-7-43)。

17	青海省	18093.05	43531	15.24	51.60		
18	甘肃省	18236.64	27643	15.50	44.67	城乡居民收入差距(元)	
19	新疆维吾尔自治区	18280.25	40564	17.33	48.33		16000
20	贵州省	18652.33	33246	14.77	44.16		17000
21	西藏自治区	18708.54	35184	15.32	29.61		18000
22	陕西省	19043.64	51015	12.38	55.34		19000
23	湖南省	19353.48	46382	11.51	52.76		20000
24	辽宁省	19590.76	31093	14.20	45.02		21000
25	云南省	19995.38	50791	10.50	67.36		
26	山东省	20058.02	68733	10.78	59.02		
27	福建省	21015.07	74707	9.60	63.60		
28	内蒙古自治区	21365.95	72064	16.15	61.19		
29	江苏省	22545.95	96887	9.87	67.72		
30	广东省	23172.1	74916	5.32	69.20		
31	浙江省	24371.11	84916	10.36	66.99		
32	上海市	32171.27	116562	4.73	87.89		
33	北京市	34965.79	118198	6.92	86.52		

圖2-7-43　輸入變量名及各組的上限

選擇「工具」菜單的「數據分析」子菜單,用鼠標雙擊「直方圖」選項。填寫「直方圖」對話框。在輸入區域輸入 B2:B33,在接受區域輸入 G18:G24,在標誌復選框前打√,選擇一個右下角為空白區域的空白單元格輸入到輸出區域,本例輸入 G26,在圖表輸出復選框前打√(見圖2-7-44)。

圖 2-7-44　填寫「直方圖」對話框

點擊「確定」，得結果如圖 2-7-45 所示。

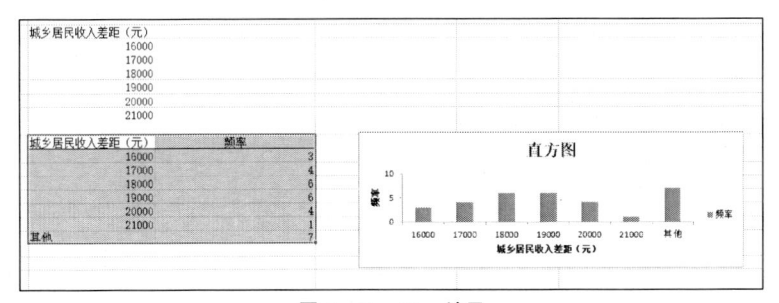

圖 2-7-45　結果

對結果作調整，得分佈數列（見圖 2-7-46）。

圖 2-7-46　調整後的結果

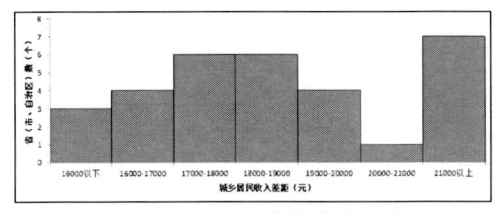

直方圖如圖 2-7-47 所示。

圖 2-7-47　繪製好的直方圖

結果顯示,31個省(直轄市、自治區)的城鄉居民收入差距呈右偏分佈。有近三分之二(65%)的省(直轄市、自治區)的城鄉居民收入差距在16,000～20,000元。

2. 對人均地區生產總值進行整理和描述

第一步,對人均地區生產總值排序。

選定A2:E33區域,頁面如圖2－7－48所示。

圖2－7－48　選定A2:E33

選擇「數據」菜單的「排序」子菜單。在「排序」對話框的「主要關鍵詞」中輸入人均地區生產總值,選中「遞增」復選框,在「當前數據清單」欄目中選擇「有標題行」(見圖2－7－49)。

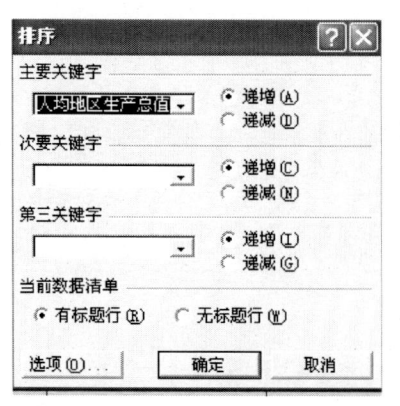

圖2－7－49　填寫「排序」對話框

點擊「確認」,得結果如圖2－7－50。

	A	B	C	D	E
1		y	x1	x2	x3
2	地区	城乡居民收入差距(元)	人均地区生产总值(元)	农业支出占地区财政支出比重(%)	城镇人口比重(%)
3	甘肃省	18236.64	27643	15.50	44.67
4	云南省	19590.76	31093	14.20	45.02
5	贵州省	18652.33	33246	14.77	44.16
6	西藏自治区	18708.54	35184	15.32	29.61
7	山西省	17269.88	35532	12.60	56.22
8	广西壮族自治区	17964.96	36027	12.91	48.08
9	安徽省	17435.51	39561	11.31	51.99
10	四川省	17132.17	40003	12.35	49.21
11	江西省	16535.56	40400	12.58	53.09
12	黑龙江省	13904.58	40432	18.97	59.20
13	新疆维吾尔自治区	18280.25	40564	17.33	48.33
14	河南省	15536.18	42575	10.83	48.50
15	河北省	16330.04	43062	13.24	53.32
16	青海省	18093.05	43531	15.24	51.60
17	海南省	16610.61	44347	13.01	56.82
18	湖南省	19353.48	46382	11.51	52.76
19	宁夏回族自治区	17301.38	47194	16.04	56.30
20	辽宁省	19995.38	50791	10.50	67.36
21	陕西省	19043.64	51015	12.38	55.34
22	吉林省	14407.48	53868	15.35	55.98
23	湖北省	16660.83	55665	10.97	58.10
24	重庆市	18061.17	58502	8.70	62.60
25	山东省	20058.02	68733	10.78	59.02
26	内蒙古自治区	21365.95	72064	16.15	61.19
27	广东省	23172.1	74016	5.32	69.20
28	福建省	21015.07	74707	9.60	63.60
29	浙江省	24371.11	84916	10.36	66.99
30	江苏省	22545.95	96887	9.87	67.72
31	天津市	17033.93	115053	4.35	82.91
32	上海市	32171.27	116562	4.73	87.89
33	北京市	34965.79	118198	6.92	86.52

圖 2-7-50　排序結果

結果表明，在 31 個省（直轄市、自治區）中，2016 年人均地區生產總值最低的 5 個省（直轄市、自治區）分別是甘肅、雲南、貴州、西藏、山西，甘肅的最低，只有 27,643 元；2016 年人均地區生產總值最高的 5 個省（直轄市、自治區）分別是北京、上海、天津、江蘇、浙江，北京的最高，達到 118,198 元。

第二步，確定組數和組距。本例中的數據呈偏態分佈，所以不能用斯特格斯（Sturges）經驗公式確定組數。若以一個標準差為組距，則中位數以下部分的描述勢必過於概括。所以考慮用 $\frac{1}{2}$ 倍左右的標準差，即 12,000 為組距，由於 99,000 以上的只有 3 個，所以將最後幾組合併為一組，為 27,000 以上組。一共分為 7 組，分別為 27,000 ~ 39,000、39,000 ~ 51,000、51,000 ~ 63,000、63,000 ~ 75,000、75,000 ~ 87,000、87,000 ~ 99,000、99,000 以上。

第三步，整理成分佈數列，繪製直方圖。在 Excel 工作表的空白處以列的形式輸入變量名及以上各組的上限，本例輸入到 F17：F23。

選擇「工具」菜單的「數據分析」子菜單，用鼠標雙擊「直方圖」選項。填寫「直方圖」對話框。在輸入區域輸入 C2：C33，在接受區域輸入 F17：F23，在標誌復選框前打 √，選擇一個右下角為空白區域的空白單元格輸入到輸出區域，本例輸入 H17，在圖表輸出復選框前打 √（見圖 2-7-51、圖 2-7-52）。

	A	B	C	D	E	F
1	地區	y	x1	x2	x3	
2		城乡居民收入差距(元)	人均地区生产总值(元)	农业支出占地区财政支出比重(%)	城镇人口比重(%)	
3	甘肃省	18236.64	27643	15.50	44.67	
4	云南省	19590.76	31093	14.20	45.02	
5	贵州省	18652.33	33246	14.77	44.16	
6	西藏自治区	18708.54	35184	15.32	29.61	
7	山西省	17269.86	35532	12.60	56.22	
8	广西壮族自治区	17964.96	38027	12.91	48.08	
9	安徽省	17435.51	39561	11.31	51.99	
10	四川省	17132.17	40003	12.35	49.21	
11	江西省	16535.56	40400	12.58	53.09	
12	黑龙江省	13904.58	40432	15.98	59.20	
13	新疆维吾尔自治区	18280.25	40564	17.33	48.33	
14	河南省	15536.16	42575	10.83	48.50	
15	河北省	16330.04	43062	13.24	53.32	
16	青海省	18093.05	43531	15.24	51.60	人均地区生产总值(元)
17	海南省	16610.61	44347	13.01	56.82	
18	湖南省	19353.48	46382	11.51	52.76	39000
19	宁夏回族自治区	17301.38	47194	16.04	56.30	51000
20	辽宁省	19995.38	50791	10.50	67.36	63000
21	陕西省	19043.64	51015	12.38	55.34	75000
22	吉林省	14407.48	53868	15.35	55.98	87000
23	湖北省	16660.83	55665	10.97	58.10	99000
24	重庆市	18061.17	58502	8.70	62.60	
25	山东省	20058.02	68733	10.78	59.02	
26	内蒙古自治区	21365.95	72064	16.15	61.19	
27	广东省	23172.1	74016	5.32	69.20	
28	福建省	21015.07	74707	9.60	63.60	
29	浙江省	24371.11	84916	10.36	66.99	
30	江苏省	22545.95	96887	9.87	67.72	
31	天津市	17033.93	115053	4.35	82.91	
32	上海市	32171.27	116562	4.17	87.89	
33	北京市	34965.79	118198	6.92	86.52	

圖 2-7-51 輸入變量名及各組的上限

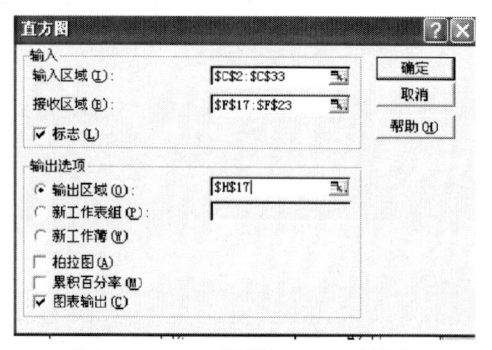

圖 2-7-52 填寫「直方圖」對話框

點擊「確定」,得結果如圖 2-7-53。

人均地区生产总值(元)	频率
39000	6
51000	12
63000	4
75000	4
87000	1
99000	1
其他	3

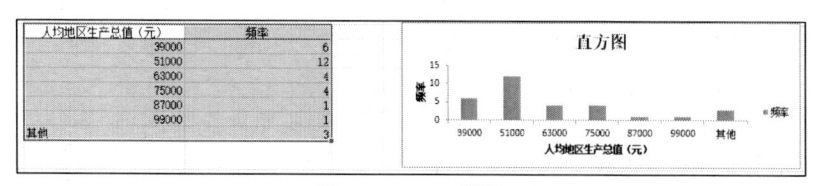

圖 2-7-53 結果

對結果作調整,得分佈數列如圖 2-7-54 所示。

直方圖如圖 2-7-55 所示。

結果顯示,31 個省(直轄市、自治區)的人均地區生產總值呈右偏分佈。大多數省(直轄市、自治區)的人均地區生產總值在 39,000～51,000 元。人均地區生產總值高的省(直

人均地区生产总值（元）	省（市、自治区）数（个）
27000-39000	6
39000-51000	12
51000-63000	4
63000-75000	4
75000-87000	1
87000-99000	1
99000以上	3

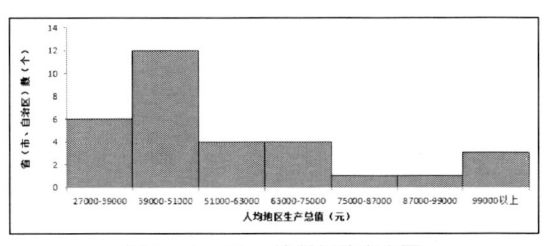

图 2-7-54　调整后的结果

图 2-7-55　绘制好的直方图

辖市、自治区）也是城乡居民收入差距大的省（直辖市、自治区）。

3. 对农业支出占地区财政支出的比重进行整理和描述

第一步，对农业支出占地区财政支出比重排序。选定 A2:E33 区域，页面如图 2-7-56 所示。

	A	B	C	D	E
1		y	x1	x2	x3
2	地区	城乡居民收入差距(元)	人均地区生产总值（元）	农业支出占地区财政支出比重（%）	城镇人口比重（%）
3	甘肃省	18236.64	27643	15.50	44.67
4	云南省	19590.76	31093	14.20	45.02
5	贵州省	16852.33	33246	14.77	44.16
6	西藏自治区	18709.54	35181	15.32	29.61
7	山西省	17269.88	35532	12.60	56.22
8	广西壮族自治区	17964.96	38027	12.91	48.08
9	安徽省	17435.51	39561	11.31	51.99
10	四川省	17132.17	40009	12.35	49.21
11	江西省	16535.56	40400	12.58	53.09
12	黑龙江省	13904.58	40432	18.97	59.20
13	新疆维吾尔自治区	18280.25	40564	17.33	48.33
14	河南省	15536.18	42575	10.83	48.50
15	河北省	16330.04	43062	13.24	53.32
16	青海省	18093.05	43531	15.24	51.60
17	海南省	16610.61	44347	13.01	56.82
18	湖南省	19353.48	46382	11.51	52.76
19	宁夏回族自治区	17301.38	47194	16.04	56.30
20	辽宁省	19995.38	50791	10.50	67.36
21	陕西省	19043.64	51015	12.38	55.34
22	吉林省	14407.48	53868	15.35	55.98
23	湖北省	16660.83	55665	10.97	58.10
24	重庆市	18061.17	58502	8.70	62.60
25	山东省	20058.02	68733	10.78	59.02
26	内蒙古自治区	21365.95	72064	16.15	61.19
27	广东省	23172.1	74016	5.32	69.20
28	福建省	21015.07	74707	9.60	63.60
29	浙江省	24371.11	84916	10.36	66.99
30	江苏省	22545.95	96887	9.87	67.72
31	天津市	17033.93	115083	4.35	82.91
32	上海市	32171.27	116562	4.73	87.69
33	北京市	34965.70	118198	6.92	86.52

图 2-7-56　选定 A2:E33

选择「数据」菜单的「排序」子菜单。在「排序」对话框的「主要关键词」中输入农业支出占地区财政支出的比重，选中「递增」复选框，在「当前数据清单」中选择「有标题

行」(見圖2－7－57)。

圖2－7－57　填寫「排序」對話框

點擊「確認」，得結果如圖2－7－58所示。

圖2－7－58　排序結果

結果表明，在31個省(直轄市、自治區)中,2016年農業支出占地區財政支出的比重最低的5個省(直轄市、自治區)分別是天津、上海、廣東、北京、重慶,天津的最低,只有4.35%；2016年農業支出占地區財政支出的比重最高的5個省(直轄市、自治區)分別是黑龍江、新疆、內蒙古、寧夏、甘肅,黑龍江的最高,達到18.97%。

第二步,確定組數和組距。本例中的數據接近標準正態分佈,可以近似用斯特格斯(Sturges)經驗公式確定組數。根據公式計算得組數為5組,組距為3%。5組分別為4%～7%、7%～10%、10%～13%、13%～16%、16%以上。

第三步,整理成分佈數列,繪製直方圖。在Excel工作表的空白處以列的形式輸入變量名及以上各組的上限,本例輸入到F16:F21(見圖2－7－59)。

15	安徽省	17435.51	39561	11.31	51.99		
16	湖南省	19353.48	46382	11.51	52.76	农业支出占地区财政支出比重（%）	
17	四川省	17132.17	40003	12.95	49.21		7
18	陕西省	19043.64	51015	12.38	55.34		10
19	江西省	16535.56	40400	12.58	53.09		13
20	山西省	17269.88	35632	12.60	56.22		16
21	广西壮族自治区	17964.96	38027	12.91	48.08		19
22	海南省	16610.61	44347	13.01	56.82		

圖 2－7－59　輸入變量名及各組的上限

選擇「工具」菜單的「數據分析」子菜單，用鼠標雙擊「直方圖」選項。填寫「直方圖」對話框。在輸入區域輸入 D2:D33，在接受區域輸入 F16:F21，在標誌復選框前打 √，選擇一個右下角為空白區域的空白單元格輸入到輸出區域，本例輸入 F23，在圖表輸出復選框前打 √（見圖 2－7－60）。

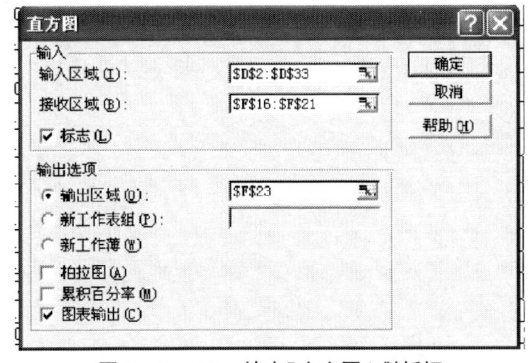

圖 2－7－60　填寫「直方圖」對話框

點擊「確定」，得圖 2－7－61 所示結果。

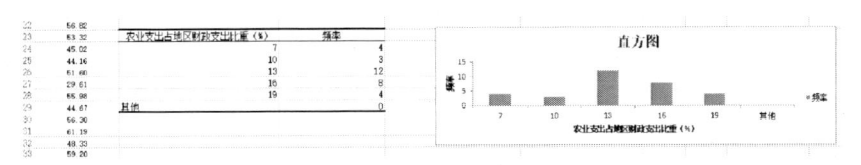

圖 2－7－61　結果

對結果作調整，得分佈數列如圖 2－7－62 所示。

农业支出占地区财政支出比重（%）	省（市、自治区）数（个）
4—7	4
7—10	3
10—13	12
13—16	8
16以上	4

圖 2－7－62　調整後的結果

直方圖如圖 2－7－63 所示。

155

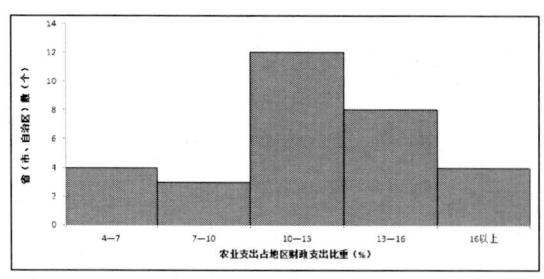

图 2-7-63　直方圖

結果顯示,31 個省(直轄市、自治區)的農業支出占地方財政支出的比重呈左偏分佈。大多數省(直轄市、自治區)的農業支出占地方財政支出的比重在 10% ~ 13%。農業支出占地方財政支出的比重低的省(直轄市、自治區)通常也是城鄉居民收入差距大的省(直轄市、自治區)。

4. 對城鎮人口比重進行整理和描述

第一步,對城鎮人口比重排序。選定 A2:E33 區域,頁面如圖 2-7-64 所示。

	A	B	C	D	E
1		y	x1	x2	x3
2	地區	城乡居民收入差距(元)	人均地区生产总值(元)	农业支出占地区财政支出比重(%)	城镇人口比重(%)
3	天津市	17033.93	115053	4.35	82.91
4	上海市	32171.27	116562	4.73	87.69
5	廣東省	23172.1	74016	5.32	69.20
6	北京市	34965.79	118198	6.92	86.52
7	重庆市	18061.17	58502	8.70	62.60
8	福建省	21015.07	74707	9.60	63.60
9	江苏省	22545.95	96887	9.87	67.72
10	浙江省	24371.11	84916	10.36	66.99
11	辽宁省	19995.38	50791	10.50	67.36
12	山东省	20058.02	68733	10.78	59.02
13	河南省	15536.19	42575	10.83	48.50
14	湖北省	16660.83	55665	10.97	58.10
15	安徽省	17435.51	39561	11.31	51.99
16	湖南省	19353.48	46382	11.51	52.76
17	四川省	17132.17	40003	12.35	49.21
18	陕西省	19043.64	51015	12.38	55.34
19	江西省	16535.56	40400	12.68	53.09
20	山西省	17269.68	35532	12.60	56.22
21	广西壮族自治区	17964.96	38027	12.91	48.08
22	海南省	16610.61	44347	13.01	56.82
23	河北省	16330.04	43062	13.24	53.32
24	云南省	19590.76	31093	14.20	45.02
25	贵州省	18652.33	33246	14.77	44.16
26	青海省	18093.05	43531	15.24	51.60
27	西藏自治区	18708.54	35184	15.32	29.61
28	吉林省	14407.48	53868	15.35	55.98
29	甘肃省	18236.64	27643	15.50	44.67
30	宁夏回族自治区	17301.38	47194	16.04	56.30
31	内蒙古自治区	21365.95	72064	16.15	61.19
32	新疆维吾尔自治区	18280.25	40564	17.33	48.33
33	黑龙江省	13904.58	40432	18.97	59.20

圖 2-7-64　選定 A2:E33

選擇「數據」菜單的「排序」子菜單。在「排序」對話框的「主要關鍵詞」中輸入城鎮人口比重,選中「遞增」復選框,在「當前數據清單」中選擇「有標題行」(見圖 2-7-65)。

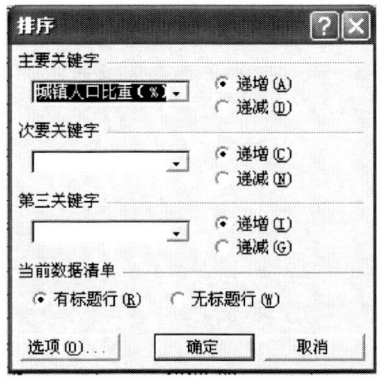

圖 2－7－65　填寫「排序」對話框

點擊「確認」，得結果如圖 2－7－66。

	A	B	C	D	E
1		y	x1	x2	x3
2	地區	城鄉居民收入差距(元)	人均地區生產總值(元)	農業支出占地區財政支出比重(%)	城鎮人口比重(%)
3	西藏自治區	18708.54	35184	15.32	29.61
4	貴州省	18652.33	33246	14.77	44.16
5	甘肅省	18236.64	27643	15.50	44.67
6	雲南省	19590.76	31093	14.20	45.02
7	廣西壯族自治區	17964.96	38027	12.91	48.08
8	新疆維吾爾自治區	18280.25	40564	17.33	48.33
9	河南省	15536.18	42575	10.83	48.50
10	四川省	17132.17	40003	12.35	49.21
11	青海省	18093.05	43531	15.24	51.60
12	安徽省	17435.51	39561	11.31	51.99
13	湖南省	19353.48	46382	11.51	52.76
14	江西省	16535.56	40400	12.58	53.09
15	河北省	16330.04	43062	13.24	53.32
16	陝西省	19043.64	51015	12.38	55.34
17	吉林省	14407.48	53868	15.35	55.96
18	山西省	17269.88	35532	16.22	56.21
19	寧夏回族自治區	17301.38	47194	16.04	56.30
20	海南省	16610.61	44347	13.01	56.82
21	湖北省	16660.83	55665	10.97	58.10
22	山東省	20058.02	68733	10.78	59.02
23	黑龍江省	13904.58	40432	18.97	59.20
24	內蒙古自治區	21365.95	72064	16.15	61.19
25	重慶市	18061.07	58502	8.70	62.60
26	福建省	21015.07	74707	9.60	63.60
27	浙江省	24371.11	84916	10.36	66.99
28	遼寧省	19995.38	50791	10.36	67.37
29	江蘇省	22545.95	96887	9.87	67.72
30	廣東省	23172.1	74016	5.32	69.20
31	天津市	17033.93	115053	4.35	82.91
32	北京市	34965.79	118198	6.92	86.52
33	上海市	32171.27	116562	4.73	87.89

圖 2－7－66　排序結果

結果表明，在 31 個省（直轄市、自治區）中，2016 年城鎮人口比重最低的 5 個省（直轄市、自治區）分別是西藏、貴州、甘肅、雲南、廣西，西藏的最低，只有 29.61%；2016 年城鎮人口比重最高的 5 個省（直轄市、自治區）分別是上海、北京、天津、廣東、江蘇，上海的最高，達到 87.89%。

第二步，確定組數和組距。本例中的數據呈偏態分佈，所以不能用斯特格斯（Sturges）經驗公式確定組數。若以一個標準差為組距，則中位數以下部分的描述勢必過於概括。所

以考慮用 $\frac{1}{3}$ 倍左右的標準差，即 5% 為組距，由於 44% 以下和 69% 以上的均較少，所以將最後幾組合併為一組。一共分為 7 組，分別為 44% 以下、44% ～ 49%、49% ～ 54%、54% ～ 59%、59% ～ 64%、64% ～ 69%、69% 以上。

第三步，整理成分佈數列，繪製直方圖。在 Excel 工作表的空白處以列的形式輸入變量名及以上各組的上限，本例輸入到 F19:F25(見圖 2－7－67)。

圖 2－7－67　輸入變量名及各組的上限

選擇「工具」菜單的「數據分析」子菜單，用鼠標雙擊「直方圖」選項。填寫「直方圖」對話框。在輸入區域輸入 E2:E33，在接受區域輸入 F19:F25，在標誌復選框前打 √，選擇一個右下角為空白區域的空白單元格輸入到輸出區域，本例輸入 F27，在圖表輸出復選框前打 √(見圖 2－7－68)。

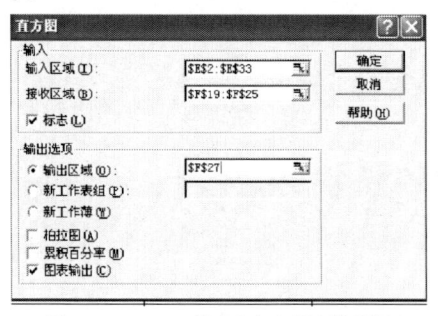

圖 2－7－68　填寫「直方圖」對話框

點擊「確定」，得結果如圖 2－7－69。

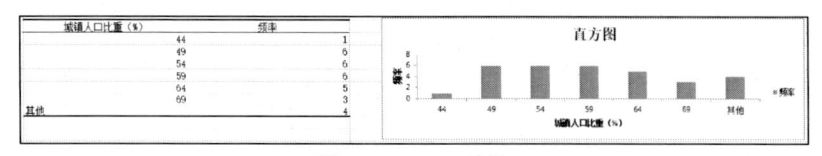

圖 2－7－69　結果

對結果作調整，得分佈數列如圖 2－7－70 所示。

城鎮人口比重（%）	省（市、自治区）数（个）
44以下	1
44-49	6
49-54	6
54-59	6
59-64	5
64-69	3
69以上	4

圖 2-7-70　調整後的結果

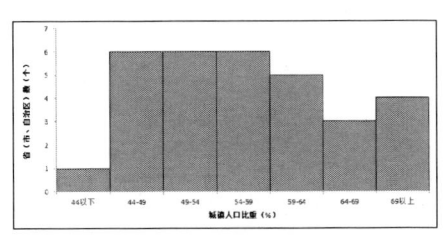

直方圖如圖 2-7-71 所示。

圖 2-7-71　繪製好的直方圖

結果顯示,31 個省(直轄市、自治區)的城鎮人口比重呈右偏分佈。大多數省(直轄市、自治區)的城鎮人口比重在 44% ~ 59%。城鎮人口比重大的省(直轄市、自治區)通常也是城鄉居民收入差距大的省(直轄市、自治區)。

(四) 相關和迴歸分析

以上單個指標的描述統計初步反應,各個變量 x_i 與 y 之間有一定聯繫。那麼它們之間到底有什麼關係?關係的密切程度如何?關係表達式是什麼?本實驗將通過相關分析瞭解影響城鄉居民收入差距的主要因素;在相關分析的基礎上進行迴歸分析,更深層次地對影響城鄉居民收入差距的因素作分析。

1. 相關分析

第一步,繪製單個變量 x_i 與 y 的散點圖。繪製變量人均地區生產總值(x_1) 與城鄉居民收入差距(y) 散點圖的過程為:

選擇 Excel「插入」菜單中的「圖表」(見圖 2-7-72)。

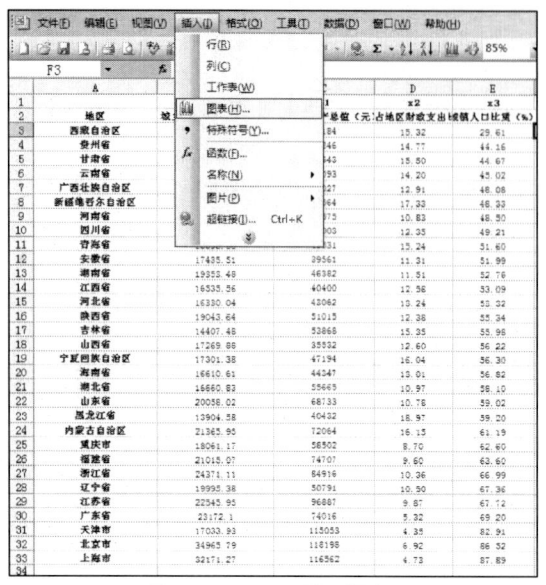

圖 2－7－72　選擇「圖表」

單擊「圖表」，頁面顯示如圖 2－7－73。

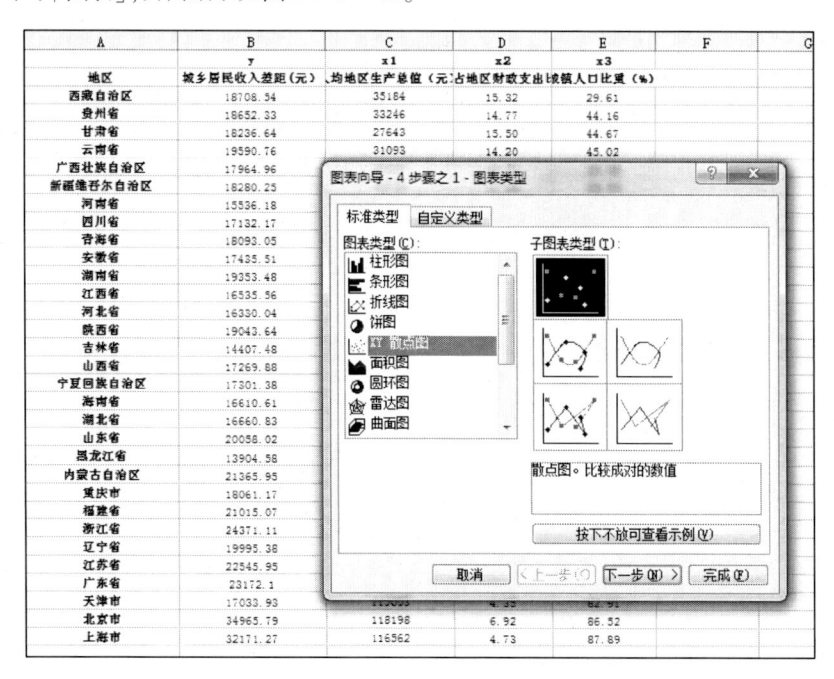

圖 2－7－73　圖表向導 4 步驟之 1

選擇「散點圖」,點擊「下一步」,在數據區域中輸入 B2:C33,選擇「系列產生在列」,頁面顯示如圖 2－7－74。

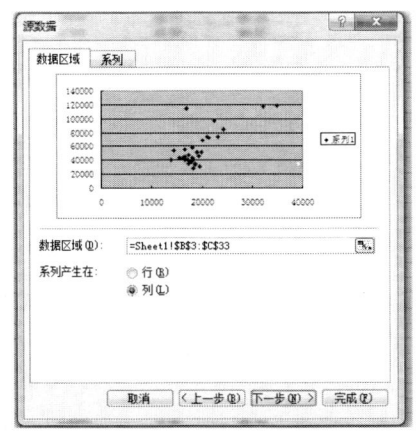

圖 2－7－74　填寫「源數據」

點擊「下一步」,填寫對話框,頁面如圖 2－7－75 所示。

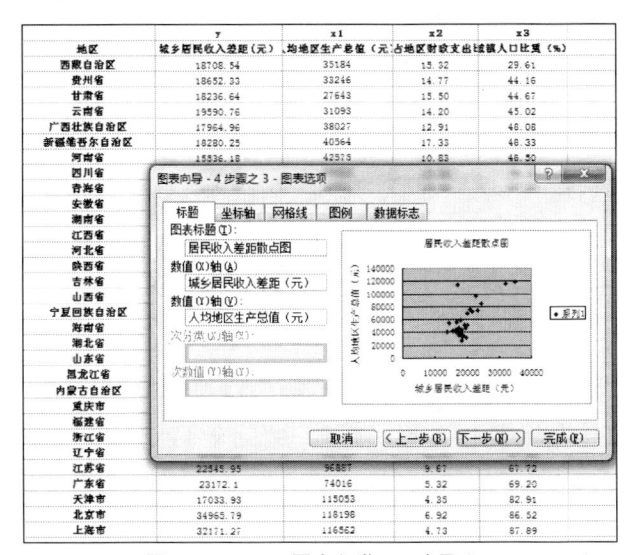

圖 2－7－75　圖表向導－4 步驟之 3

161

點擊「下一步」,選擇作為「新工作表插入」,頁面如圖2-7-76所示。

圖2-7-76　圖表向導-4步驟之4

點擊「完成」,得到人均地區生產總值與城鄉居民收入差距的散點圖(見圖2-7-77)。

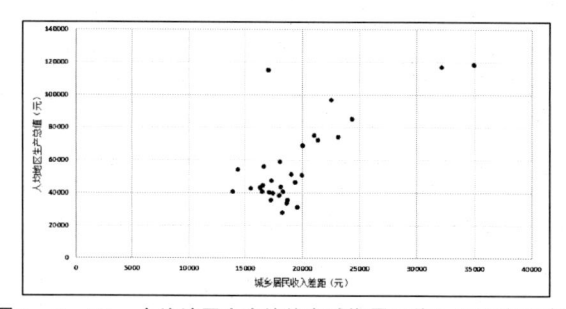

圖2-7-77　人均地區生產總值與城鄉居民收入差距的散點圖

可以看出,人均地區生產總值與城鄉居民收入差距有比較密切的關係,大致呈直線正相關。

採用同樣的方法和步驟,分別得到農業支出占地區財政支出比重與城鄉居民收入差距的散點圖、城鎮人口比重與城鄉居民收入差距的散點圖(見圖2-7-78、圖2-7-79)。

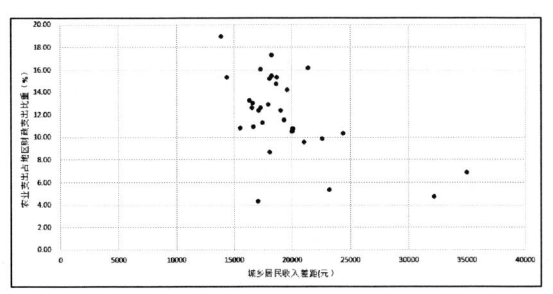

圖 2-7-78　農業支出占地區財政支出比重與城鄉居民收入差距散點圖

可以看出，農業支出占財政支出比重與城鄉居民收入差距有比較密切的關係，大致呈直線負相關。

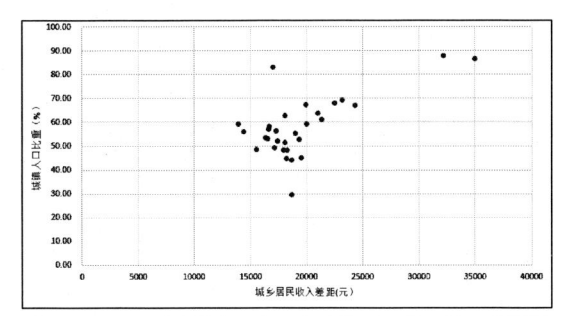

圖 2-7-79　城鎮人口比重與城鄉居民收入差距散點圖

可以看出，城鎮人口比重與城鄉居民收入差距有一定的關係，呈正相關。

第二步，計算變量 x_1、x_2、x_3 與 y 的相關係數矩陣。選擇「工具」菜單的「數據分析」子菜單，用鼠標雙擊「相關係數」選項(見圖 2-7-80)。

填寫「相關係數」對話框。在輸入區域輸入 B1:E32(註：在原圖 2-7-26 的基礎上，已經刪除了指標名，即第二行)，選擇分組方式為「逐列」，在標誌位於第一行復選框前打 √，選擇一個右下角為空白區域的空白單元格輸入到輸出區域，本例輸入 $G2$(見圖 2-7-81)。

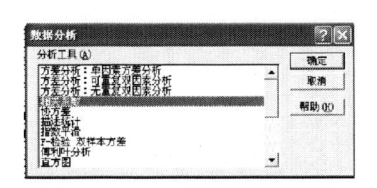

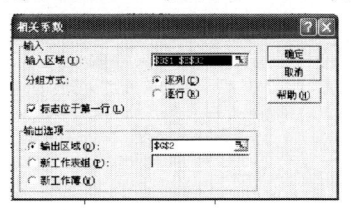

圖 2-7-80　選擇「相關係數」　　　圖 2-7-81　填寫「相關係數」對話框

點擊「確定」，即在指定位置 G2 處給出相關係數矩陣(見圖 2-7-82)。

	y	x1	x2	x3
y	1			
x1	0.732850013	1		
x2	-0.566464019	-0.74493138	1	
x3	0.652708318	0.903575535	-0.73599	1

圖 2-7-82　相關係數矩陣

從相關係數矩陣可以看出,人均地區生產總值 x_1 與城鄉居民收入差距 y 的關係最密切,呈顯著正相關;城鎮人口比重 x_3 與城鄉居民收入差距 y 的關係次之,為顯著正相關,這與定性分析的結果相矛盾(在經濟持續增長的情況下,若城市化程度提高,農村剩餘勞動力不斷轉移,農民收入水準提高,城鄉居民收入差距縮小,反之則收入差距擴大),而且城鎮人口比重 x_3 與人均地區生產總值 x_1 之間呈高度正相關關係,存在多重共線性,這可能是導致定量分析與定性分析結果相矛盾的原因;農業支出占地區財政支出比重 x_2 與城鄉居民收入差距 y 之間呈顯著負相關關係,但農業支出占地區財政支出比重 x_2 與人均地區生產總值 x_1 之間也呈顯著負相關關係,存在多重共線性。

2. 迴歸分析

以上的相關分析表明,單個變量 x_1、x_2、x_3 與 y 分別存在顯著相關的關係,但 x_1、x_2、x_3 又相互相關,存在多重共線性。所以,本實驗不適宜建立以城鄉居民收入差距 y 為因變量的多元線性迴歸方程。又因為用城鎮人口比重得到的定量分析與定性分析結果相矛盾,所以,我們選取人均地區生產總值 x_1、農業支出占地區財政支出比重 x_2 與城鄉居民收入差距 y 分別建立一元線性迴歸方程。

(1) 城鄉居民收入差距 y 和人均地區生產總值 x_1 的迴歸分析。選擇「工具」菜單的「數據分析」子菜單,用鼠標雙擊「迴歸」選項。填寫「迴歸」對話框。在 Y 輸入區域輸入「B1:B32」,在 X 輸入區域輸入「C1:C32」,在標誌復選框前打 √,選擇一個右下角為空白區域的空白單元格輸入到輸出區域,本例輸入 B34(見圖 2-7-83)。

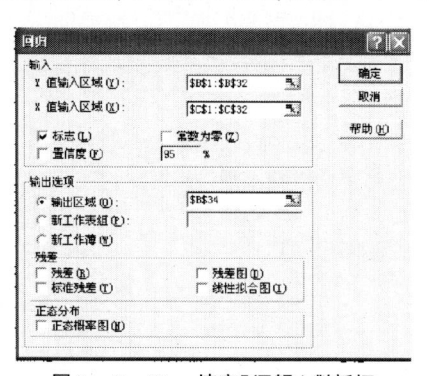

圖 2-7-83　填寫「迴歸」對話框

點擊「確定」,即在指定位置 B34 處給出迴歸結果(見圖 2-7-84)。

图 2-7-84　迴歸結果

結果表明,城鄉居民收入差距 y 對人均地區生產總值 x_1 的一元線性迴歸方程為:
$$\hat{y} = 12,195.72 + 0.13x_1$$

從判定系數看,在人均地區生產總值對城鄉居民收入差距的影響中,有 54% 可以由該線性迴歸方程解釋。從 t 檢驗看,截距項和迴歸系數的 P 值都遠遠小於 0.05,表明二者都是顯著的。從 F 檢驗看,模型整體也是顯著的。所以,迴歸方程是合適的,可以表明人均地區生產總值和城鄉居民收入差距之間的數量關係,可以做進一步運用。

迴歸系數說明,人均地區生產總值每增加 1 元,城鄉居民收入差距就平均增加 0.13 元。

(2) 城鄉居民收入差距 y 和農業支出占地區財政支出比重 x_2 的迴歸分析。選擇「工具」菜單的「數據分析」子菜單,用鼠標雙擊「迴歸」選項。填寫「迴歸」對話框。在 Y 輸入區域輸入 B1:B32,在 X 輸入區域輸入 D1:D32,在標誌復選框前打 √,選擇一個右下角為空白區域的空白單元格輸入到輸出區域,本例輸入 G8(見圖 2-7-85)。

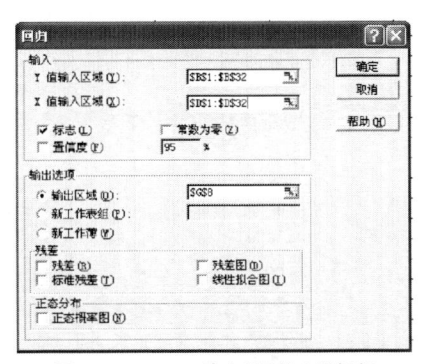

圖 2-7-85　填寫「迴歸」對話框

點擊「確定」,即在指定位置 G8 處給出迴歸結果(見圖 2-7-86)。

```
SUMMARY OUTPUT
         回歸統計
Multiple R      0.566464019
R Square        0.320881485
Adjusted R Sq   0.297463605
標准誤差         3740.211666
观测值            31

方差分析
            df        SS          MS        F         Significance F
回歸分析      1    191685581.2  1.92E+08  13.70241    0.000893465
殘差         29    405686316    13989183
總計         30    597371897.1

           Coefficients  标准誤差     t Stat    P-value    Lower 95%   Upper 95%   下限 95.0%   上限 95.0%
Intercept   27922.1457   2394.866564  11.65917  1.82E-12   23024.09361 23820.1978  23024.094   32820.1978
x2          -705.8933144 190.6955358  -3.70168  0.000893   -1095.909477 -315.877152 -1095.909   -315.87715
```

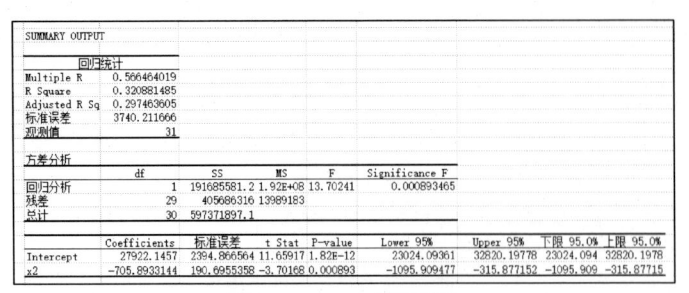

圖 2 - 7 - 86　迴歸結果

結果表明,城鄉居民收入差距 y 對農業支出占地區財政支出比重 x_2 的一元線性迴歸方程為:

$$\hat{y} = 27,922.15 - 705.89 x_2$$

從判定系數看,在農業支出占地區財政支出比重對城鄉居民收入差距的影響中,有 32% 可以由該線性迴歸方程解釋。從 t 檢驗看,截距項和迴歸系數的 P 值都遠遠小於 0.05,表明二者都是顯著的。從 F 檢驗看,模型整體也是顯著的。所以,迴歸方程是合適的,可以表明農業支出占地區財政支出比重和城鄉居民收入差距之間的數量關係,可以做進一步運用。

迴歸系數說明,農業支出占地區財政支出比重每增加 1%,城鄉居民收入差距就平均減少 705.89 元。

四、思考題

(1) 請根據所學過的知識,對本次實驗選擇的變量做出評論,指出存在哪些問題、如何改進。

(2) 除了通過中國統計信息網搜集實驗所需數據外,還可以通過什麼途徑搜集?請操作。

(3) 在本實驗中,分別對 4 個變量做了描述統計分析,可以採取什麼方法對 4 個變量一次性做描述統計分析?請操作。

(4) 對本實驗的數據,除了做實驗中用到的分析之外,還可做哪些統計分析?請操作。

(5) 把學生分成小組,對本實驗的數據進行分析,提交分析報告,在課堂上由老師組織進行交流和討論,發現問題,總結經驗。

(6) 回憶一手數據的搜集方法。根據本實驗的思路,在老師的指導下,學生自願組成小組,由學生自己組織一次調查,對感興趣的問題進行問卷調查,從理論到實踐掌握問卷調查的全過程,包括制定調查方案、選取抽樣框、設計問卷、具體的調查和數據搜集過程等。然後對調查來的問卷數據進行整理和分析,包括問卷審核、問卷編碼、數據錄入、數據分析等。要求運用統計學中的大部分分析方法。最後各小組把調查和分析結果在課堂上進行交流,發現問題,總結經驗。

第三部分

基於 SPSS 的統計學實驗

一、繪製統計圖

SPSS 在窗口主菜單的 Graphs 菜單中，提供多種統計圖形的繪製，如餅圖（Pie chart）、條形圖或柱形圖（Bar chart）、線圖（Pareto chart）、散點圖（Scatter plot）等。

為了繪製合適的統計圖，第一步是建立數據文件，第二步是根據分析目的和數據類型選用適當類型的圖形，第三步是根據相應圖形菜單及對話框的提示，定義圖形的元素，生成圖形，最後一步是根據需要對圖形編輯，添加標題、標註等內容。在 SPSS 中常規統計圖的操作界面有比較大的共通性，許多東西都是通用的。因此，本書以條形圖（Bar chart）為例進行介紹，再從其餘的圖形中選擇直方圖、線圖、餅圖各舉一例即可。由於散點圖是與相關分析連在一塊的，所以本書將它放在後面與相關分析一起介紹。

（一）條形圖的繪製

條形圖常用於兩個或多個組某指標大小的比較，該指標可以是連續性變量、等級變量或分類變量。繪製條形圖的步驟為：

第一步，打開 SPSS，建立數據文件，選擇 Graph 工具欄中的 Bar 子項（見圖 3－1－1）。

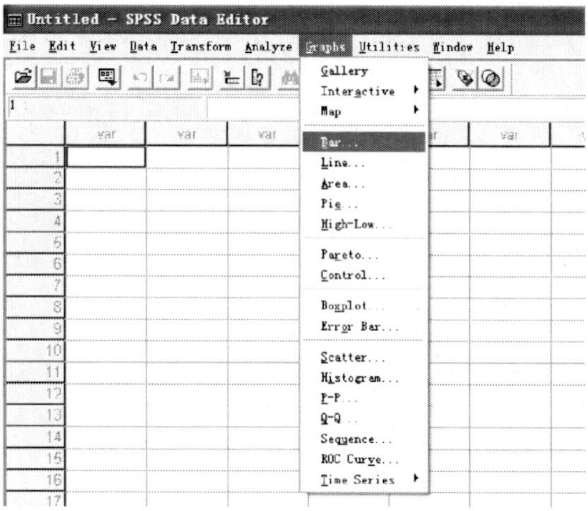

圖 3－1－1　選擇 Graph 之 Bar

第二步，單擊鼠標左鍵，出現條形圖預定義對話框，即圖 3－1－2 所示界面。

此對話框的上半部分用於選擇條形圖類型，下半部分的 Data in Chart Are 單選框組用於定義條形圖中數據的表達類型。

在預定義對話框的上方有三種條形圖可選：Simple 為單一條形圖，多用於表現單個指標的大小；Clustered 為復式條形圖，多用於表現兩個或多個指標；Stacked 為堆積式條形圖，可用於表現每個條形中某個因素各水準的構成情況。

在預定義對話框的下方有一數據類型欄，系統提供如下三種數據類型：Summaries for groups of cases 表示以組為單位體現數據；Summaries of separate variables 表示以變量為單位體現數據；Summaries of individual cases 表示以觀察樣例為單位體現數據。

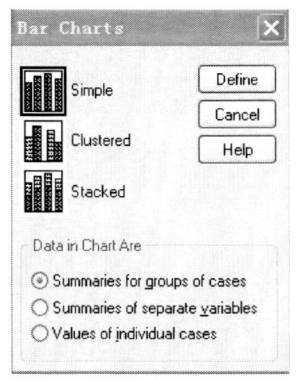

圖3-1-2　條形圖的預定義對話框

第三步,填寫好預定義對話框後點擊 Define 鈕,彈出 Define Simple Bar 條形圖主對話框(見圖3-1-3)。

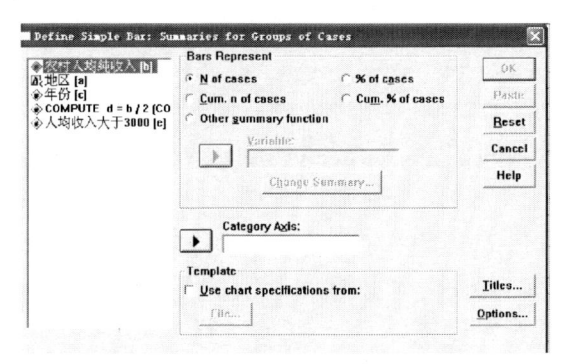

圖3-1-3　Define Simple Bar 對話

對話框左側為通用的候選變量列表框,右側各選項的含義如下:

Bars Represent:用於定義條形圖中各直條所代表的含義,N of cases 表示按記錄個數匯總;Cum. n of cases 表示按累計記錄數匯總;% of cases 表示按記錄數所占百分比匯總;Cum. % of cases 表示按記錄數所占累計百分比匯總;Other summary function 表示按其他匯總函數匯總,此時需要將相應的匯總用變量選入下方的 Variable 框,然後單擊下面的 Change Summary 進行匯總函數的詳細定義。

Category Axis:條形圖的橫軸,用於選擇所需的分類變量,此處必選。

Template:用於選擇所用的統計圖模塊來源。

Options:此選項包括一個子對話框(圖3-1-4),它用於定義與缺失值有關的選項。其中,Missing Values 用於定義分析中對缺失值的處理方法,只有在要匯總的變量有兩個或兩個以上時才可用;Display groups defined by missing values 表示是否把分組變量的缺失值作為一個組顯示出來,只有分組變量是分類變量時才可用;Display chart with case labels 表示指定變量的變量值作為在圖中顯示為相應點的標籤。

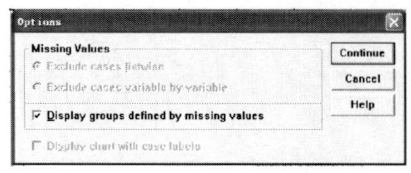

圖 3-1-4 Options 子對話框

Titles：此選項包括一個子對話框（圖 3-1-5），它用於輸入統計圖的標題和腳註，最多可輸入兩行主標題（Title），一行副標題（Subtitle），兩行腳註（Footnote）。

圖 3-1-5 Titles 子對話框

第四步，填寫好主對話框後，單擊「OK」，系統即會顯示出繪製好的條形圖。

例 3-1[①]：有 11 例克山病患者和 13 名健康人的血磷值已經輸入到 SPSS 數據文件中，具體見圖 3-1-6（其中，x 表示血磷值，a 表示是否為克山病患者），試繪製條形圖，對克山病患者和健康人的血磷值進行比較。

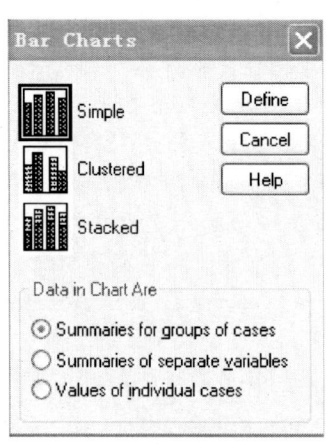

圖 3-1-6 血磷值數據

圖 3-1-7 填寫條形圖預定義對話框

---

① 張文彤．SPSS11 統計分析教程（基礎篇）[M]．北京：北京希望電子出版社，2002．

解:繪製條形圖的步驟如下,

第一步,打開數據文件,選擇 Graph 工具欄中的 Bar 子項。單擊鼠標左鍵,出現條形圖預定義對話框,選擇單一條形圖 Simple,在表達類型中選擇「Summaries for groups of cases」(圖3-1-7)。

第二步,填寫好條形圖預定義對話框後,單擊「Define」,系統彈出條形圖主對話框。在 Bars Represent 中選擇「Other Summary Function」;將變量 x 選入 Varable 框;單擊「Change Summary」按鈕,定義匯總函數,此時系統彈出 Summary Function 對話框,選擇其中的 Mean of values(圖3-1-8),單擊「Continue」,系統回到主對話框;將變量 a 選入 Category Axis 框。填寫好的主對話框見圖3-1-9。

圖3-1-8 填寫 Summary Function 子對話框

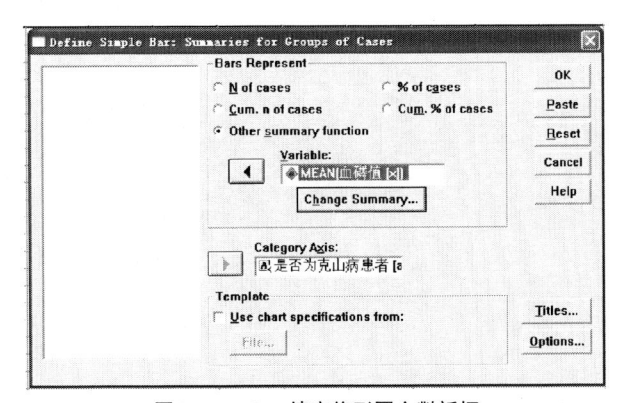

圖3-1-9 填寫條形圖主對話框

第三步,單擊「OK」,SPSS 即在輸出窗口給出繪製好的條形圖,見圖3-1-10。

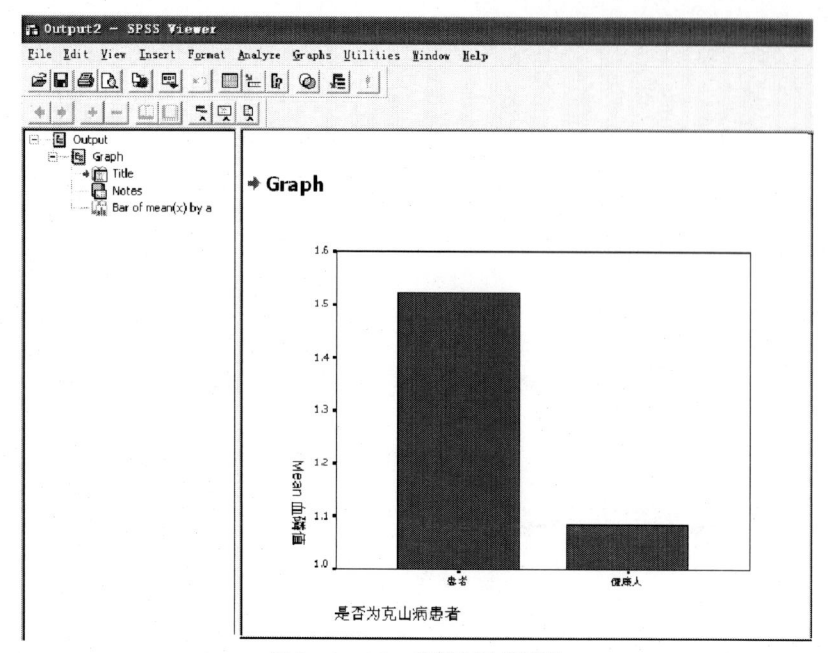

圖 3－1－10　繪製好的條形圖

可以看出，克山病患者比健康人的血磷值要高得多。

(二) 直方圖的繪製

直方圖用於觀察某個變量的分佈情況，也是一種常用的考察變量分佈的方法。直方圖可以根據頻數表而來(本書將在後面的頻數分析中講到此操作)，也可以直接對連續性變量的原始值作圖。

例 3－2　對例 1－1 中的考試成績繪製直方圖，要求組距為 10，第一組下限為 50。

解：繪製直方圖的步驟如下：

第一步，打開「考試成績」數據文件，選擇 Graph 工具欄中的 Histogram 子項(見圖3－1－11)。

圖 3－1－11　選擇 Graph 之 Histogram

第二步，單擊鼠標左鍵，出現直方圖主對話框，將變量考試成績選入 Varable 框，填寫好的主對話框見圖 3－1－12。

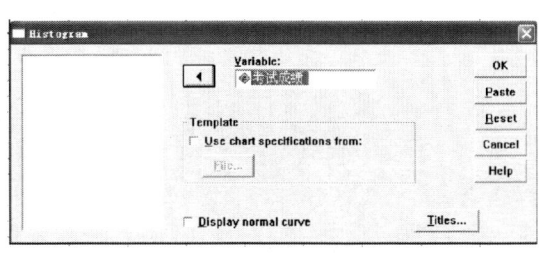

圖 3－1－12　填寫直方圖主對話框

第三步，單擊「OK」，SPSS 即在輸出窗口給出自動繪製的初步的直方圖，見圖 3－1－13。

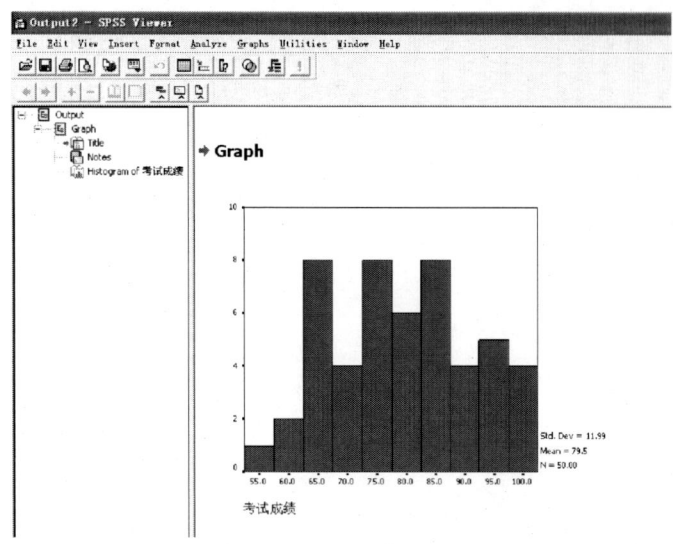

圖3－1－13　SPSS自動繪製的考試成績直方圖

　　第四步,雙擊直方圖,進入 SPSS 的圖形編輯狀態(SPSS Chart Editor),頁面如圖3－1－14所示。

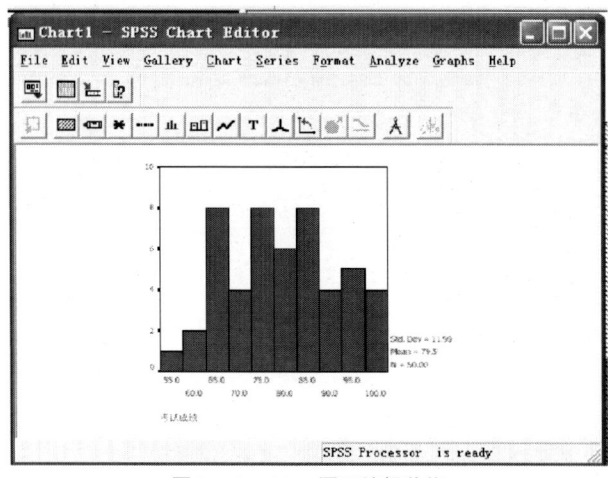

圖3－1－14　圖形編輯狀態

　　第五步,雙擊圖形編輯器中直方圖的橫軸,開啓 Interval Axis(橫軸)對話框。在 Interval 單選框組中選擇 Custom(用戶自定義),此時 Define 被激活,單擊它進入 Define 子對話框,在 Interval Width 框中鍵入10,在 Displyed 框中輸入50和100,單擊 Continue 鍵,頁面回到 Interval Axis 對話框。填寫好的 Define 子對話框見圖3－1－15,填寫好的 Interval Axis 對話框見圖3－1－16。

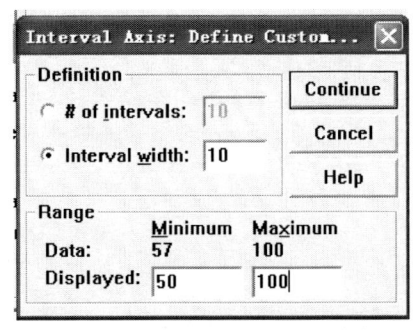

圖 3 - 1 - 15　填寫 Define 子對話框

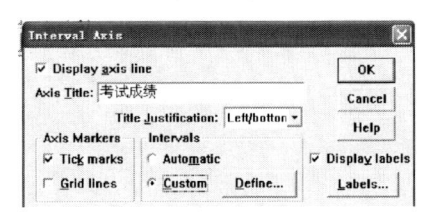

圖 3 - 1 - 16　填寫 Interval Axis 對話框

第六步,點擊「OK」,SPSS 即在輸出窗口給出以組距為 10,第一組下限為 50 繪製的直方圖,見圖 3 - 1 - 17。

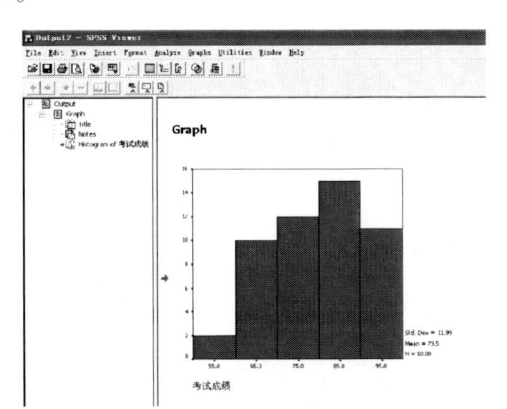

圖 3 - 1 - 17　以 10 為組距繪製的考試成績直方圖

(三) 線圖的繪製

SPSS 中的線圖可分三類,即 Simple、Multiple 和 Dropline,前兩者可分別對應於簡單條形圖和分組條形圖。本實驗以 Multiple 為例。

例 3 - 3　某地區 1991—1997 年城鎮居民、農村居民的人均消費支出(單位:元)的數

據已經輸入到 SPSS 數據文件中,具體見圖 3 - 1 - 18(其中,y 表示人均消費支出;居民類型中的1表示城鎮居民、2 表示農村居民),試繪製線圖,對城鎮居民、農村居民人均消費支出的變化進行比較。

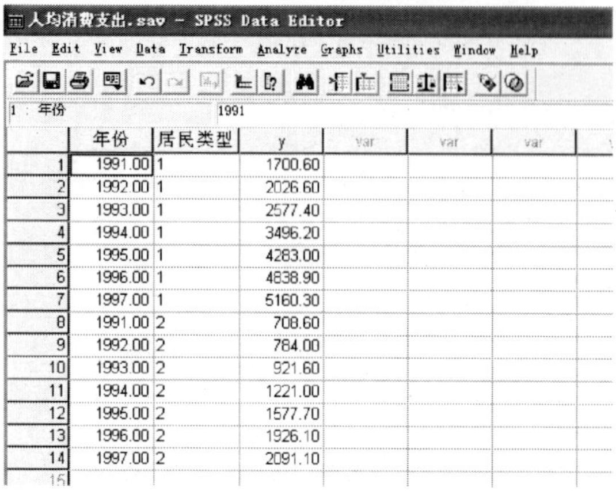

	年份	居民类型	y
1	1991.00	1	1700.60
2	1992.00	1	2026.60
3	1993.00	1	2577.40
4	1994.00	1	3496.20
5	1995.00	1	4283.00
6	1996.00	1	4838.90
7	1997.00	1	5160.30
8	1991.00	2	708.60
9	1992.00	2	784.00
10	1993.00	2	921.60
11	1994.00	2	1221.00
12	1995.00	2	1577.70
13	1996.00	2	1926.10
14	1997.00	2	2091.10

圖 3 - 1 - 18　**人均消費支出數據**

解:繪製線圖的步驟如下,

第一步,打開數據文件,選擇 Graph 工具欄中的 Line 子項(圖 3 - 1 - 19)。

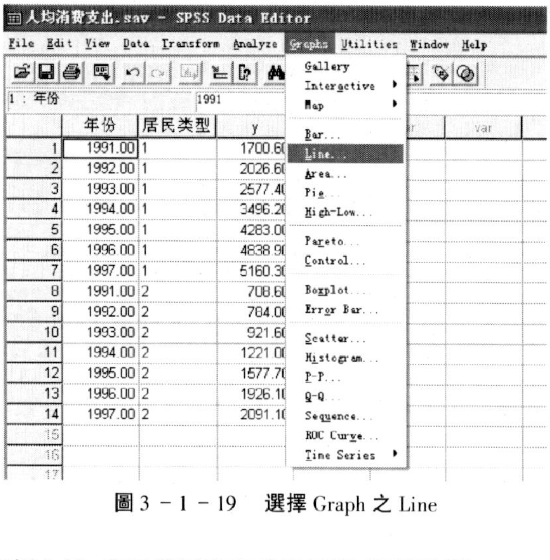

圖 3 - 1 - 19　**選擇** Graph **之** Line

第二步,單擊鼠標左鍵,出現線圖預定義對話框,選擇線圖 Multiple,在表達類型中選擇「Summaries for groups of cases」(圖 3 - 1 - 20)。

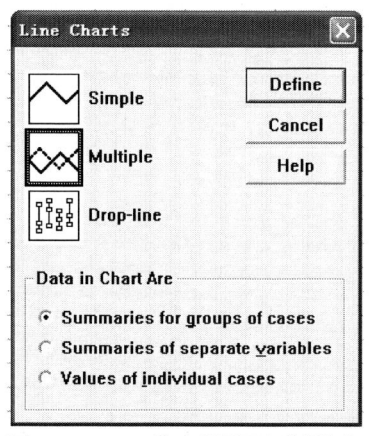

圖 3－1－20　填寫線圖預定義對話框

　　第三步，填寫好線圖預定義對話框後，單擊「Define」，系統彈出線圖主對話框。在 Lines Represent 中選擇「Other Summary Function」；將變量 y 選入 Variable 框；單擊「Change Summary」按鈕，定義匯總函數，此時系統彈出 Summary Function 對話框，選擇其中的 Sum of values(見圖 3－1－21)，單擊「Continue」，系統回到主對話框；將變量年份選入 Category Axis 框；將變量居民類型選入 Define lines by 框。填寫好的主對話框見圖 3－1－22。

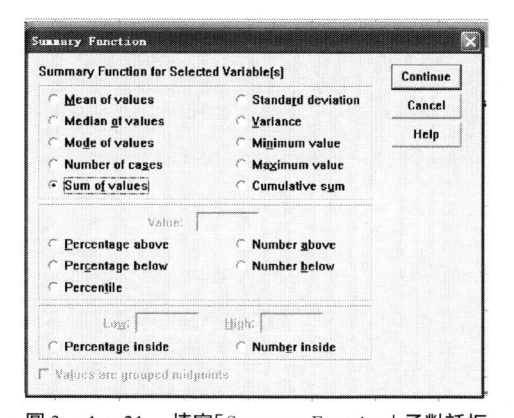

圖 3－1－21　填寫「Summary Function」子對話框

177

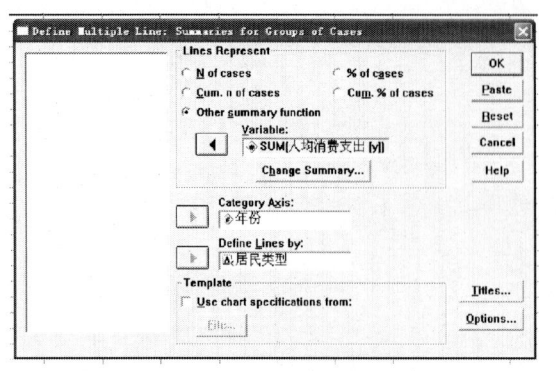

圖 3-1-22　填寫線圖主對話框

第四步,單擊「OK」,SPSS 即在輸出窗口給出繪製好的直條圖,見圖 3-1-23。

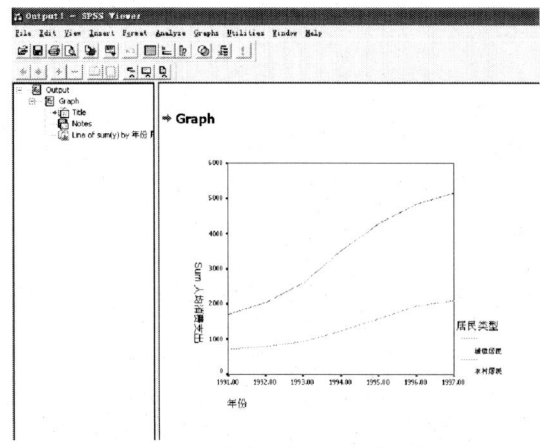

圖 3-1-23　繪製好的人均消費支出線圖

可以看出,城鎮居民和農村居民的人均消費支出都呈逐年上升的趨勢,但城鎮居民的人均消費支出總是高於農村居民的人均消費支出,而且還有擴大的趨勢。

(四) 餅圖的繪製

餅圖通常用來表示數據的部分與整體之間的比例關係。在 SPSS 中繪製餅圖的過程與條形圖類似。

例 3-4　中國某年國內生產總值(GDP)的數據已經輸入到 SPSS 數據文件中,具體見圖 3-1-24(單位:億元),試繪製餅圖,反應該年 GDP 的結構。

圖 3 - 1 - 24　GDP 數據

解：繪製餅圖的步驟如下，

第一步，打開數據文件，選擇 Graph 工具欄中的 Pie 子項（見圖 3 - 1 - 25）。

圖 3 - 1 - 25　選擇 Graph 之 Pie

第二步，單擊鼠標左鍵，出現餅圖預定義對話框，「Summaries for groups of cases」（見圖 3 - 1 - 26）。

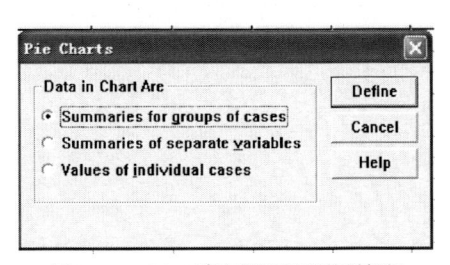

圖 3 - 1 - 26　填寫餅圖預定義對話框

第三步，填寫好餅圖預定義對話框後，單擊「Define」，系統彈出餅圖主對話框。在

179

Slices Represent 中選擇「Other Summary Function」；將變量 GDP 選入 Variable 框；單擊「Change Summary」按鈕,定義匯總函數,此時系統彈出 Summary Function 對話框,選擇其中的 Sum of values(見圖 3－1－27),單擊「Continue」,系統回到主對話框；將變量產業選入 Category Axis 框。填寫好的主對話框見圖 3－1－28。

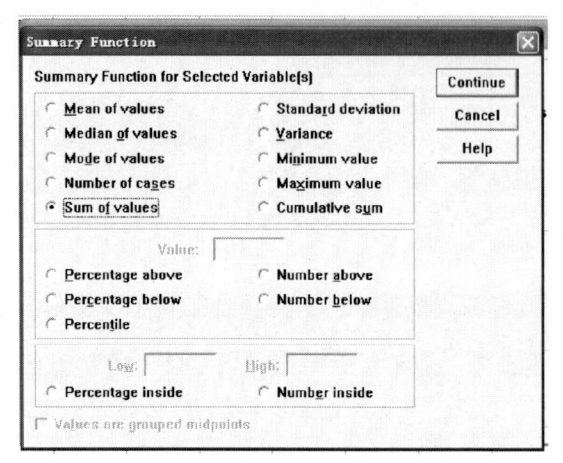

圖 3－1－27　填寫 Summary Function 子對話框

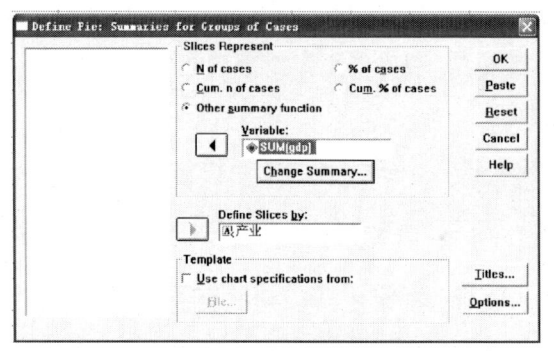

圖 3－1－28　填寫餅圖主對話框

第四步,單擊「OK」,SPSS 即在輸出窗口給出繪製好的餅圖,見圖 3－1－29。

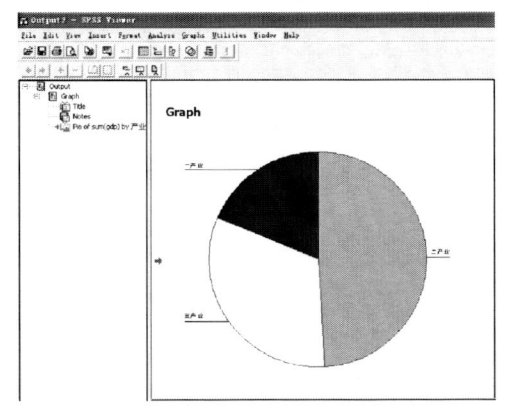

圖 3 - 1 - 29　繪製好的 GDP 餅圖

可以看出,第二產業 GDP 在整個地區生產總值中占了將近一半的比重,而第一產業 GDP 最少。

二、描述性統計分析

選擇 Analyze - descriptive statistics,可以對原始數據進行描述性統計分析。

(一) 基本描述統計

利用 Analyze - descriptive statistics - descriptives 可以進行基本描述統計。在 SPSS 的頻數分析(Analyze - descriptive statistics - frequencies) 中也包含了基本描述統計的功能,本書將在頻數分析中涉及後者。

1. 未分組數據的基本描述統計

(1) 對所有的數據作整體描述統計分析。對未分組數據進行基本描述統計的操作步驟為:

第一步,打開數據文件,選擇 Analyze - descriptive statistics - descriptive(見圖3 - 2 - 1)。

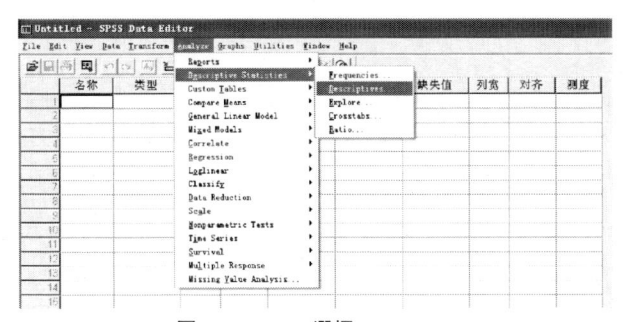

圖 3 - 2 - 1　選擇 Descriptive

第二步,單擊鼠標左鍵,出現 Descriptives 主對話框(見圖3－2－2)

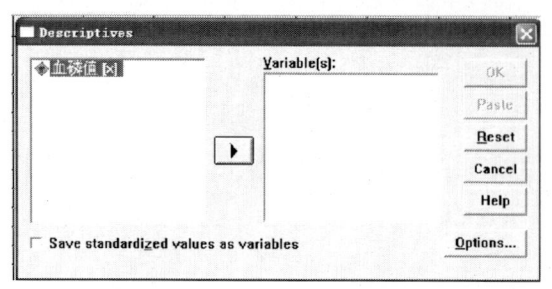

圖3－2－2　Descriptives 主對話框

對話框內各選項的含義如下:

Variable(s):用於選入需要進行描述統計的變量,如果選入多個,系統會對其依次進行描述,但輸出在同一表格內。

Save standardized values as variables:確定是否將原始數據的標準正態變換結果存為新變量。

Options 子對話框:用於選擇要計算的描述統計指標,具體可選擇算術平均數(Mean)、總和(Sum)、標準差(Std. deviation)、方差(Variance)、全距(Range)、最小值(Minimum)、最大值(Maximum)、標準誤(S. E. mean)、偏度系數(Skewness)和峰度系數(Kurtosis),詳細見如圖3－2－3。選好後點「Continue」鈕返回。

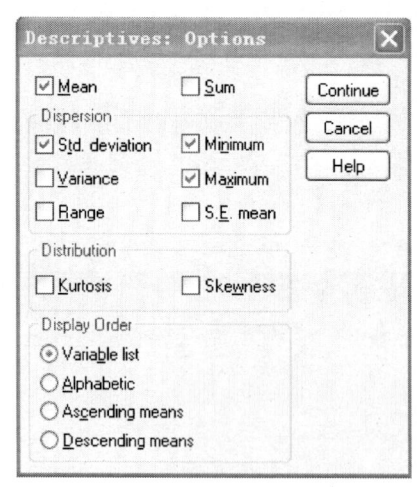

圖3－2－3　Descriptives Options

第三步,填寫好 Descriptives 主對話框後,點擊「OK」,即在結果瀏覽窗口給出結果。

例3－5　計算例3－1中血磷值的基本描述統計值,包括算術平均數、標準差、全距、

最小值、最大值。

解：操作步驟為，

第一步，打開血磷值數據文件，選擇 Analyze - descriptive statistics - descriptive。單擊鼠標左鍵，填寫 Descriptives 主對話框，將變量 x 選入 Variable(s)；在 Options 子對話框中選擇 Mean、Std. deviation、Range、Minimum、Maximum，在 Display Order 中選擇 Variable list，點擊「Continue」回到 Descriptives 主對話框（見圖 3 - 2 - 4、圖 3 - 2 - 5）。

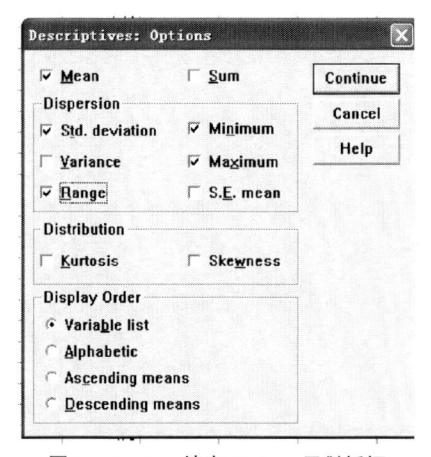

圖 3 - 2 - 4　填寫 Options 子對話框

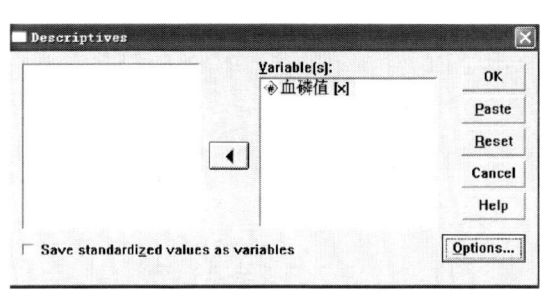

圖 3 - 2 - 5　填寫 Descriptives 主對話框

第二步，點擊「OK」，即在結果瀏覽窗口給出結果，見圖 3 - 2 - 6。

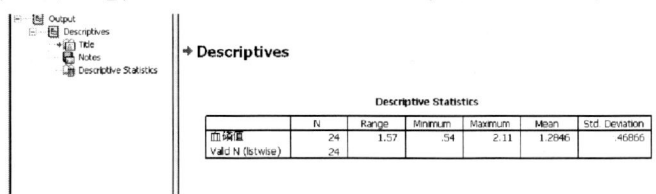

圖 3 - 2 - 6　描述統計結果

結果表明,血磷值的平均數為 1.2846,標準差為 0.468,66,最大值為 2.11,最小值為 0.54,全距為 1.57。

(2)對所有的數據作分組描述統計分析。如果希望分組輸出描述統計結果,則需先進行文件拆分,再按照上述實驗步驟操作,則可分組給出描述統計指標的值。

數據文件拆分的基本步驟為:

第一步,打開數據文件,選擇 Data – Split File(見圖3－2－7)。

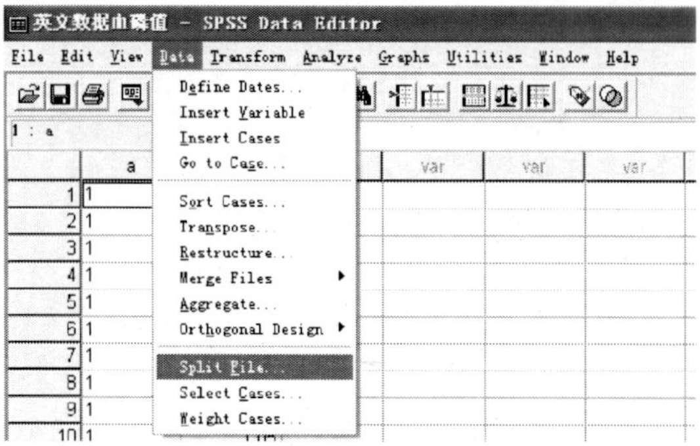

圖3－2－7　選擇 Data – Split File

第二步,單擊鼠標左鍵,系統彈出 Split File 對話框(見圖3－2－8)。

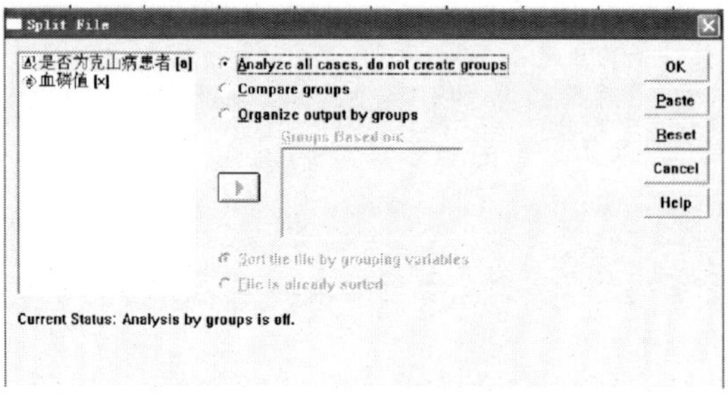

圖3－2－8　Split File 對話框

對話框內各選項的含義如下:

Analyze all cases,do not create groups:表示不拆分文件。
Compare groups:表示按所選變量拆分文件,各組分析結果放在一起便於比較。
Organize output by groups:表示按所選變量拆分文件,各組分析結果單獨放置。
Groups Based on:用於選擇拆分數據文件的變量。

例3－6　按克山病患者和健康人分別計算例3－1血磷值的基本描述統計值,包括算術平均數、標準差、全距、最小值、最大值,各組分析結果放在一起。

解:第一步,打開數據文件,選擇 Data – Split File。單擊鼠標左鍵,系統彈出 Split File

對話框,選中 Compare groups,將變量 a 選入 Groups Based on 框中(見圖3－2－9)。

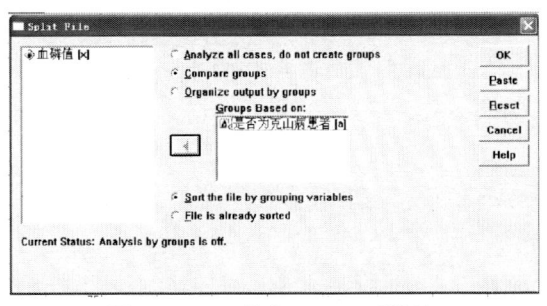

圖3－2－9　填寫 Split File 對話框

第二步,單擊「OK」,重複例3－5 的步驟,即在結果瀏覽窗口給出分組的描述統計結果(見圖3－2－10)。

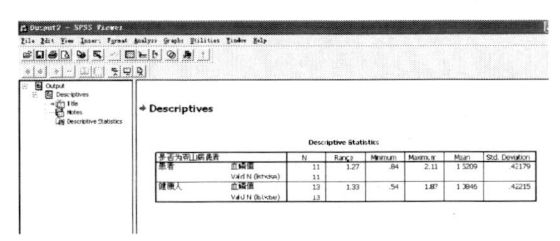

圖3－2－10　分組輸出的描述統計結果

結果表明,患者的血磷值比健康人要高,平均高出 0.44 個單位,但兩者的離散程度無大的差異。

值得注意的是,拆分處理對以後的 SPSS 分析操作均起作用。因此,如果希望恢復到對所有數據的整體分析操作,還需要取消文件拆分。方法是再次調出文件拆分對話框,選擇「Analyze all cases, do not create groups」,點擊「OK」即可。

2. 已分組數據的基本描述統計

對於直接給出分組數據,沒有原始數據的資料進行基本描述性統計分析,需先進行加權,再按照上述實驗步驟操作,則可計算出描述統計指標的值。

數據加權的基本步驟為:

第一步,打開數據文件,選擇 Data－Weight Cases(見圖3－2－11)。

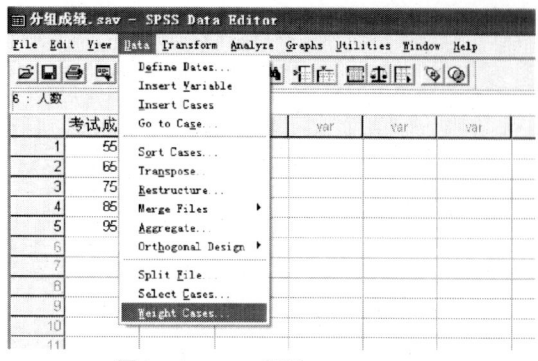

圖 3－2－11　選擇 Weight Cases

第二，單擊鼠標左鍵，系統彈出 Weight Cases 對話框（見圖 3－2－12）。

圖 3－2－12　Weight Cases 對話框

對話框內各選項的含義如下：
Do not weight cases：表示不加權。
Weight cases by：表示按某變量加權。
Frequency Variable：選擇用於加權的變量。

例 3－7　某班 50 名學生統計學考試成績如圖 3－2－13 所示，試計算他們考試成績的平均數、標準差、總成績。

圖 3－2－13　數據

解：第一步，打開數據文件，選擇 Data－Weight Cases，單擊鼠標左鍵，系統彈出

Weight Cases 對話框,選擇 Weight cases by,將人數選到 Frequency Varible 框中(見圖 3－2－14)。

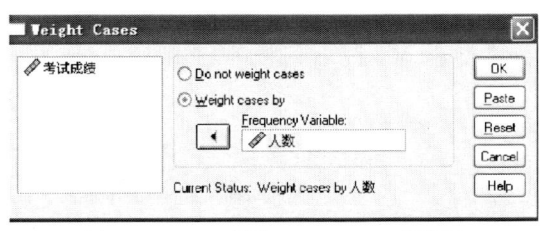

圖 3－2－14　填寫 Weight Cases 對話框

第二步,點擊「OK」,這樣,圖 3－2－13 中左欄的考試成績就被右欄中對應的人數加權了,選擇 analyze － descriptive statistics － Descriptive(見圖 3－2－15)。

圖 3－2－15　選擇 Descriptive

第三步,單擊鼠標左鍵,填寫 Descriptives 主對話框,將變量考試成績選入 Variable(s);在 Options 子對話框中選擇 Mean、Std. deviation、Sum,在 Display Order 中選擇 Variable list,點擊 Continue 回到 Descriptives 主對話框(見圖 3－2－16、圖 3－2－17)。

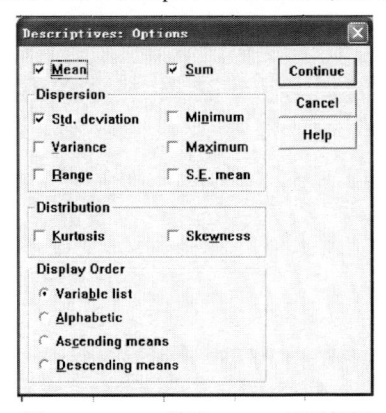

圖 3－2－16　填寫 Options 子對話框

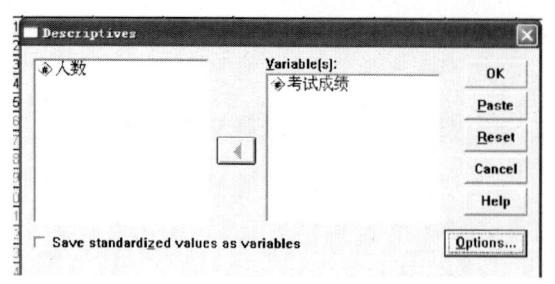

圖 3－2－17　填寫 Descriptives 主對話框

第四步,點擊「OK」,即在結果瀏覽窗口給出結果,見圖 3－2－18。

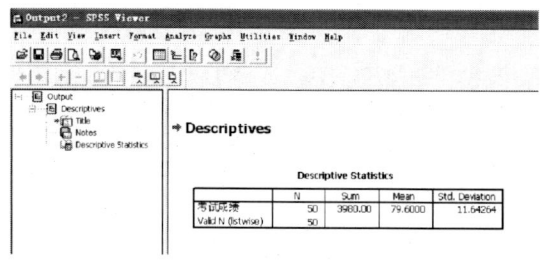

圖 3－2－18　描述統計結果

(二) 頻數分析

瞭解變量的取值狀況是描述性統計分析常見的要求,它包括計算變量的頻數、百分比等。SPSS 中的 frequencies 就是專門為產生頻數表而設計的。它不僅可以產生詳細的頻數表,還可以按要求給出某百分位點的數值,以及常用的條形圖、直方圖、餅圖等。

頻數分析的基本步驟為:

第一步,打開數據文件,選擇 Analyze － descriptive statistics － frequencies(見圖 3－2－19)。

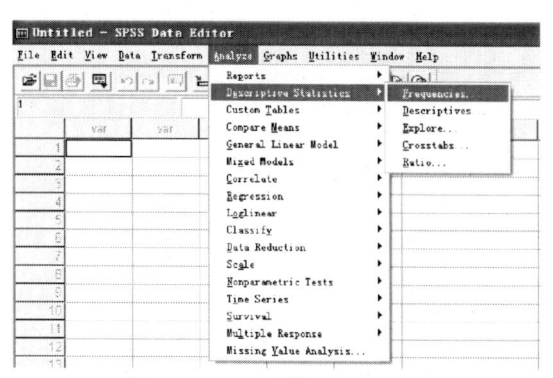

圖 3－2－19　選擇 Frequencies

第二步,單擊鼠標左鍵,出現 Frequencies 對話框(見圖 3－2－20)

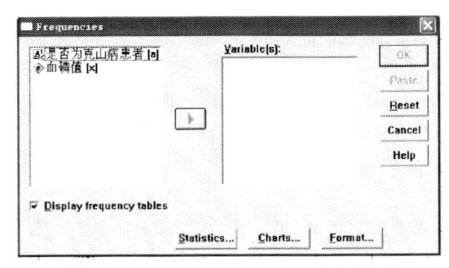

圖 3－2－20　Frequencies 主對話框

對話框內各選項的含義如下:
　　Variable(s):用於選入需要進行描述統計的變量,如果選入多個,系統會對其依次進行描述,但輸出在同一表格內。
　　Display frequency tables:確定是否在結果中輸出頻數表。
　　Statistics 子對話框:用於定義需要計算的其他描述統計指標,具體可定義需要輸出的百分位數、描述集中趨勢的指標、描述離散程度的指標、描述分佈特徵的指標,詳細見圖 3－2－21。選好後點「Continue」鈕返回。

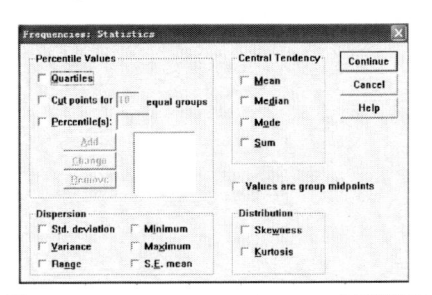

圖 3－2－21　Frequencies Statistics 子對話框

　　Charts 子對話框:用於設定所做的統計圖,包括條形圖、直方圖、餅圖,也可選擇不要圖,詳細見圖 3－2－22。選好後點「Continue」鈕返回。

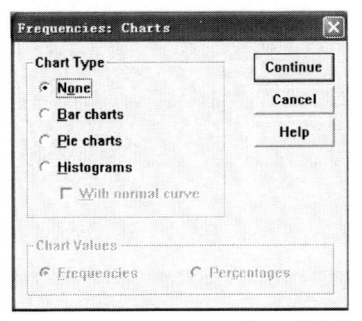

圖 3－2－22　Frequencies Charts 子對話框

Format 子對話框:用於定義輸出頻數表的輸出順序和格式,一般不用更改,使用默認設置即可,詳細見圖 3 - 2 - 23。選好後點「Continue」鈕返回。

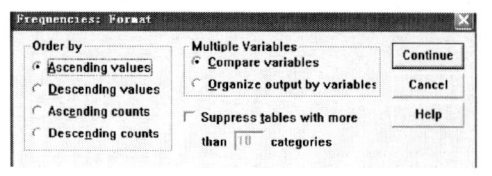

圖 3 - 2 - 23　Frequencies Format 子對話框

第三步,填寫好 Frequencies 主對話框後,點擊「OK」,即在結果瀏覽窗口給出結果。

例3 - 8　對例 1 - 1 中的考試成績進行頻數分析,顯示算術平均數、中位數、標準差,不繪製統計圖。

解:第一步,打開考試成績數據文件,選擇 analyze - descriptive statistics - frequencies。單擊鼠標左鍵,填寫 Frequencies 主對話框,將變量考試成績選入 Variable(s);在 Statistics 子對話框中選擇 Mean、Median、Std. Deviation,點擊「Continue」回到 Frequencies 主對話框(見圖 3 - 2 - 24、圖 3 - 2 - 25)。

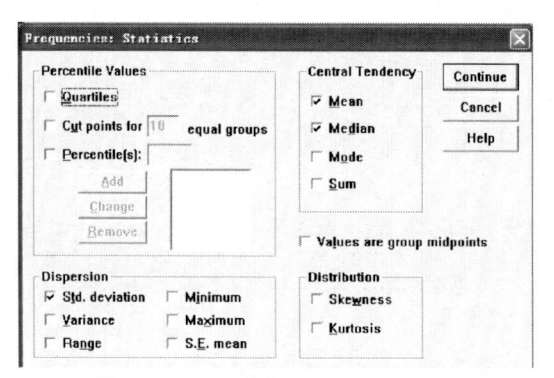

圖 3 - 2 - 24　填寫 Statistics 子對話框

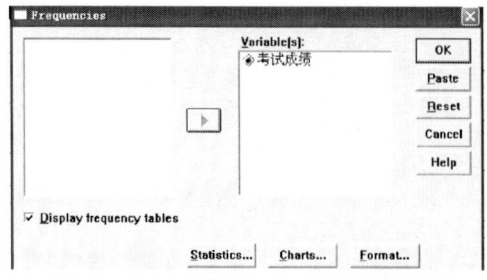

圖 3 - 2 - 25　填寫 Frequencies 主對話框

第三步,點擊「OK」,即在結果瀏覽窗口給出結果(見圖3－2－26)。

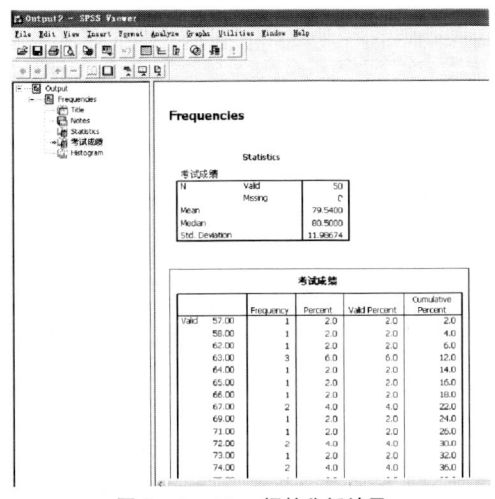

圖3－2－26　頻數分析結果

可以看出,上述結果分組太細,一個變量值為一組,每個變量值對應一個頻數。如果要求分組粗一些,如做組距式分組,然後再進行頻數分析,則需在上述步驟之前先分組,再進行頻數分析。SPSS中通過transform－recode－into different variables進行統計分組。我們通過例3－9來學習統計分組的步驟及在此基礎上進行的頻數分析。

例3－9　對例1－1中的考試成績進行統計分組,各組組限分別為:50～60分,60～70分,70～80分,80～90分,90～100分。然後在分組資料的基礎上進行頻數分析,要求計算算術平均數、中位數、眾數、標準差,繪製直方圖。

解:第一步,選擇transform－recode－into different variables,進入分組窗口。在分組窗口中的output variable框中的name後輸入存放分組結果的變量名(成績分組),按「change」按鈕確認,結果見圖3－2－27。

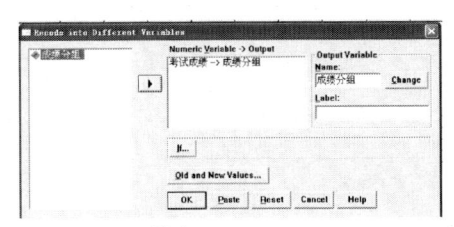

圖3－2－27　填寫recode into different variables

第二步,按「old and new values」按鈕進行分組區間定義,如圖3－2－28所示。

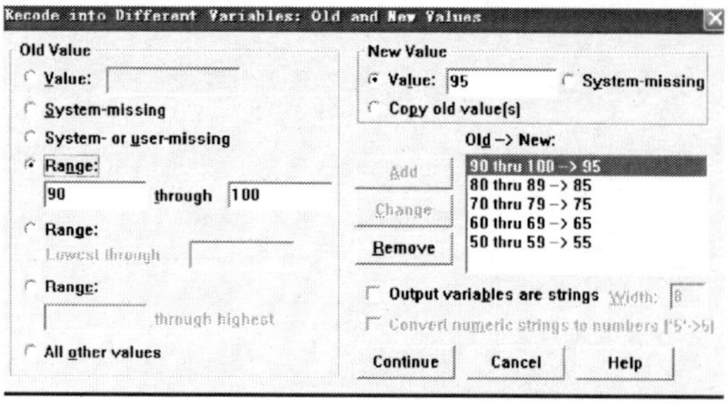

圖 3－2－28　分組區間定義

　　圖3－2－28的窗口分為左右兩部分。左邊為原始數據取值，右邊對左邊給出的值（Value）或取值區間（Range）定義新變量的取值。如選擇左邊的Range，輸入90和100，然後選右邊New Value下的Value，並填入95，表示原90～100的數據分到95這一組中，填寫完後點擊「Continue」。

　　需要說明的是，經過以上分組得到的成績分組變量為數值型變量，它可直接用於繪製直方圖；如果選擇右邊New Value下的Output variables are strings，則新變量為字符型變量，它不可直接用於繪製直方圖，但可繪製條形圖等。

　　第三步，按「OK」按鈕，SPSS自動進行分組，結果見圖3－2－29。

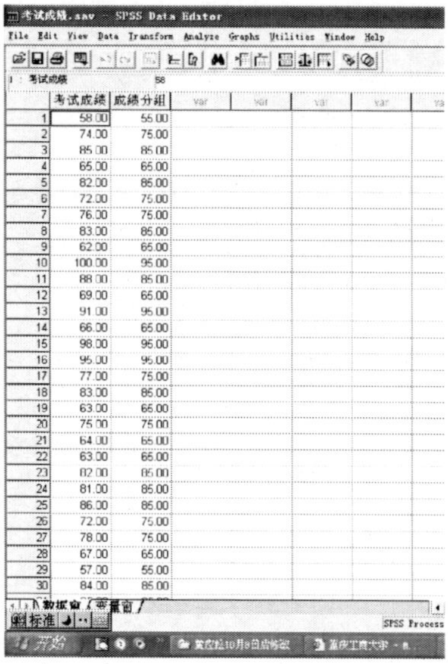

圖 3－2－29　分組結果

　　第四步，選擇Analyze － descriptive statistics － frequencies，出現如圖3－2－30所示的窗口。

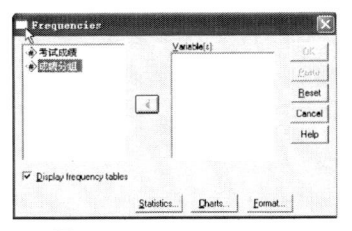

图 3-2-30　Frequencies

第五步,選擇「成績分組」變量到 variable(s) 框中,選中 Display frequency tables,以顯示分組表。單擊「Statistics」按鈕,出現輸出統計量選擇對話框,選中 Mean、Median、Mode、Std. Deviation,如圖 3-2-31,選好後點「Continue」按鈕返回。

第六步,單擊「Chart」按鈕,選擇 Histogram,在 chart values 中選擇 Frequencies,見圖 3-2-32,選好後點「Continue」按鈕返回。

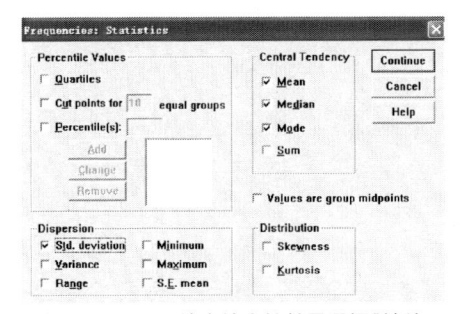

图 3-2-31　填寫輸出統計量選擇對話框

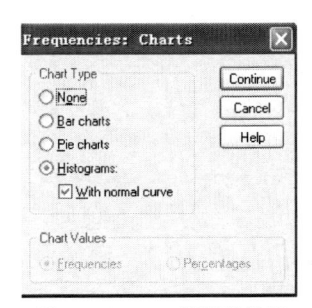

图 3-2-32　選擇統計圖

第七步,單擊「Format」按鈕,然後選擇按變量值的升序輸出(Ascending values),則 SPSS 輸出結果見圖 3-2-33、圖 3-2-34、圖 3-2-35。

Statistics

成绩分组

N	Valid	50
	Missing	0
Mean		79.6000
Median		80.1852[a]
Mode		85.00
Std. Deviation		11.64264
Variance		135.551
Skewness		-.263
Std. Error of Skewness		.337
Kurtosis		-.903
Std. Error of Kurtosis		.662
Range		40.00
Minimum		55.00
Maximum		95.00

a. Calculated from grouped data.

图 3-2-33　結果 1

成績分組

		Frequency	Percent	Valid Percent	Cumulative Percent
Valid	55.00	2	4.0	4.0	4.0
	65.00	10	20.0	20.0	24.0
	75.00	12	24.0	24.0	48.0
	85.00	15	30.0	30.0	78.0
	95.00	11	22.0	22.0	100.0
	Total	50	100.0	100.0	

圖 3－2－34　結果 2

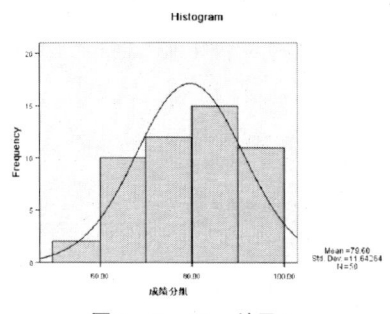

圖 3－2－35　結果 3

圖 3－2－35 的橫軸刻度不太符合習慣，可採取以下步驟進行修改：

（1）在 SPSS 的輸出窗口中單擊選中直方圖，點擊右鍵，然後在彈出的快捷菜單中選擇 SPSS Chart Object－open，出現圖表編輯窗口（如圖 3－2－36）。

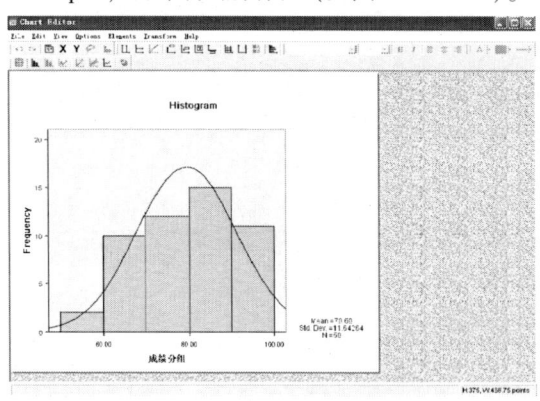

圖 3－2－36　圖表編輯窗口

如果欲在圖中的某一部位（如標題、縱橫軸的尺度與標目、統計圖的色彩或花紋等）進行編輯，只需將鼠標箭頭指向這一部位並雙擊鼠標左鍵，系統即彈出相應的編輯對話框。編輯過程簡便易行，用戶不妨一試。下面選擇刻度進行編輯修改。

（2）單擊橫軸上的任意一個刻度值後，按鼠標右鍵，在彈出的快捷菜單中選擇

Properties Window,出現屬性設置窗口,單擊「Scale」鍵(見圖3－2－37)。

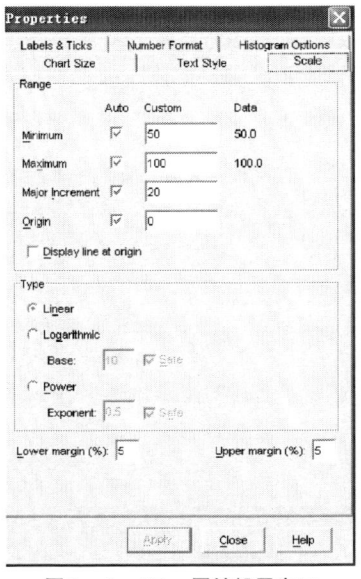

圖3－2－37　屬性設置窗口

(3) 將主要刻度(Major increment)改為10(圖3－2－38),然後單擊Apply,得到修改後的直方圖(見圖3－2－39)。

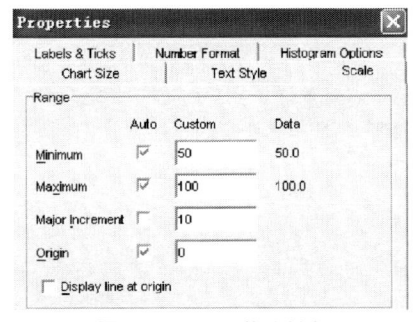

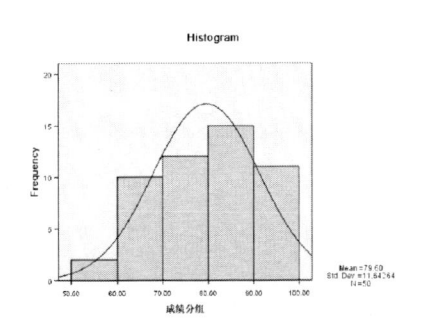

圖3－2－38　修改刻度　　　　　圖3－2－39　修改後的結果

在圖標編輯窗口中,選擇菜單欄中的Transform菜單,還可進行各種圖形的轉換,大家可以自己去試試。

三、簡單相關分析與線性迴歸分析

(一) 簡單相關分析

1. 繪製簡單散點圖

在進行相關分析時,散點圖是非常重要的工具,分析前必須要先做散點圖,以初步判

斷兩變量之間是否存在相關趨勢,該趨勢是否為直線趨勢,以及數據中是否存在異常點。忽視散點圖的作用直接進行分析很可能會得出錯誤的結論。

　　散點圖是常用的表現兩個變量或多個變量之間有無相關關係的統計圖,在 SPSS 中有四種散點圖,即簡單散點圖(Simple)、散點圖矩陣(Matrix)、重疊散點圖(Overlay)、三維散點圖(3－D),見圖 3－3－1。

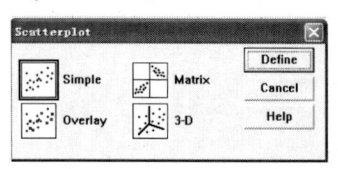

圖 3－3－1　　散點圖預定義框

　　簡單散點圖用於表示兩個變量之間的關係如何,在相關分析和迴歸分析中,簡單散點圖是非常重要的工具。繪製簡單散點圖的步驟為:

第一步,打開 SPSS,選擇 Graph 工具欄中的 Scatter 子項(見圖 3－3－2)。

圖 3－3－2　　選擇 Graph－Scatter

　　第二步,單擊鼠標左鍵,出現散點圖預定義框,即圖 3－3－1 所示界面。選擇 Simple,並點擊 Define,出現如圖 3－3－3 所示的簡單散點圖的主對話框。

　　對話框內各選項的含義如下:

Y Axis:從左邊待選變量中選入自變量 Y,放入此框中。

X Axis:從左邊待選變量中選入自變量 X,放入此框中。

Set marks by:選入一個標記變量,根據該變量取值的不同對同一個散點圖中的各點標以不同的顏色(或形狀),這樣可以直接比較各個亞組的相關性如何。

Label Cases by:當編輯圖形在圖形選項中選擇顯示 label 時,圖形默認顯示記錄號。如果在這裡選擇了 label 變量,則顯示該變量的取值。

圖 3－3－3　簡單散點圖主對話框

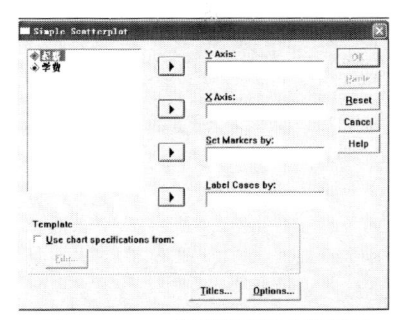

第三步，填寫完簡單散點圖主對話框後，點擊「OK」，即在結果瀏覽窗口給出繪製好的簡單散點圖。

2. 計算簡單相關係數

SPSS 的相關分析功能被集中在 Analyze 菜單的 Correlate 子菜單中，它包括 Bivariate 過程、Partial 過程、Distances 過程。

Bivariate 過程是 Correlate 菜單中用得最多的一個過程，它用於進行兩個變量之間的線性相關分析，結果中可以給出 Pearson 相關係數、Kendall 等級相關係數和 Spearman 等級相關係數，它們可分別應用於兩個變量分佈的不同情況。

計算簡單相關係數的步驟為：

第一步，打開 SPSS，選擇 Analyze 工具欄中的 Correlate 子菜單中的 Bivariate 選項（見圖 3－3－4）。

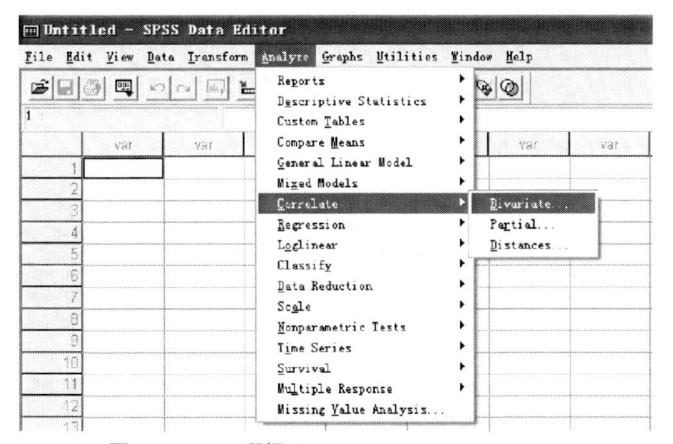

圖 3－3－4　選擇 Analyze－Correlate－Bivariate

第二步，單擊鼠標左鍵，出現如圖 3－3－5 所示的 Bivariate 主對話框。

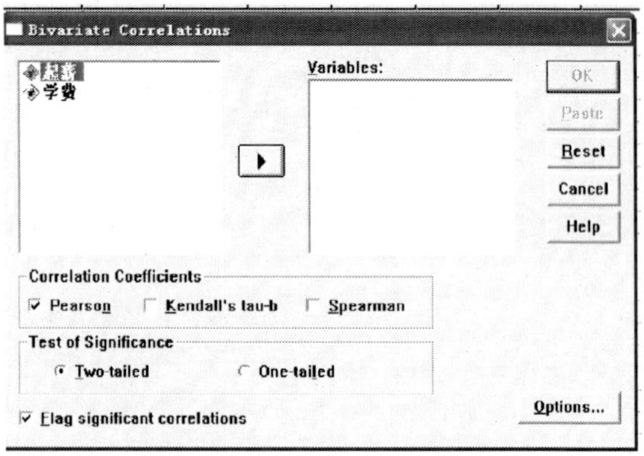

圖 3－3－5　Bivariate 主對話框

對話框內各選項的含義如下：

Variables：用於選入需要進行相關分析的變量，至少需要選入兩個。如果選入了多個，則分析結果會以相關矩陣的形式給出兩兩直線相關分析的結果。

Correlation Coefficients：用於選擇需要計算相關分析的指標。計算簡單相關係數需要選擇 Pearson，它同時也是默認輸出項。

Test of Significance：用於確認是進行相關係數的單側（One－tailed）或雙側（Two－tailed）檢驗，一般選雙側檢驗。

Flag significant correlations：要求在結果中用星號標記有統計學意義的相關係數，一般選中此項。此時 $P<0.05$ 的係數值旁會標記一個星號，$P<0.01$ 的係數值旁會標記兩個星號。

Options 子對話框：它用於選擇需要計算的描述統計量和統計分析。如果只是計算簡單相關係數，則可不填寫該對話框。

第三步，填寫完 Bivariate 主對話框後，點擊 OK，即在結果瀏覽窗口給出結果。

（二）線性迴歸分析

SPSS 的迴歸分析功能被集中在 Analyze 菜單的 Regression 子菜單中，它包括多個過程，既可進行線性迴歸分析，也可進行非線性迴歸分析。Linear 過程是 Regression 菜單中用得較多的一個過程，它用於進行兩個變量之間的線性迴歸分析。

進行線性迴歸分析的步驟為：

第一步，打開 SPSS，選擇 Analyze 工具欄中的 Regression 子菜單中的 Linear 選項（見圖 3－3－6）。

第二步，單擊鼠標左鍵，出現如圖 3－3－7 所示的 Linear 主對話框。

對話框內各選項的含義如下：

Dependent：用於選入因變量。

Independent：用於選入自變量，可以是一個，也可以是多個變量。

Method：用於確定變量分析方式。可供選擇的方式包括 Enter、Remove、Stepwise、

圖 3 – 3 – 6　選擇 Analyze – Regression – Linear

圖 3 – 3 – 7　Linear 主對話框

Backward、Forward。其中，Enter 為默認方式，表示所選擇的自變量將全部進入迴歸方程中；Remove 表示建立的迴歸方程將根據設定的條件剔除部分自變量；Stepwise 為逐步篩選，表示根據 Options 對話框設定的標準，在計算過程中逐步加入或剔除單個變量，直到所建立的方程中不能再加入變量或含有可剔除的變量為止；Backward 為向後篩選，表示在計算過程中每次加入一個變量，然後再剔除某個變量，直到所建立的方程中不再含有可剔除的變量為止；Forward 為向前篩選，表示根據 Options 對話框設定的標準，在計算過程中一次加入單個變量，直至加入所有符合條件的變量為止。

　　Selection Variable：用於對樣本數據進行篩選，即挑選滿足一定條件的樣本數據進行線性迴歸分析。

Case Labels:用於指定作圖時,以哪個變量作各樣本數據點的標誌變量。

根據需要,可單擊 Statistics、Options、Plots 等按鈕進行選擇。其中,Statistics 用於選擇輸出項目,Options 用於改變進行逐步迴歸時的內部數值的設定,以及對缺失值的處理方式,Plots 用於繪製殘差散點圖、直方圖、奇異值圖或正態概率圖。

第三步,填寫完 Linear 主對話框後,點擊 OK,即在結果瀏覽窗口給出結果。

(三) 綜合實例

例 3-10　請根據表 3-3-1 數據繪製 y 與 x 的散點圖,計算簡單相關係數,並建立 y 對 x 的直線迴歸方程。

表 3-3-1　　　　　　　　x、y 的原始數據

y	0.11	0.38	0.41	0.45	0.39	0.48	0.61
x	1.3	2.4	2.6	2.8	2.4	3	4.1

解:把數據輸入到 SPSS 中,建立數據文件(見圖 3-3-8)。

圖 3-3-8　x,y 的原始數據文件

第一步,繪製散點圖。

(1) 選擇 Graphs— scatter plot,出現窗口(見圖 3-3-9)。

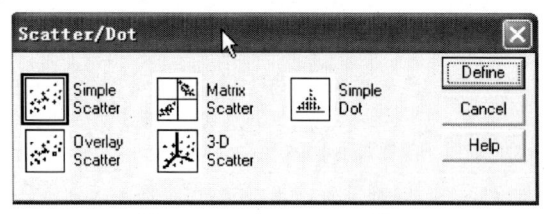

圖 3-3-9　scatter plot 窗口

（2）選擇 simple scatter，按「define」按鈕，出現窗口〔見圖 3－3－10(a)〕。

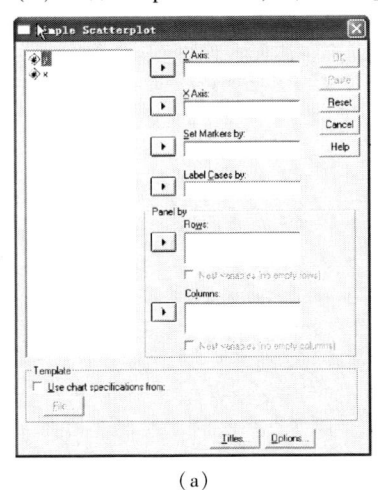

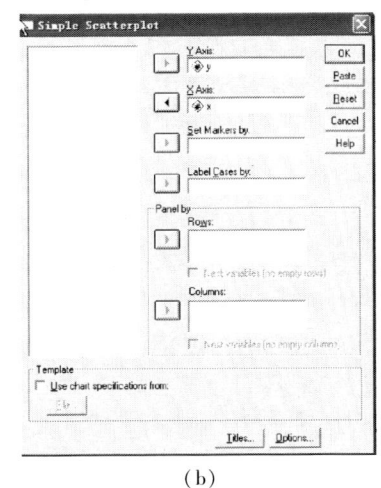

(a)   (b)

圖 3－3－10   Simple Scatter 對話框

（3）選擇左側框中的 y 與 x 分別到右側對應的 Y axis 與 X axis，如圖3－3－10(b)所示；然後按「OK」按鈕。SPSS 輸出結果如圖 3－3－11。

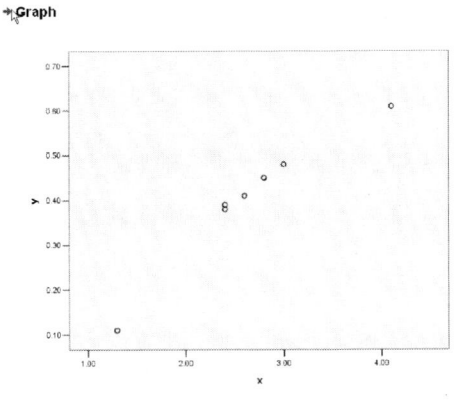

圖 3－3－11   散點圖

第二步，計算簡單相關係數。

SPSS 中既可利用 Analyze－correlate 單獨計算相關係數，也可利用 Analyze－regression－linear 直接進行直線迴歸，在結果中 SPSS 會輸出直線相關係數。我們先看單獨計算相關係數的過程。

（1）選擇 Analyze－correlate－Bivariate，出現窗口（見圖 3－3－12）。

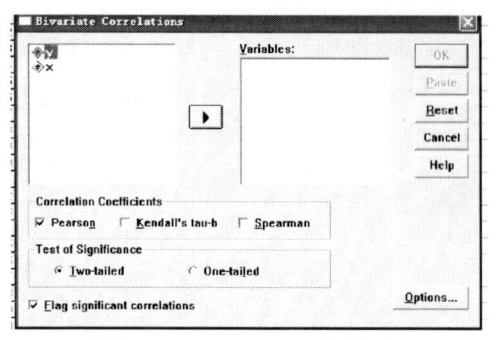

圖 3-3-12　Bivariate 主對話框

(2) 將變量 x 和 y 選入 Variables 框中；選中 Correlation Coefficients 框中的 Pearson；選中 Test of Significance 框中的 Two-tailed；選中 Flag significant correlations（見圖 3-3-13）。

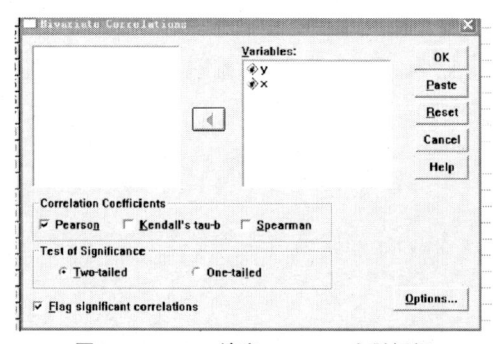

圖 3-3-13　填寫 Bivariate 主對話框

(3) 按「OK」按鈕。SPSS 輸出結果如圖 3-3-14。結果表明，x 與 y 的相關係數為 0.972，呈高度正相關。

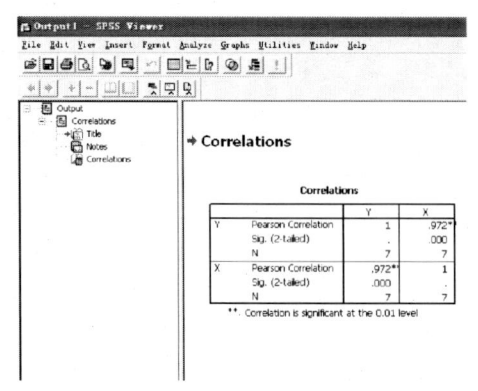

圖 3-3-14　簡單相關係數

第三步,建立直線迴歸方程。

(1) 選擇 Analyze - regression - linear,出現窗口如圖 3-3-15 所示。

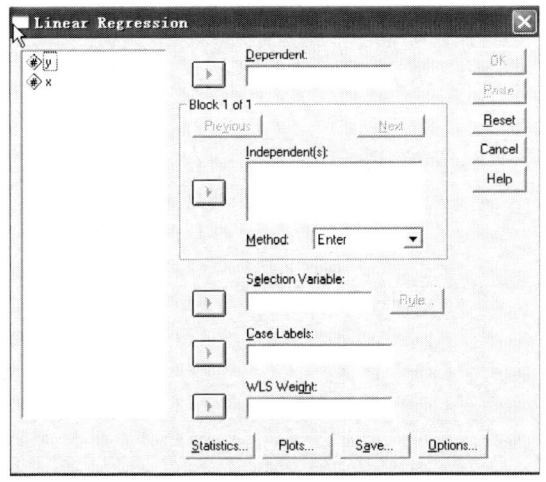

圖 3-3-15　Linear Regression 對話框

(2) 選擇左側框中的 y 與 x 分別到右側對應的 dependent 與 independent(多元直線迴歸分析只需將多個自變量輸入到 independent 中即可),然後按「OK」按鈕。SPSS 輸出結果如圖 3-3-16、圖 3-3-17、圖 3-3-18、圖 3-3-19 所示。

Regression

Variables Entered/Removed[b]

Model	Variables Entered	Variables Removed	Method
1	X[a]		Enter

a. All requested variables entered.
b. Dependent Variable:y

圖 3-3-16　輸出結果(1)

Model Summary

Model	R	R Square	Adjusted R Square	Std. Error of the Estimate
1	.972[a]	.944	.933	.03926

a. Predictors:(Constant),x

圖 3-3-17　輸出結果(2)

ANOVA^b

Model		Sum of Squares	df	Mean Square	F	Sig
1	Regression	.130 .008 .138	1 5 6	.130 .002	84.268	.000^a

a. Predictors:(Constant),x
b. Dependent Variable:y

圖 3－3－18　輸出結果(3)

Coefficients^a

Model		Unstandardized Coefficients		Standardized Coefficients	t	Sig.
		B	Std. Error	Beta		
1	(Constant)	－.063	.053		－1.190	.287
	x	.176	.019	.972	9.180	.000

a. Dependent Variable:y

圖 3－3－19　輸出結果(4)

輸出結果包含了四個內容:進入或移出的自變量(variables entered removed),模型的簡要擬合情況(model summary),方差分析表(anova)、迴歸係數表(coefficients)。

在 model summary 中 R 即為相關係數,其餘分別是可決係數、校正可決係數、估計的標準誤差。

方差分析表(anova)表與迴歸係數表(coefficients)的含義都與 Excel 迴歸輸出結果相似,這裡不再贅述。

輸出結果①表明該模型中的 x 是進入變量,沒有移出的變量,具體的進入/退出方法為 Enter;輸出結果②是模型的擬合優度情況簡報,表明 x 與 y 的相關係數為 0.972,決定係數為 0.944,校正的決定係數為 0.933;輸出結果③是模型的檢驗結果,迴歸模型 F 值為 84.268, P 值為 0.000,因此迴歸模型具有統計學意義,通過了檢驗;輸出結果(4)表明迴歸方程為 $y = -0.063 + 0.176x$,截距項的 P 值為 0.000,通過了檢驗,但常數項的 P 值為 0.287,沒有通過檢驗。

四、總體均值的區間估計

SPSS 的 Analyze 菜單的 Descriptive 子菜單中的 Explore 可以計算總體均值的置信區間。

例 3－11　從某大學的三年級學生中隨機抽取 30 名同學,得到身高數據,數據已經輸入到 SPSS 文件中,見圖 3－4－1,試以 95% 的置信度估計該大學三年級學生的平均身高。

	身高	var	var
1	175.00		
2	155.00		
3	164.00		
4	168.00		
5	169.00		
6	158.00		
7	180.00		
8	163.00		
9	164.00		
10	168.00		
11	178.00		
12	156.00		
13	170.00		
14	169.00		
15	168.00		
16	168.00		
17	167.00		
18	163.00		
19	170.00		
20	156.00		
21	157.00		
22	160.00		
23	161.00		
24	169.00		
25	162.00		
26	164.00		
27	166.00		
28	168.00		
29	169.00		
30	178.00		

圖 3 - 4 - 1　身高數據

解:

第一步,打開數據文件,選擇 Analyze - Descriptive - Explore,如圖 3 - 4 - 2。

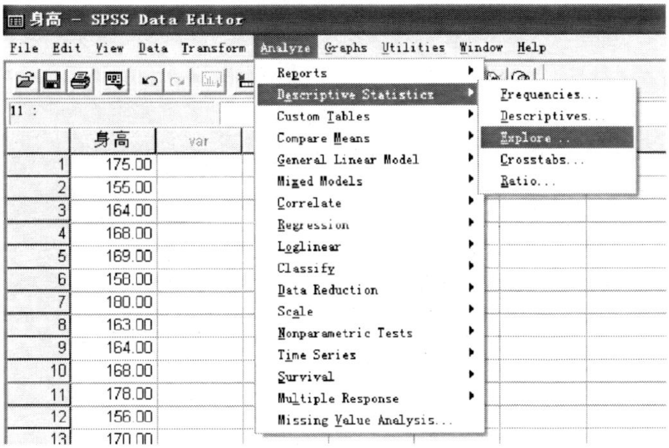

圖 3 - 4 - 2　選擇 Analyze - Descriptive - Explore

第二步，單擊鼠標左鍵，出現 Explore 主對話框，將「身高」變量送入 Dependent List(因變量清單)框，在 Display 框中選中 Statistics(只輸出統計量)。點擊 Statistics 按鈕，系統彈出 Explore:Statistics(探索分析統計)窗口，選中 Descriptives，接受 95% 的置信度(圖 3－4－3)。點擊 Continue，返回主對話框，填寫好的 Explore 主對話框見圖 3－4－4。

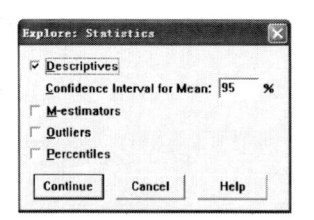

圖 3－4－3　填寫 Explore:Statistics 對話框 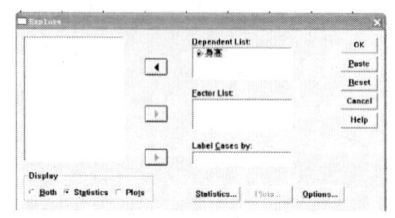　　　　圖 3－4－4　填寫 Explore 主對話框

第三步，點擊「OK」，即在輸出窗口給出結果，見圖 3－4－5。

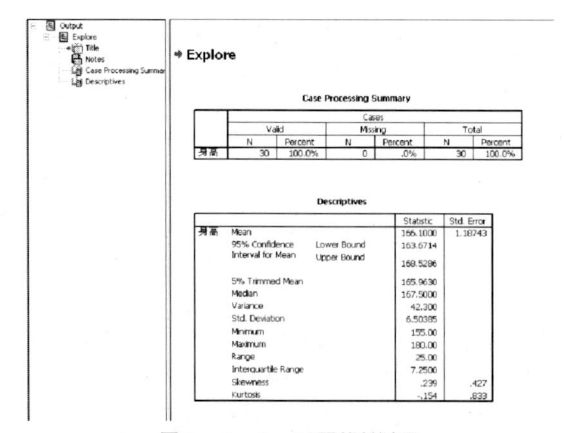

圖 3－4－5　區間估計結果

圖 3－4－5 表明，均值的估計值為 166.10 厘米，平均身高的 95% 的置信區間為 163.67 ～ 168.53 厘米。該結果同時還給出了總體方差和總體標準差的估計值等。

附　　錄

調查問卷一

大學生生活費收支狀況調查問卷①

××同學：

您好,請配合我們完成以下調查問卷,請在符合您的實際情況的選項下畫「√」。

Q1. 您的性別：A. 男　　　B. 女

Q2. 您的年級：

A. 大一　　B. 大二　　C. 大三　　D. 大四

Q3. 您的月生活費支出：

A. 300 元以下　　B. 300～400 元　　C. 400～500 元

D. 500～600 元　　E. 600～700 元　　F. 700 元以上

Q4. 您的生活費主要來源依次是：

A. 父母　　B. 勤工儉學　　C. 助學貸款　　D. 其他＿＿＿(請註明)

請排序：□ → □ → □ → □

Q5. 您的各項開支為(單位：元)：

A. 伙食費　　B. 衣著　　C. 書本資料及其他學習用品

D. 日化用品(包括護膚、洗滌用品及其他日用小百貨)

E. 娛樂休閒　　F. 其他

請排出你本學期支出的前三項：□ → □ → □

非常感謝您的合作！

---

① 賈俊平.《統計學》教學案例和教學項目匯編[M]. 北京:中國人民大學出版社,2004:76-77.

調查問卷二

成統綜審(2003)04 號

成都市創建國家環境保護模範城市社會問卷調查①

問卷編號：_____

_____先生 / 女士

您好！

我是成都市創建國家環境保護模範城市領導小組辦公室的社會調查問卷訪問員，正在進行一項關於我市創建國家環境保護模範城市的「公眾對城市環境滿意率」的社會問卷調查工作。我想和你談談這方面的情況，耽誤您一些時間，可以嗎？

多謝您的支持和配合！

被訪者姓名：	單位電話：	家庭電話：	傳呼或移動電話：
單位 / 家庭 / 調查地址：			
訪問日期：　月　日	開始時間：　時　分		結束時間：　時　分

　　我保證本調查問卷所填各項資料均按照 CDUSO 訪問作業程序規定完成，絕對真實無欺，若有任何一份問卷作弊，全部問卷作廢，我將賠償由此給 CDUSO 帶來的經濟和名譽損失。

訪問員(簽名)：_____

SUP 簽名	YES 或 NO	FW 一審	FW 二審	QC 二審	DP 處理

Q1. 您的年齡(單選)：

1. 14 歲以下

2. 15～17 歲

3. 18～36 歲

4. 37～45 歲

5. 46～60 歲

6. 60 歲以上

Q2. 您的職業(單選)：

1. 幹部

2. 科技人員

3. 工人

4. 軍人

5. 公務員

6. 公司職員

---

① 彭莉莎. 統計模擬實驗[M]. 北京:中國統計出版社,2004:41－44.

7. 在校學生

8. 教師

9. 其他(請註明_____)

Q3. 您的文化程度(單選)：

1. 博士／碩士

2. 大學／大專

3. 中專／高中／職高

4. 初中

5. 小學

6. 其他(請註明_____)

Q4. 您是否為本市居民(單選)：

1. 是

2. 不是

Q5. 您是否知道本市正在創建國家環境保護模範城市(單選)？

1. 知道

2. 不知道(跳至 Q7)

Q6. 您從何處知曉成都市正在創建國家環境保護模範城市(多選)？

1. 會議傳達

2. 工作文件

3. 各類媒體

4. 朋友介紹

5. 其他(請註明_____)

Q7. 您對本市正在創建國家環境保護模範城市持什麼態度(單選)？

1. 關心

2. 不關心

3. 無所謂

Q8. 您對本市的環境現狀是否滿意(單選)？

1. 滿意

2. 基本滿意

3. 不滿意

Q9. 您認為我市在環境保護工作中哪些方面還需要加強(多選)？

1. 環境立法

2. 環保執法

3. 環保宣傳教育

4. 城市環境基礎設施

5. 污染防治

6. 其他(請註明_____)

Q10. 您認為環境保護(單選)：

1. 是政府的事

2. 是污染者的事

3. 是全體公民的事

Q11. 您知道環保舉報中心的24小時熱線電話嗎(單選)？

1. 12369
2. 12315
3. 12345
4. 不知道

Q12. 在過去的一年裡,您是否參加過保護環境的公益活動(單選)？

1. 是
2. 否

Q13. 您是否喜歡收看或閱讀有關環境保護或環保法制科普知識方面的文章和節目(單選)？

1. 是
2. 否

Q14. 假如您所居住的社區,為保護該社區及周邊的環境,擬成立環保志願者服務隊,您是否願意參加這一組織活動(單選)？

1. 是
2. 否

Q15. 您認為本市市委、市政府是否重視環境保護(單選)？

1. 非常重視
2. 比較重視
3. 一般
4. 不太重視
5. 不重視
6. 不瞭解

Q16. 您認為本市市委、市政府採取的保護和改善城市環境的措施是否得力(單選)？

1. 非常得力
2. 比較得力
3. 一般
4. 不太得力
5. 不得力
6. 不瞭解

──── 訪問結束,檢查問卷,感謝被採訪者 ────

附表1　通過國家統計局網站搜集到的7個指標的原始數據

地區	城鎮居民人均可支配收入（元）	農村居民人均可支配收入（元）	人均地區生產總值（元/人）	城鎮人口（萬人）	年末常住人口（萬人）	農業支出（億元）	地方財政一般預算支出（億元）
北京	57,275.31	22,309.52	118,198	1,880	2,173	443.55	6,406.77
天津	37,109.57	20,075.64	115,053	1,295	1,562	161.02	3,699.43
河北	28,249.39	11,919.35	43,062	3,983	7,470	800.79	6,049.53
山西	27,352.33	10,082.45	35,532	2,070	3,682	432.02	3,428.86
內蒙古	32,974.95	11,609	72,064	1,542	2,520	729.02	4,512.71
遼寧	32,876.09	12,880.71	50,791	2,949	4,378	480.73	4,577.47
吉林	26,530.42	12,122.94	53,868	1,530	2,733	550.5	3,586.09
黑龍江	25,736.43	11,831.85	40,432	2,249	3,799	801.77	4,227.34
上海	57,691.67	25,520.4	116,562	2,127	2,420	327.41	6,918.94
江蘇	40,151.59	17,605.64	96,887	5,417	7,999	985.62	9,981.96
浙江	47,237.18	22,866.07	84,916	3,745	5,590	722.41	6,974.26
安徽	29,155.98	11,720.47	39,561	3,221	6,196	624.83	5,522.95
福建	36,014.26	14,999.19	74,707	2,464	3,874	410.58	4,275.4
江西	28,673.28	12,137.72	40,400	2,438	4,592	580.9	4,617.4
山東	34,012.08	13,954.06	68,733	5,871	9,947	943.44	8,755.21
河南	27,232.92	11,696.74	42,575	4,623	9,532	807.06	7,453.74
湖北	29,385.8	12,724.97	55,665	3,419	5,885	704.59	6,422.98
湖南	31,283.89	11,930.41	46,382	3,599	6,822	729.75	6,339.16
廣東	37,684.25	14,512.15	74,016	7,611	10,999	715.44	13,446.09
廣西	28,324.43	10,359.47	38,027	2,326	4,838	573.48	4,441.7
海南	28,453.47	11,842.86	44,347	521	917	179.04	1,376.48
重慶	29,609.96	11,548.79	58,502	1,908	3,048	347.99	4,001.81
四川	28,335.3	11,203.13	40,003	4,066	8,262	988.71	8,008.89
貴州	26,742.61	8,090.28	33,246	1,570	3,555	629.38	4,262.36
雲南	28,610.57	9,019.81	31,093	2,148	4,771	712.92	5,018.86
西藏	27,802.39	9,093.85	35,184	98	331	243.28	1,587.98
陝西	28,440.09	9,396.45	51,015	2,110	3,813	543.3	4,389.37
甘肅	25,693.49	7,456.85	27,643	1,166	2,610	488.1	3,150.03
青海	26,757.41	8,664.36	43,531	306	593	232.35	1,524.8
寧夏	27,153.01	9,851.63	47,194	380	675	201.29	1,254.54
新疆	28,463.43	10,183.18	40,564	1,159	2,398	717.02	4,138.25

附表 2 經過計算後得到的變量 y、x_1、x_2、x_3 的數據

地區	城鄉居民收入差距(元) y	人均地區生產總值（元）x_1	農業支出占地區財政支出比重（%）x_2	城鎮人口比重(%) x_3
北京	34,965.79	118,198	6.92	86.52
天津	17,033.93	115,053	4.35	82.91
河北	16,330.04	43,062	13.24	53.32
山西	17,269.88	35,532	12.60	56.22
內蒙古	21,365.95	72,064	16.15	61.19
遼寧	19,995.38	50,791	10.50	67.36
吉林	14,407.48	53,868	15.35	55.98
黑龍江	13,904.58	40,432	18.97	59.20
上海	32,171.27	116,562	4.73	87.89
江蘇	22,545.95	96,887	9.87	67.72
浙江	24,371.11	84,916	10.36	66.99
安徽	17,435.51	39,561	11.31	51.99
福建	21,015.07	74,707	9.60	63.60
江西	16,535.56	40,400	12.58	53.09
山東	20,058.02	68,733	10.78	59.02
河南	15,536.18	42,575	10.83	48.50
湖北	16,660.83	55,665	10.97	58.10
湖南	19,353.48	46,382	11.51	52.76
廣東	23,172.1	74,016	5.32	69.20
廣西	17,964.96	38,027	12.91	48.08
海南	16,610.61	44,347	13.01	56.82
重慶	18,061.17	58,502	8.70	62.60
四川	17,132.17	40,003	12.35	49.21
貴州	18,652.33	33,246	14.77	44.16
雲南	19,590.76	31,093	14.20	45.02
西藏	18,708.54	35,184	15.32	29.61
陝西	19,043.64	51,015	12.38	55.34
甘肅	18,236.64	27,643	15.50	44.67
青海	18,093.05	43,531	15.24	51.60
寧夏	17,301.38	47,194	16.04	56.30
新疆	18,280.25	40,564	17.33	48.33

國家圖書館出版品預行編目（CIP）資料

統計學實驗 / 黃應繪 主編. -- 第四版.
-- 臺北市：財經錢線文化, 2019.10
　　面；　　公分
POD版

ISBN 978-957-680-355-0(平裝)

1.統計學 2.統計套裝軟體 3.EXCEL(電腦程式)

510　　　　　　　　　　　　　　　　108016334

書　　名：統計學實驗(第四版)
作　　者：黃應繪 主編
發 行 人：黃振庭
出 版 者：財經錢線文化事業有限公司
發 行 者：財經錢線文化事業有限公司
E - m a i l：sonbookservice@gmail.com
粉 絲 頁：　　　　　網　址：
地　　址：台北市中正區重慶南路一段六十一號八樓 815 室
8F.-815, No.61, Sec. 1, Chongqing S. Rd., Zhongzheng
Dist., Taipei City 100, Taiwan (R.O.C.)
電　　話：(02)2370-3310 傳　真：(02) 2370-3210
總 經 銷：紅螞蟻圖書有限公司
地　　址：台北市內湖區舊宗路二段 121 巷 19 號
電　　話:02-2795-3656 傳真:02-2795-4100　網址：
印　　刷：京峯彩色印刷有限公司（京峰數位）
　　本書版權為西南財經出版社所有授權崧博出版事業股份有限公司獨家發行電子書及繁體書繁體字版。若有其他相關權利及授權需求請與本公司聯繫。

定　　價：350元
發行日期：2019 年 10 月第四版

◎ 本書以 POD 印製發行